生态旅游在新农村建设中的作用研究

冯金元　蒋志成　蒋志仁 ◎ 著

吉林文史出版社

图书在版编目（CIP）数据

生态旅游在新农村建设中的作用研究 / 冯金元，蒋
志成，蒋志仁著. -- 长春：吉林文史出版社，2023.9
ISBN 978-7-5472-9778-0

Ⅰ. ①生… Ⅱ. ①冯… ②蒋… ③蒋… Ⅲ. ①乡村旅
游－生态旅游－旅游业发展－研究－中国 Ⅳ.
①F592.3

中国国家版本馆CIP数据核字(2023)第182522号

SHENGTAI LVYOU ZAI XINNONGCUN JIANSHE ZHONG DE ZUOYONG YANJIU
生态旅游在新农村建设中的作用研究

著　　者 / 冯金元　蒋志成　蒋志仁
责任编辑 / 张焱乔
出版发行 / 吉林文史出版社
地址邮编 / 吉林省长春市福祉大路5788号（130117）
邮购电话 / 0431-81629359 81629374
印　　刷 / 吉林省优视印务有限公司
开　　本 / 787mm×1092mm　1/16
字　　数 / 380千字
印　　张 / 17.5
版　　次 / 2023年9月第1版
印　　次 / 2023年9月第1次印刷
书　　号 / ISBN 978-7-5472-9778-0
定　　价 / 78.00元

前　言

在我国，生态旅游从 20 世纪 90 年代开始起步，现已被大众广泛接受且发展迅猛。生态旅游无论在理论上还是实践上都取得了很大进步。

近年来，随着社会主义新农村建设的推进和农业结构的调整，乡村旅游作为一种新兴的农村旅游产业形式，已经风靡全国各地。乡村旅游的兴旺发达对于发展我国旅游事业具有重大意义，它为当地经济发展做出的贡献是有目共睹的。

建设社会主义新农村，总的要求是"生产发展、生活宽裕、乡风文明、村容整洁、管理民主"。这 20 字方针的内涵十分丰富，既要求发展农村生产力，又要求调整完善农村精神文明、政治文明与和谐社会的建设。本书紧紧围绕"城乡一体化建设"这一目标，对现有的新农村生态旅游进行了调研，从各地区新农村、民俗文化村生态旅游的实际情况出发，以保护为开发前提，从特色化设计入手，设计规划出了最适合的、最能体现本地区农村文化风貌的绿色旅游方案，为将来的新农村、民俗文化村旅游建设提供了专业、合理的指导意见和建议。

目 录

第一章　生态旅游的产生、发展及特点

生态旅游的概念是经过一定的学术酝酿，由国际自然保护联盟（IUCN）特别顾问、墨西哥专家谢贝洛斯·拉斯喀瑞于 1983 年首次提出来的。生态旅游的概念一经提出，就在全球引起了很大反响，各国纷纷在生态旅游的开发实践中理解、丰富、发展生态旅游的内涵。现在对生态旅游的定义有多种，我们可从生态旅游的产生、发展、要点及特点四个方面来领悟生态旅游这个概念。

第一节　生态旅游的产生

生态旅游的产生有深刻的社会、经济及文化背景。它与人类居住环境质量的恶化、有识之士积极倡导保护环境的绿色浪潮、人类环境意识的觉醒和传统大众旅游业的生态化密切相关。

一、人类生活环境质量的恶化

人类从本质上说是地球自然环境发展到一定阶段的产物，人类的生活、生产及一切活动都离不开自然环境。人类栖息的环境随着社会经济的发展而不断改变。开始时，人类祖先过着茹毛饮血的生活；随着农业的产生，人类便生活在自己建造的农庄村镇里，农业发展带来的砍伐森林、破坏草原、水土流失、沙漠化等生态环境问题并没有引起人们太多的注意；随着工业的产生和迅速发展，越来越多的人聚集到城市，尤其是大城市居住。据统计，目前世界上 40% 以上的人口住在城市，在一些发达国家，住到城市的人口比例高达 80% 以上。同时，工业、农业、交通业的现代化和城市人口的过度密集，带来了严重的环境污染，使人们尤其是城市人的生活环境质量急剧恶化。

（一）空气不洁

空气是人呼吸所需氧气的来源，自然界中的氧气源于植物的光合作用，消耗于包括人在内的生物的呼吸和大自然一些缓慢或快速的氧化作用，故森林地区的空气清新，氧气充足。而在城市，尤其是大城市，产生氧气的植物减少，消耗氧气的成分却在增加。原因一方面是消耗氧气的人口数量增加，另一方面是在人类生产生活中，诸如工厂的化学氧化反应，生活、生产和交通的快速氧化反应的燃烧和污染物进入空气中进一步的氧化反应等耗氧成分增多，使城市大气中的氧气含量远远低于自然环境中的大气氧气含量，取而代之的是污染所造成的不洁空气。不洁空气被吸进人体，会对人体的呼吸器官、血液循环等产生一定的危害，使人生病甚至死亡。

（二）水质不净

水是人类必不可少的食品，同时又是人类生活和生产中不可缺少的物质和原料。自然界的水体是洁净的，人类早期生活和生产所产生的废水一般被排入江河湖泊，由于水体具有自净能力，当时并不存在环境问题。但当工业迅速发展、人口迅猛膨胀的城市，也按习惯将大量污水不经净化处理地排入自然水域，超出了水体净化能力时，就出现了水质污染。水质污染是城市生态环境中一个十分重大的问题，它加剧了城市的水荒。随着城市化的进程，城市人口增多，而由于城市生活水平的提高，人均用水量也在提高。据调查，发达国家的城市居民每人每天的平均用水量为 300 ~ 500L（包括工业用水），发展中国家约为 100~300L。我国是一个淡水资源并不丰富的国家，淡水资源的人均拥有量仅是美国的四分之一、俄罗斯的七分之一。寻求新的洁净水源不易，而污染了的水于人类健康不利，人工净化污染水体又需巨额资金，因此，为居民提供足够的洁净水成了不少城市的一大难题。

（三）食品不"绿"

人类的食物除水外，主要为生物食品。人类早期的食物取于自然。随着经济技术的发展、人口的聚集、城市的膨胀，居民对食物的需求越来越大，这使城市人的食物存在两个问题：一是由于环境污染和生物对污染物的富集，食物含有一定量的对人体有害的污染物；二是为了增加生物产量而被广泛使用的化肥、杀虫剂、激素等化学制品，会残留富集在食物中，使城市人间接摄入了人体不需要的激素。这两个问题有一个共同之处，就是现代城市人的食物在安全性上与大自然提供的天然食品存在很大的差距，对人体的健康存在潜在的威胁。在此情况下，人们渴望自然食品，即"绿色食品"，故现在"绿色食品"全球风靡。

（四）噪声污染

噪声是指人们不需要的、使人厌烦的声音。噪声有自然现象引起的，也有人为造成的。城市的噪声主要指由工业、交通、建筑和社会生活所发出的与环境不协调、人们不需要且感到厌烦的声音。随着城市化和工业化的推进，城市噪声问题日益严重。

美国的噪声污染每隔 10 年约增加 1 倍。在一些发达国家，由于其他环境公害逐步得到控制，噪声污染已由第三大公害上升为第一大公害。在日本历年来的全国公害诉讼案中，与噪声有关的案件在数量上一直居首位。我国城市的噪声污染也呈增长趋势，在北京，关于噪声污染的起诉占污染类诉讼总数的 41%，上海的这一比例则为 50%。噪声对人的身体健康有巨大影响。超过 50 分贝的噪声会影响人的睡眠和休息，而若休息不足，人的疲劳便难以消除，人体正常的生理功能就会受到一定影响。70 分贝以上的噪声会干扰谈话，使人心烦意乱，精神不集中，从而影响工作和学习，甚至发生事故。长期生活和工作在 90 分贝以上的噪声环境中，人的听力会受到严重影响。有人预言，如不采取根治噪声的措施，世界可能会有越来越多的人失聪。近年来的研究还发现，噪声还会引起高血压、冠心病、神经官能症，进而影响大脑的信息传递功能，给人们特别是青少年的智力发育带来不良影响。

（五）垃圾围城

人类发展早期的生活废弃物，主要是生物有机物和无机物，它们能在大自然中经分解而还原于大自然，在农业和小城镇区域，农业残留物、城镇垃圾可作为农业复合生物肥料而还原于大自然。但随着城市化和工业化的发展，一方面，城市垃圾中出现了难以分解的化工产品，如塑料等，另一方面，化肥的发明和普遍使用，使生活和生产垃圾成了真正的废物。而随着物质和精神生活水平的提高，城市的人均日产垃圾量也在不断增加，这巨量的垃圾被运到郊外堆积，就产生了垃圾围城的问题。自然堆放的垃圾臭气熏天，即使被压实掩埋也会造成地面和地下水的污染。有的城市建焚烧炉焚烧垃圾，但这又会增加空气污染，特别是危险废弃物越积越多，它们或易着火，或易爆炸，溢出的毒气严重地威胁着城市人的健康乃至生命。虽然人类已经找到对固体垃圾循环利用的方法，但问题是人们缺乏筛选、分类垃圾的积极性，再加上经费不足，这一先进技术难以发挥作用，大、中城市仍然被垃圾围困。

二、人类环境意识的觉醒

（一）此起彼伏的"环境公害事件"

由于人类活动而引起的环境污染和破坏对公众的健康、生命、财产安全和生活舒适性等造成的危害，被称为环境公害。因环境污染和破坏造成的在短期内人群大量发病和死亡的事件叫作环境公害事件。据记载，20 世纪以来，世界各地发生过各种各样的环境公害事件。

（二）有识之士积极倡导保护自然

环境公害事件是指看得见的环境污染对人体健康和生命的威胁，实际上，生活在出了问题的环境中的人类，随时都在忍受着缓慢的、肉眼看不见的毒害作用，人类的持续生存出现了环境危机。部分有识之士认识到了这一点，开始关注环境问题，并对解决这一问题开展了理论上的探索和行动上的"绿色运动"。

1. 对生态环境问题的关注

1962 年，美国女海洋生物学家 R·卡逊所著的《寂静的春天》，可以说是人类对生态环境问题开始关注的标志。卡逊在书中描写了一个没有鸟鸣的寂静春天，并回答了其寂静的原因，由此她向人类发出了警告：正是人类不顾自然、乱用有机农药，引起了毒物在土壤、河流、空气和食物链中的转移，这种情况如果持续下去，将会导致一个没有鸟儿鸣叫的寂静春天。她进一步提出了人类应该与其他生物共同分享地球，以及人与生物和谐相处才能维持人类健康的观点。该书的出版在全世界引起了轰动效应，引起了一代人对人与自然关系的重新审定和思考。

2. 对解决环境问题的思考

1972 年 3 月，罗马俱乐部发表了由 D·米都斯主持的研究报告《增长的极限》，该报告通过研究世界人口增长、工业增长、环境污染、粮食生产和资源消耗之间的动态关系，认为人类不应该以现在的方式继续发展下去，必须停止经济和技术的增长，只有这样才能使全球系统走向一个零度增长的均衡社会，人类才能持续生存下去。同年 6 月，联合国在瑞典首都斯德哥尔摩召开了由 114 个国家参加的第一次"人类与环境会议"，把人们对生态环境问题的认识大大向前推进了一步，大会提出了人类所面临的多方面的环境污染和广泛的生态破坏，并揭示了它们之间的关系，在此基础上提出了防治环境污染的技术方向和社会改革措施。会议通过了著名的《人类环境宣言》，提出了"只有一个地球"的口号，要求人类采取大规模的行动保护环境、保护地球，使地球不仅成为现在人类的生活场所，也能支持将来子孙后代的居住。

3. 解决环境问题的社会行动——绿色运动

随着人类对环境问题的思考的深入，20 世纪六七十年代，保护自然已发展成为一种行动，即"绿色运动"。这种运动还发展出许多组织，如法国的生态党、英国的地球之友、意大利的环境联盟和生态党、比利时的生态价值党和生态绿党、新西兰的价值党、加拿大的生态党、日本的绿党、欧洲的绿色组织和生态联盟，以及世界性的绿色和平组织。有的党还分出了不少派别，如德国的绿党又分为绿党整体派、绿党生态派、绿党和平派、绿党激进派。这些绿色组织形成了一股强大的政治力量，由这些绿色组织而领导的绿色运动，尽管各自有不同的组成部分和特殊目的，但有一点是一致的，即生态思想，它们用生态思想将各种不同的思想联系在一起，汇成了波涛汹涌的"绿色思潮"。

4.绿色消费潮

绿色思潮使公众逐渐认识到，地球环境问题不仅是一个科研问题，还是一个与每个人的生存相关的大问题，从而对自己所吃、所喝、所穿，空气的质量产生怀疑。为了生存，人们将消费目标转向无污染的自然，形成了一股绿色消费潮。对于吃的崇尚"绿色食品"，吃一些过去被认为是粗粮、杂粮、山毛野菜的食物变为时尚，在污染环境生长的、技术成分较多的人工速生食物则遭到冷落；对于喝的喜欢深山中的无污染的"矿泉水"或经净化处理的"纯净水"；对于穿的追求质地自然的棉、毛、麻；而对于难以用交通工具运输来的清洁空气和大自然的宁静，人们则愿意利用闲暇时间到大自然中去享受，这就是以自然为旅游对象的绿色旅游，即生态旅游。

三、传统大众旅游的生态化

传统大众旅游是指促进人类经济发展、由大众参与的旅游。传统大众旅游作为一种新兴的产业，其迅猛发展为生态旅游奠定了物质基础，但按惯性承袭了工业的思维和管理方式，存在与自然不协调的问题。绿色浪潮对传统大众旅游的冲击，使传统大众旅游逐渐生态化，形成了一种崭新的、文明的生态旅游。

（一）传统大众旅游为发展生态旅游奠定坚实的基础

传统大众旅游的建立有两个前提：一是剩余物质，二是剩余时间。产业革命以前，生产力低下，只有少数富裕的人才有可能享受旅游。只有当经济发展了，物质生产能满足大众的基本生活需要并有富余，同时生产实现机械化、电子化，大众从繁重的劳动中解脱出来，有了比较多的闲暇时间时，传统大众旅游才有可能实现。世界上的传统大众旅游最早产生于英国。我国的传统大众旅游是近年来才逐步发展起来的。建立在传统大众旅游基础上的旅游业在全球的发展十分迅猛，这主要得益于日益增长的传统大众旅游需求和科学技术赋予旅游业的强大的开发力。各国、各地区均在景观特异、环境质量好的区域迅速建设了旅游区，以接待络绎不绝的游客，获得了较好的旅游经济效益。随着旅游业的发展，旅游者已不满足于走马观花的观光旅游，而更青睐多元化、特色化和参与化的旅游项目，其中绿色消费在旅游中的需求日益增长。

（二）传统大众旅游的不足

传统大众旅游由于开发管理者和游客的原因，在处理人与自然的关系上仍然存在不足，主要是不注意对旅游对象的保护。这是因为管理者承袭了产业革命的管理思想和方法，其对景区的开发利用仍属掠夺式。虽然不少旅游法规条例都对保护旅游资源及环境有了明确规定，但其真正实施并非易事。在农业文明甚至工业文明时期都得以被保护下来的自然和文化遗产地，却被传统大众旅游高举着"无烟工业"的旗帜进入——把传统大众旅游设施强加于祖宗留下的遗产地，把游客超额引进而不顾旅游地无力承载的事实，这走的仍然是一条以环境和自然为代价的经济高于效益的道路，旅游地环境遭破坏的现象比比皆是，这与工业文明时期所走过的"先污染后治理"的道路有何差异？旅游本应是一种精神追求和享受，对于个别旅游者来说，他们实际上追求的却是一种豪华奢侈的物质享受，认为自己的金钱可以买断自然。在旅游区内，不少珍稀动植物的栖息地受到破坏，有些动物甚至成为桌上美味，"围城的垃圾"现象又被带到了旅游区。即使在以追求精神价值为目的的旅游过程中，人们仍不善待自然。传统大众旅游开发管理者和旅游者的思维和行为，不禁使人担心传统大众旅游业的发展对生态环境的影响和破坏。早在 1968 年，美国《基督教科学箴言报》驻华盛顿记者罗伯特·卡恩就发表了一篇题为《救救国家公园》的评论，评论就美国国家公园的过度旅游开发所面临的各种生态环境问题的调查而展开，并表示了他的担心。卡恩在评论中的所有担心后来都被事实证明。旅游开发利用给环境带来的破坏，使人们不得不重新审视旅游业这一所谓的"无烟工业"，如果再不对传统大众旅游忽视对旅游对象的保护这一错误进行纠正，传统大众旅游业的发展将以地球上最后的自然及文化遗产的丧失为沉痛代价。

（三）生态旅游是人类文明的追求

传统大众旅游不注意保护旅游对象和自然的道路是行不通的。在绿色浪潮中，传统大众旅游业被注入了生态观，这就是谢贝洛斯·拉斯喀瑞的"生态旅游"一经提出就在全球迅速传播的原因。

人类的文明体现在与自然的协调上，工业文明由于偏离了自然，已不够"文明"，未来新的文明应该是生态人文主义，即人类利用先进的科学技术参与到大自然生物圈的循环中，与生物圈中的其他生命物种和谐相处，以求共同生存和进化。在这种文明的指导下，无论旅游管理人员还是游客都应认识到，作为旅游对象的大自然是经过亿万年的漫长演化的，具有极高价值，应该被珍惜和保护。对其无论开发还是利用，都应与其协调，与其平等，使人从与自然的相处中得到真正的精神享受。这种生态旅游才是人类先进的生态文明所追求的注重精神享受的旅游。

第二节　生态旅游概念的发展

自 1983 年谢贝洛斯·拉斯喀瑞提出生态旅游概念至今，随着生态旅游概念在全球的普及，经世界相关组织及各国相关专家的努力，其内涵得到不断地充实，从一个保护性特征逐渐扩展为两大要点、三个标准、四个功能。

一、生态性旅游的保护性

早期的"生态旅游"概念是在传统大众旅游的背景下，针对其旅游活动对资源及环境的负面影响而提出的。在"生态旅游"这一名词出现之前，1980年加拿大学者克劳德·莫林提出了"生态性旅游"的概念。生态性旅游被定义为：在满足保护的前提下，从事对环境和文化影响较小的游乐活动。这一概念提出后，在受绿色运动影响较为深远的发达国家迅速得以应用，这些国家都尽量开展了对环境影响小的旅游活动。例如，旅客在卢旺达原始森林中观赏野生动物时，被要求采用远距离观察大猩猩的方式，观察活动不能影响大猩猩的正常生活：作为一项旅游活动，它对旅游对象的影响极小。和传统大众旅游相比，生态性旅游的最大特征是"保护性"。

二、生态旅游的两大要点

（一）生态旅游的内涵得到充实

1983年，谢贝洛斯·拉斯喀瑞首先在文献中使用了"生态旅游"一词，这一名词的正式确认是在1986年于墨西哥召开的一次国际环境会议上。1988年，他进一步给出了生态旅游的定义，即"生态旅游作为常规旅游的一种形式，游客在欣赏和游览古今文化遗产的同时，置身相对古朴、原始的自然区域，尽情考究和享受旖旎的风光和野生动植物"。分析这一定义，它具有"一定位、二转移"的特点。所谓"一定位"，即生态旅游作为一种旅游活动被定位在"常规旅游的一种形式"；所谓"二转移"，是指这一定义第二个特点，即生态旅游的对象从"常规旅游"的"古今文化遗产"转移为"自然区域"的"风光和野生动植物"。也就是说，生态旅游的概念在"生态性旅游"的"保护性"基础上，进一步发展出旅游对象为自然景观的"自然性"。

（二）生态旅游的两大要点

1992年，在国际资源组织对生态旅游的定义中生态旅游的自然性进一步深化，即生态旅游是"以欣赏自然美学为旅游初衷，同时表现出对环境的关注"。值得注意的是，该定义再次强调了对环境的"关注"态度，即保护的问题。

生态旅游的概念从1983年到1992年不到10年的时间里发展为两个要点：（1）生态旅游的对象是自然景观；（2）生态旅游的对象不应该受到伤害。

1. 生态旅游是"回归大自然"的"绿色旅游"

从生态旅游概念的第一个要点出发，可发现生态旅游强调旅游对象是自然景物，故生态旅游被称为"自然旅游"，即回归大自然中旅游。之所以强调"回归"，是因为当今的人类离自然越来越远，而人类的生存无论是在物质还是精神层面，都离不开自然，应该回到大自然的怀抱。人类的无知和贪婪，使他们拼命掠夺和滥用自然资源，造成了资源匮缺、生态环境污染，大自然中体现生命力的"绿色"逐渐丧失。环境意识觉醒的人们渴望到原始优良的自然中，享受生命的"绿色"之美，故生态旅游又被称为"绿色旅游"。在全人类面临生态环境危机、人类渴望回归大自然的背景下，旅游业将"回归大自然旅游""绿色旅游"作为吸引游客的宣传口号，也正是在这充满魅力的促销口号的推动下，全球生态旅游迅速发展。

2. 生态旅游是"保护性旅游"和"可持续发展旅游"

从生态旅游的第二个要点出发，可知生态旅游强调"旅游的对象不应该受到损害"。生态旅游作为一种新兴的旅游活动，与传统大众旅游相比，最大的特点就是强调对旅游对象的保护。传统大众旅游也提出过保护旅游资源及环境，但是其在开发时，由于盲目追求经济效益，无视旅游资源及环境的价值及经济成本，认为旅游业是"投资小、见效快"的产业，开发方式往往是粗放型的。另外在管理中，重经济轻环保的思想，使其只求近期经济效益、不顾旅游资源及环境的承载力，旅游超载、旅游视觉污染等现象随处可见，而个别游客更是理所当然地认为自己的钱可以买断一切，在旅游消费中给旅游生态环境带来了污染和破坏。上述思想和习惯均使传统大众旅游对旅游对象的保护不可能真正落到实处。而生态旅游强调并采取了一系列措施来保护旅游业赖以生存和发展的资源及环境，只有将生态旅游的保护思想融入旅游开发和管理中，旅游业的发展才能避免昙花一现的结局，实现可持续发展。由此可见，生态旅游作为一种"保护性旅游"，是旅游业得以可持续发展的基本保障。

三、生态旅游的三大标准

（一）"生态旅游维系当地人民生活"内涵的充实

随着生态旅游两大要点的明晰、生态旅游的升温和时尚化，出现了一个问题，即凡是以自然景物为旅游对象的自然旅游活动，均贴上了时髦的生态旅游标签，远离了生态旅游最初被提出时的保护自然和有利当地人民的轨道。为此，1993 年国际生态旅游协会把生态旅游定义为"具有保护自然环境和维系当地人民生活双重责任的旅游活动"。分析该定义可发现，生态旅游的概念有了两个明显的内涵注入：其一，生态旅游被定位为"负责任"的旅游；其二，除保护自然环境外，提出了"维系当地人民生活"的内涵。

（二）检验生态旅游的三个标准

到底什么是生态旅游？答案众说纷纭。我们认为，生态旅游的定义并不重要，重要的是检验具体旅游活动是不是生态旅游的标准，总结起来，该标准可以归纳为三个方面。

1. 旅游对象是原生、和谐的生态系统

生态旅游的对象在西方被定位为"自然景物",这一概念在历史悠久的东方受到挑战,如在有五千年文明的中国,大自然被熏上了浓浓的文化味,很难将二者截然分开。在一些社会经济不甚发达的地区,人与自然保持和谐共生,也形成了优良的生态系统。生态旅游到了东方,旅游对象的内涵从"自然景物"扩展为"人与自然和谐共生"的生态系统。也就是说,原始的自然、人与自然和谐共生的生态系统都应该是生态旅游的对象。

2. 旅游对象应该受到保护

保护性一直作为生态旅游的一大特点,但随着生态旅游概念的发展,其内涵不断扩展,至少应该分为三个层次。第一个层次是保护的对象,包括两个方面:其一,保护自然,即保护自然的景观、自然的生态系统;其二,保护传统的天人合一的文化,如原始的民族文化。第二个层次是由谁来保护,理论上应该是一切受益于生态旅游的人,如游客、旅游开发者、开发决策者、受益的当地社区居民等。第三个层次是保护的动力,动力源于利益,但各类人受益方式和程度的不同,决定了他们在保护动力程度上的差异:旅游者主要受旅游利益影响,他们的保护动力更多的是源于环境保护意识;投资开发者主要追求短期经济效益,这些人若缺乏环境保护意识,往往会做出一些以牺牲资源和环境为代价的事,其保护动力难以寻找;当地社区,尤其是将旅游作为重要产业的社区,其生路在旅游,追求的是一种持续的综合效益,因而对旅游可持续发展的资源及环境的保护有着强劲的动力。

3. 社区的参与

生态旅游应该负起"维系当地人民生活"的责任并应用于实际,一些地区将一定比例的旅游经济收入投入到改善当地生活质量,如修建医院、兴办学校等公益事业上;一些地区鼓励当地社区居民参与旅游业,直接从旅游中受益。从实践中发现,旅游为社区谋利的最佳模式是后者。社区参与旅游有四个突出的优点:其一,从经济方面看,社区可直接受益,这在一些贫困地区称为"旅游扶贫";其二,从旅游方面看,社区居民参与到旅游服务中,能渲染原汁原味的文化氛围,增加旅游地的吸引力;其三,从社会发展方面看,发展旅游能促进当地社会的发展;其四,从环境保护方面看,社区参与能为保护提供动力。

四、生态旅游的四大功能

(一)生态旅游环境教育功能内涵的充实

1993 年 9 月,在北京召开的第一届东亚地区国家与自然保护区会议对生态旅游的定义是:"倡导增加对大众关注的旅游活动,提供必要设施,实行环境教育,以便游人能参观、理解、珍视和享受自然和文化资源，同时并不对生态系统或社区产生无法接受的影响。"分析这一定义，其新的观点在于对游人"实行环境教育"。在人类面临生存环境危机的当今，能拯救人类的只有人类自己，靠的是全人类科学的生态观。而能承担提高全人类环境意识、树立科学生态观这一任务的，正是生态旅游，它能使游客在走向自然之后，通过学习自然，充分认识到自然的价值，从而自觉保护自然。在此，自然既是游客接受环境教育的课堂，又是实施环境教育的老师。生态旅游对游客的环境教育作用是别的活动所无法替代的。

（二）生态旅游的四大功能

1. 旅游功能

生态旅游作为一种旅游活动，其实质还是旅游，它是用原始的自然和人与自然和谐相处的意境来吸引游客，以满足游客，尤其是城市及工业区游客的身体和精神上的回归大自然的需求。和传统大众旅游相比，生态旅游不主张一味满足游人旅游的需求，而是对其进行一定的限制，主要为自然保护方面的限制。旅游活动不应该影响甚至破坏自然，如在原始森林中狩猎这一活动就是生态旅游所不允许的。

2. 保护功能

保护功能可以说是生态旅游的特征功能，是其区别于传统大众旅游的最大特点，从生态旅游概念提出至今，保护自然一直是其内涵核心所在。从一个地区发展生态旅游的过程来看，生态旅游的保护功能体现在方方面面，既体现在开发过程中，也体现在利用过程中。从人的方面看，保护既体现在人的意识上，更体现在人的行为上。正是生态旅游的保护功能，使其成为了实现旅游可持续发展的最佳途径。

3. 扶贫功能

有社区参与的生态旅游能真正为社区带来经济利益。由于自然及社会文化相对原始的地区是生态旅游资源富集而社会经济贫困的地区，这些地区的自然环境往往因为大自然条件的限制，如山高坡陡而得到保护。从生态上讲，这些地区往往又是生态系统极为脆弱的地区。资源的丰富、社会经济的贫困和生态环境的脆弱，使其在发展区域经济时，可将生态旅游作为首选主要产业。作为主要产业而发展的旅游业，在这些地区就历史性地肩负着扶贫的责任。世界不少地区的实践也证明了生态旅游的扶贫功能是显著的。

4. 环境教育功能

随着生态旅游实践的进一步开展，生态旅游的环境教育功能的内涵得以充实，具体表现在三个方面：一是教育对象的扩大，从仅仅教育游客发展为对所有旅游受益者如开发者、决策者、管理者等进行教育；二是教育手段的提高，从单纯地让游客用心去感应的教育方式，发展为充分利用现代科学、技术、艺术等知识展示自然，使人能够更为直观形象地接受教育，从而使教育的效果大大提升；三是教育意义更大，带来的不仅仅是个人的环境保护素养的提高，更是全民环境保护素养的提高，而这将是人类解决生存环境危机的希望所在。

第三节　生态旅游的要点及特点

一、生态旅游概念的要点

提高人们对生态旅游要点的认识有助于推动生态旅游的进一步发展。根据目前生态旅游认识上的热点理论问题，可知旅游活动的性质、对象及旅游者的范畴是生态旅游概念的要点。

（一）要点一——新、高、专的生态旅游活动性质

从旅游活动性质上分析，生态旅游与传统大众旅游最大的差异体现在三个字上，即新、高、专。也就是赵剑平教授所说的"生态旅游就是近几年发展起来的高层次的专项旅游活动"。

1. 新观点

生态旅游作为近十多年来才兴起的一种旅游活动，它的"新"不仅体现在时间上的新近兴起，更体现在认识上的新观点，也就是保护。由于保护的新观点，旅游开发者认识到了"协调"的重要性，在旅游开发中尽量开发出人与自然协调统一的旅游产品；旅游者则在旅游活动中，认识到了大自然对于人类物质和精神的不可分离的价值，更加珍视自然，保护自然；旅游管理者更注重可持续发展战略，既能看到眼前的经济利益，又能看到长远的经济、社会及生态效益的协调统一关系，从而采取一系列对策来保护旅游对象。

2. 高层次

生态旅游的高层次主要是指旅游者的旅游动机和旅游追求的高品位。在对待自然景观时，传统大众旅游者追求的是愉悦感官的自然美，而生态旅游者追求的则是在理解自然及生命价值基础上的生态美；在对待文化景观时，传统大众旅游者赞美的是人类的"创造力"，而生态旅游者赞美的是人与自然的"共同创造力"。

生态旅游所追求的高品位决定了生态旅游产品的高品位。与传统大众旅游产品相比，生态旅游产品应定位于"真"和"精"两个方面。这种产品除了具有极高的美学特征，还传递着大自然的奥秘及人与自然和谐相处的信息，从而提高了游客的环境

意识。

生态旅游的高层次还体现在旅游管理的高质量上。传统大众旅游与生态旅游最大的差异表现在旅游投资上。传统大众旅游重开发轻管理，由于管理投资不足，管理质量也就不高，表现为不注重保护旅游资源及环境，使旅游目的地的特色及质量退化、降低甚至丧失对游客的吸引力；由于管理质量不高，游客得不到应有的旅游享受，不少旅游地逐渐衰败。而生态旅游在投资上重管理，把资金重点放在管理上，放在保护管理和服务管理水平的提高上，克服了传统大众旅游发展上"缺后劲"的不足，使旅游地能够可持续发展。

3. 专项性

绝大多数专家认为，生态旅游活动是一种专项性活动。对于专项性的"专"，我们理解为"生态性"，即生态旅游和传统大众旅游相比，最大的特点是强调生态。因此，生态学家认为生态旅游的活动项目应该在自然生态环境保护得较好的国家公园、自然保护区、森林公园中进行，而活动的内容应该是以"求知"为目的的科学"考察"和"研究"；旅游学家则认为生态旅游的旅游目的是"求乐""享受自然"。

专项性的"专"还体现在生态旅游产品的开发上。传统大众旅游产品的开发仅重视对产品美学特征的发掘，而生态旅游产品的开发设计除了注重美学，更重视产品的科技和哲学含量，让产品向游客展示自然深层次的奥秘、人与自然和谐的美，使游客思考人与自然深层次的关系，从而发挥生态旅游唤醒民众环境保护意识的环境教育功能。

由此可见，"求知""求乐""环境教育"是生态旅游活动专项性功能的综合体现。

（二）要点二——争论中的生态旅游对象

在生态旅游最初的概念中，生态旅游的对象被明确规定为"自然景物"，然而，随着生态旅游的发展，人们在对自然景物的具体理解上存在着区域上和认识上的差异，具体表现为以下几个方面。

1. 自然景物

在具体实践中，人们在"自然景物"的理解上存在着很大的区别。区别之一是关于纯自然和人工重建自然的争议。在考虑自然景物受人为干扰程度的差异时，不少学者认为生态旅游的对象应该是没受到或较少受人为干扰的原始的自然生态系统，诸如西方的国家公园、中国的自然保护区。我国不少生态学家认为中国生态旅游的开发对象仅限于自然保护区，而且应选择那些受干扰小、被保护好的自然保护区或世界自然遗产。而有的学者则认为只要具有优美的生态环境，无论其是天然形成的还是人工重建的自然生态系统，均可作为生态旅游的对象，如中国的森林公园、风景名胜区。更有甚者，只把森林作为生态旅游对象，而且把它定义为"狭义生态旅游"。区别之二是关于顺境自然景观和逆境自然景观的争议。绝大多数专家认为，生态旅游的对象应该是山清水秀的优良生态系统，在这种生态系统中充满着自然美和生态美，能够充分发挥生态旅游的"求乐"功能，并在享乐中发挥其"求知"功能。但有的专家认为，因大自然和人类干扰而形成的逆境生态景观如滑坡、泥石流景观，虽美学价值不高，但隐于其内的环境教育价值极高，也应被视为生态旅游对象。

2. 自然与文化

当生态旅游的概念传到了东方，尤其是历史悠久的国家（如中国），其内涵又有了新的发展。在实践中，中国学者发现，在有五千年文明的中国，对生态旅游的界定有三大挑战：一是不少自然胜景如中华五岳、四大佛教名山、四大道教名山都注入了文化内涵，自然与文化交织在一起；二是中国效法大自然修建的园林景观融自然与文化于一体；三是中国特有的"天人合一"的东方哲学思维使人们难以将自然与文化割裂开来思考问题。于是，在中国土地上就产生了具有中国特色的"生态旅游对象不仅仅是自然景观，还包括文化景观"的新观点。现在的问题是，是否所有的文化景观都是生态旅游对象？回答是否定的，但文化范畴中哪些部分属于生态旅游的对象，还不够明确。我们认为，只有人与自然和谐统一的文化范畴才是生态旅游的对象，换句话说，只有具有生态美的人文景观才属此范畴，如传统的农村田园风光、植物园、动物园、古代园林、名山胜水等。

生态旅游的概念往往根据旅游对象分为狭义和广义。到目前为止，在生态旅游的广义概念中，生态旅游的对象是一切具有生态美的自然及文化客体；而在其中等尺度的概念中，仅以自然为旅游对象；至于森林生态旅游、草原生态旅游、农业生态旅游等则是生态旅游更低尺度的概念。生态旅游的概念是一个多尺度、多类型的概念体系。

（三）要点三——未定的生态旅游者范畴

在生态旅游概念中，最不明确的当数生态旅游的主体，即生态旅游者的范围。我们只能从生态旅游活动的性质上对其进行探讨。

1. 高素质、高消费的生态旅游者

生态旅游活动性质的"高层次"，落实到旅游者上，体现为"高素质"和"高消费"。高素质是指生态旅游者具有较高的文化、环保素质及精神需求。和传统大众旅游者相比，生态旅游者往往具有较高的文化素养和知识层次，受绿色环境保护思想的影响较深，已有一定的环保意识和回归大自然的愿望，并力图通过旅游从大自然中寻求自己的人生价值和人类的前途，是一批相当成熟的旅游者。

高消费是指生态旅游者在经济方面消费水平高，而传统大众旅游者则还是现代旅游发展初期的低层次消费。正是由于旅游消费低，旅游目的地环境的维持和保护才会缺乏足够的资金保证。传统大众旅游的受益者是旅游开发商和旅游者，而环境问题却

遗留给了当地社区，这使旅游业难以持续发展。为改变旅游业的困境，生态旅游强调旅游开发商、旅游者及当地社区在旅游业中共同受益，共同承担保护的责任。这一点体现在旅游者的消费上，就是相对传统大众旅游而言的高消费。也就是说，生态旅游者在享受旅游目的地的生态旅游资源的同时，应支付其保护费用。

2. 生态旅游者非大众旅游者的观点受到挑战

生态旅游者是少数人还是大众？答案存在不同的观点。从生态旅游者的高素质和高消费特点来分析，目前生态旅游还不是一种大众旅游，是少数人参与的旅游。那么怎么对这"少数人"进行界定呢？生态学家强调旅游者素养、旅游活动目的的科学含量和环境教育的功能，故将生态旅游者视为那些文化发达的国家和地区的文化人。旅游业强调旅游者的经济状况，出现了增强环境保护意识、考虑旅游目的地环境承载力基础上的限制游客进入量、提高单个游客消费水平的趋势，这也是旅游业保护环境以求持续发展的对策。随着生态旅游的兴起、传统大众旅游的生态化，生态旅游者的队伍会越来越壮大。为了满足大众回归自然的旅游动机，旅游业没有权利也无法阻止大众生态旅游、绿色消费潮的兴起，我们认为生态旅游市场完全可以像其他商品市场一样，根据市场的需求，推出高、中、低不同档次的生态旅游产品，以满足不同层次生态旅游者的旅游需求，即可根据生态旅游者素质和经济实力的差异来区分消费层次，形成合理的生态旅游消费结构。如此一来，生态旅游者非大众的观点将受到挑战。

二、生态旅游活动的特点

（一）普及性

生态旅游是建立在传统大众旅游基础上的，因此，从参与旅游活动的游客量上看，是大众参与的。随着社会经济的发展、大众环保意识的提高，到大自然中呼吸新鲜空气、修身养性的生态旅游将成为人们如吃、穿、住一样的基本生活需求，生态旅游者的队伍还将不断扩大。

由于生态旅游产生的特有的社会经济背景，在绿色消费潮中，绿色旅游在发达国家和地区已成为一种时尚、一种消费潮流，这种潮流将随着社会经济、旅游业的飞速发展而席卷全球，成为一种势不可挡的全球性旅游时尚。我国于1995年召开了第一次全国生态旅游研讨会，之后短短三四年的时间内，生态旅游便在全国各地被广泛开发，这就充分说明了普及性是生态旅游的一大发展特点。

（二）保护性

和传统的旅游相比，生态旅游的最大特点就是保护性。产业革命以前的旅游活动，只是少数人参与的一种活动，并没有对旅游对象及其环境造成破坏，因此，当时不可能提出保护的问题。产业革命后的传统大众旅游，由于参加人数多、来势猛，在开发和管理上均为没有成熟理论指导下的应急行为，在旅游经济效益的推动下，其开发和管理都是粗放型的，旅游活动影响甚至破坏环境的现象随处可见。在可持续发展理论的影响下，人们不得不再次省悟：若再不注意环境保护，旅游将消耗掉农业革命和工业革命残留下来的最后的自然和人类文化遗产。

生态旅游的保护性体现在旅游业中的方方面面。对于旅游开发规划者来说，保护性体现在遵循自然生态规律和人与自然和谐统一的旅游产品的开发设计上；对于旅游开发商来说，保护性体现在充分认识旅游资源的经济价值，将资源的价值纳入成本核算，在科学的开发规划基础上谋求持续的投资效益上；对于管理者而言，保护性体现在资源环境容量范围内的旅游利用，杜绝短期经济行为，谋求可持续的三大效益协调发展上；对于游客而言，保护性则体现在环境意识和自身的素质上，珍视自然赋予人类的物质及精神价值，保护旅游资源及环境成为一种自觉行为。

现代旅游的保护性不仅体现在旅游业上，也体现在其他行业。一些具有旅游价值的资源，还具有其他方面的资源价值，如热带雨林不仅有较高的旅游资源价值，同时又有林业资源价值，那么是用来观赏以发展旅游，还是用作木材或燃料以满足当地人的生活，就需要决策者在经济发展中根据当地的实际，合理布局产业，谋求当地长久的最佳综合效益。

（三）多样性

生态旅游建立在现代科学技术的基础上，满足大众的多样旅游需求，故其旅游活动的形式是多种多样的。产业革命前的旅游活动，受限于科学技术、社会经济的发展和参与人员的数量，旅游活动形式不够丰富，从最初的商旅、帝王巡游到文人墨客的山水游，都远远不能与生态旅游的丰富性相比。和产业革命后的传统大众旅游相比，生态旅游的活动目前来看还显单调，但由传统大众旅游中脱胎而来的，走出名山大川、园林寺庙到广阔大自然中的生态旅游，在广阔的空间中，在大众回归大自然的各种旅游需求的推动下，其旅游活动的形式将会比传统大众旅游更具多样性。

生态旅游的多样性在发达国家和地区已表现了出来，除了传统大众旅游的观光、度假、娱乐等旅游活动方式外，根据现代人的精神需求，还出现了滑雪、探险、科考等一系列特种生态旅游。随着生态旅游的发展，其活动形式将日益丰富多样。

（四）专业性

生态旅游活动要具有较深的科学文化内涵，这就需要对活动项目的设计及管理均要有专业性。产业革命前的旅游由于参加人数有限，多为自发性的，还没有成为一个经济产业，只是一种附着于自然、田园的"阳春白雪"式的精神享受，其活动均为旅游者自己设计。产业革命以后的传统大众旅游，由于参加活动的人数众多，旅游服务有了明显的经济效益，逐渐发展为一种产业。作为旅游产业发展初期的传统旅游虽已有组织和管理模式，但不够完善，专业性不够强。由传统大众旅游演化而来的生态旅游，为了满足游客回归大自然的精神需求，为了使旅游对象得以被真正的保护，在旅游开发管理和旅游产品设计上均应体现出专业性来。生态旅游活动的专业性，首先源于游客的旅游需求，游客回归大自然是整个身心的回归，所以开发出来的旅游产品应使游客在短暂的旅游活动中融入大自然、享受大自然、学习大自然，从而自觉地保护大自然，对这样的旅游产品的开发是没有专业性知识的人难以完成的。生态旅游活动管理也需有专业性，否则生态旅游特有的对旅游对象的保护以及三大效益的协调发展，都将成为一句空话。

（五）精品性

"品"即"产品"或"商品"，生态旅游的产品或商品应该是高质量、高品位的"精品"。产业革命前的旅游还未成为一个产业，自然谈不上产品或商品的概念。产业革命后的传统大众旅游使提供旅游服务的一些项目和内容成为产品，旅游产品走向市场便成为商品。在这一时期的旅游市场上，买主即游客还不够成熟，具体表现为两个方面。其一，旅游消费心态和实力的不协调性。游客从心态上希望获得最佳的旅游体验，然而经济实力和闲暇时间又不支持，因片面强调旅游消费的量而表现为旅游消费活动中的"饥不择食"，致使移植、缩微的诸如锦绣中华、世界公园、民族村、大观园等景观成为旅游市场上的抢手货。其二，旅游消费的盲目性。不少游客并没有自己确定的旅游目的，只因旅游时尚而被卷入大潮，所以对旅游产品的质量要求也就不高。随着旅游业的发展、游客旅游消费心理的成熟，传统的大众旅游所提供的产品，无论从质量上还是品位上均满足不了游客的需求，成熟的游客需要的是"真品"，是"精品"。

生态旅游产品的"精品性"首先体现在"真"上，移植的、仿制的旅游景观将被视为旅游市场上的"伪"品，因为游客追求的是原汁原味的旅游真品。"精品性"也体现在质量上，粗放型开发的旅游产品被视为旅游市场上的"劣品"，因为游客追求的是货真价实的高品位的产品。"精品性"还体现在利用价值上，精品能经受时间的考验，不会因为时间的变迁而降低或丧失价值。

第二章 生态旅游的理论基础与生态旅游系统

生态旅游之所以能够在短短十几年内在全球迅速发展，是因为有正确理论的指导。在众多指导生态旅游发展的理论中，人与自然关系理论、生态美理论及可持续发展理论是最为重要的，可列为生态旅游三大理论基石。正确认识生态旅游系统，将进一步促进生态旅游的健康发展。

第一节 人与自然关系理论与生态旅游

人与自然关系的话题并不新鲜，自人类出现以来就一直萦绕人类身边，在人类面临全球环境问题，进而引出生存危机的今天，这一古老话题又被提到了重要位置，人类需要重新认识自然的价值，树立正确的人地观，促进生态旅游的发展。

一、人与自然关系的历程

人是自然漫长演化的产物，人与自然的关系经历了原始适应、顺应和改造三个历程。

（一）人类是自然演化的产物

从时间上看，人类与地球相比，仅是一个婴儿，人类是地球经过漫长演化的产物。距今约35亿年前，水体中出现原始生命，生物圈形成，距今20亿~25亿年前，水体中出现了单细胞的能进行光合作用的植物，距今约15亿年前出现了低级原始动物。生命的出现，尤其是绿色植物的出现，极大改变了地球环境，光合作用释放出的氧使大气高空形成臭氧层，其对紫外线的屏蔽作用使植物登陆，大地才披上绿装。低空层形成氧气，更适合于生物生存，植物经过了海生藻类—半陆生孢子植物—陆生孢子植物—裸子植物—被子植物的漫长演化；动物经历了低级原始动物—海生无脊椎动物—鱼类—两栖类动物—爬行类动物—哺乳动物的演化，在距今200~300万年前，终于出现了人类的祖先。

（二）依附适应自然阶段

原始人类依赖自然，从人与自然的关系来看，人类演化的历史就是其适应自然环境变化的历史，其创造力的出现也是适应自然环境变化的结果。早期的人类为树栖灵长类，之所以树栖，是因为当时的全球气候环境温和而多雨，植被以森林为主，灵长类生活在树上；随着全球气候的变干，森林的收缩，森林草原的扩大，出现了半地栖古猿；到了第四纪，全球温度降低，普遍发育冰川，森林草地大面积消失，出现了大面积的草原，适应草原环境的地栖古猿被大自然选择下来，进一步演化成地栖真人；真人地栖后，除采集外，开始有能力捕食草原上的蹄类动物，增加了直立运动、社群活动、协作通信的技能，适合在更广的地理空间内生活，还发明了火、工具，最终进化成智人。由此可见，人类早期在适应自然变化过程中，得以进化。

（三）顺应自然阶段

随着人类发明并使用工具，人类获取食物的能力增强，人口的数量也开始增长，但一定区域范围内的食物是有限的，人类面临着有史以来的第一次生存危机。当时解决这一危机的对策是大规模迁移，大规模迁移的诸多不便使人类改变了自己的生存对策。人类在与自然的相处中认识到生物的再生性，对动植物的驯化、栽培使人类终于定居下来，出现了早期原始农业。人与自然的关系不仅仅限于人类单纯依附自然，还体现为人类已能发挥主观能动性，有意识地生产生活资料，并在生产中仿效自然的自我施肥来进行人工施用有机肥，提高了农业生产力，人类从此有了稳定的食物供给。这种顺应自然的行为已完全改变了人类单纯依附和适应自然这一人与环境的关系。

（四）改造自然阶段

随着农业的发展，工业出现了，工业革命使人类利用自然的能力增强，同时也促进了科技进步，人类能开采化石燃料，使飞机、火箭上天，还能发射卫星到宇宙空间；人类能修建大型水库、高楼大厦；人类还能利用杂交技术，培育地球上从未见过的动植物品种；人类能够大规模地生产化肥，使粮食产量翻番，研制杀虫剂，消灭对人类不利的生物物种。这一切都证明人类改变自然的主观能动性大大提高了。人类的胜利使其在对待自然时，从顺应变为对立的"改造"，产生了"改造自然"的思想，"人定胜天"成了人类显示自己主人地位的改造自然的口号。其结果是经济的发展以牺牲良好的自然资源和环境为代价，造成了世界性的资源枯竭、环境污染、环境质量严重退化，人类再一次面临生存危机。

二、对自然价值的重新思考

当人类意识到自己面临的生存危机是源于对自然的掠夺性利用和不科学的人与自

然关系理论时，人类对自己是自然主人的观点开始有所怀疑，于是重新审视自然的价值，不仅站在人类的角度认识自然对人类的价值，同时还站在自然的角度认识自然自身的价值。

（一）自然存在的价值

自然不是为人类而存在的，自然的存在有其自身的价值，具体表现为下述五个方面。

1. 创造性价值。从地球自然生态系统的进化历程来看，自然由低级向高级、由简单向复杂进化，创造出了一个适宜生命生存的自然环境。

2. 维持性价值。在自然的发展过程中，尤其是自地球上出现生命以来，生命便与环境协同进化，不断建造和优化自身生存及发展的条件。由充足的氧气、自我保护的臭氧、适宜的气温、水分、光照以及食物链等共同组成的复杂自然生态系统，具有自我调节、保持平衡稳定、抵抗外界干扰、维持自身存在和发展的自我维持能力。

3. 整体性价值和局部性价值。地球生物圈由多层次的生态系统组成，这种组织形式创造和维持了整体和部分的价值。例如，一个物种的存在和演化看似有局部的价值，但正是每一个物种的存在和演化，体现了生物圈的整体价值。

4. 自身价值。自然的存在具有以存在和发展为目的的自身价值：如种子植物的出现，不是为了满足动物或人类利用种子的需要，而是为了适应环境、自身生存的需要；又如蛇产生毒液，不是为了人们利用其药用价值，而是为了自我保护。

5. 工具价值。自然具有满足在它之外的其他系统或者它所从属的更大系统的需要的工具价值，而不仅仅是人类发展的资源和工具，如植物为动物提供食物，动物又为植物提供光合作用所需的二氧化碳，这些都服务于生态系统的需要。

（二）自然对人类的价值

自然对人类的价值体现在下述四个方面。

1. 创造价值。人类是大自然创造的，而不是上帝创造的，这已为科学所证实。

2. 生存价值。人类作为一种生物，必须依赖自然提供的各种条件。人类呼吸所需的氧气源于大气圈，人类饮用的水源于水圈，人类的食物源于生物圈，人类燃烧的煤和石油源于岩石圈。当然，与其他动物不同，人类发展至今，已不满足自然赐予的生活资料，而是利用自身智慧和劳动，加工自然，使其提供利用价值。

3. 经济价值。大自然本身是一个自然财富的伟大的创造者，这些财富是支撑人类经济发展的基础，人类经济史上的每一次大革命都源于对自然财富的认识和开发：农业革命以动植物的开发为基础，工业革命以化石燃料的开发为基础。人类过去错误地认为自然资源是取之不尽、用之不竭的无限库藏，致使人类发展至今出现了生存危机。

4. 精神价值。自然对于人类的精神价值表现在知识、美学和道德三个方面。人类的一切知识都源于自然，是人类对自然认识的结晶，如植物学、医学，而哲学实质上也是源于人类对自然的感悟。生命在与环境长期协同进化的过程中，还创造了充满生机与和谐的美。同时人与自然的关系中同样包含着道德的问题，从生物圈的角度来考虑，人类仅是生物圈中的一员，其他物种有着与人类同等的生存权利。当然，人类同时又是生物圈中唯一一类智能生物，但大自然赋予人类智慧，不是让人类来使役它、破坏它的，人类的智能从道德上来说，应体现为在掌握自然规律的基础上，与自然共同创造和谐的生物圈，使大自然更加完美。

三、人与自然关系的学说

人与自然关系的学说有上百种，根据对待自然的态度差异可分为人类中心论和人与自然协调论；根据人类解决所面临的生存危机的态度差异，则可分为消极的倒退论和积极的生态人文论。

（一）人类中心论

人类中心论认为自然是为人类而生，是任人摆布的，而人类则是大自然的主宰者，人类可以征服、改造和控制自然。这一论点源于工业文明，现不少人持这一观点。这一观点否定自然的自身价值。事实上，自然不是任人摆布的，一系列的由人类不当行为引发的一系列生态灾难动摇了这一观点。而且，人类能主宰自然多少呢？面对人类生存危机，到底是人类主宰自然还是自然主宰人类？

（二）人与自然协调论

人与自然协调论认为人是大自然的组成部分，人与自然是平等的，在大自然面前，人类的一切所谓征服、胜利，其实是人与自然共同创造的结果，人与自然的关系应协调在生态系统可承受的范围之内。这一学说建立于人类因面临现在的生存危机而重新考虑大自然价值的基础上。这一观点主要表现为两种论点：其一是伙伴论，认为人与自然是平等的，人类应该放弃人类中心主义，作为伙伴，人类应该充分尊重自然，认识到自然有保护自我平衡、洁净的权利，人类污染环境、肆意砍伐森林就是侵犯自然的权利，是不道德的；其二是共生论，它受生物种群间的互利共生关系的启发，追溯人类发展经历的阶段，认为采集狩猎时代的人与自然是一种原始共生的关系，希望现在能够在高科技的条件下再度建立人与自然新的共生关系，这种关系表现为技术圈与生物圈的共生，人与自然共同创造和谐的生态环境，以及自然生态系统与社会经济系统相互协调。

（三）倒退论

倒退论认为人类现在面临的生存危机源于人类过分掠夺自然来发展经济，而解决危机的办法只有一个，那就是使经济倒退，放弃工业，退回到农耕文明，甚至退回到采集狩猎文明。持这一观点的人往往是一些消极的自然保护者。若按这一观点，有两个问题解决不了：其一是经济一旦退回去，地球上现在的人将面临贫困、饥饿、瘟疫等问题；其二，已适应现代生活的人，退得回去吗？在大城市生活的人，很难想象没有电、没有煤气将会是怎样的情景。

（四）生态人文论

生态人文论认为人类现在面临的生存危机源于人类没有遵循生态规律，故解决危机的办法是用生态学的理论来指导社会经济发展。持这一观点的人认为人是生物圈中的一员，人与自然有着共同的命运。人在生物圈中的特殊性体现在人是智能动物，能够超越自身的局限性，代表所有物种的利益，承担起地球环境的管理重担，建立工业文明之后的新型文明——生态文明。

四、人与自然关系理论的生态旅游价值

生态旅游建立在人与自然协调论和生态人文论等科学的人与自然关系理论的基础上。生态旅游的保护特色决定了每个与生态旅游有关的人，均需具备或培养科学的人与自然关系的观点，并付诸实际。

（一）生态旅游者是自然的朋友

生态旅游者与传统大众旅游者最大的差异是环境意识。传统大众旅游者只注重享受自然而不注重保护自然，环境意识较差，认为在旅游地随地扔垃圾是司空见惯的事；而生态旅游者具有较高的环境意识，十分珍视大自然，把自然视为朋友，同样是到大自然中，他们能在享受大自然时认识到自然演化至今的不易和生物物种的平等，把保护自然视为一种自觉行为，并且能从大自然中陶冶自己的情操，获得较高的旅游精神享受。当然，绝大多数的生态旅游者需经过培养才能具备这种素质和修养。

（二）生态旅游开发者应该有人与自然共生的科学观点

成功的生态旅游开发除了要具有较高的开发水平，还需要开发者具有科学的人与自然关系的观点。开发设计者要尊重自然的自身价值，具备人与自然共生的观点，努力寻找人与自然互利共生的结合点，设计出人与自然共同创造的和谐的生态旅游景观，而不是把自己的意愿强加于自然，破坏自然的和谐美。开发者要尊重大自然给予人类的经济价值，充分认识到生态旅游资源的经济价值，把大自然经过几十亿年才形成的资源的经济价值纳入成本核算，精心对待自然。开发建设者应严格按照生态设计方案，在具体建设过程中善待大自然的一山一石、一草一木，使开发出来的生态旅游产品真正是人与自然协调的产品。

（三）生态旅游管理者要慎重保护自然

合格的生态旅游管理者也应具有较高的环境意识，要充分认识到自然环境对旅游活动的忍受限度，避免旅游超载而导致的对环境的影响、损伤甚至破坏，而不应该只顾眼前经济效益，任旅游区长期超载，影响旅游资源和环境的持续利用。同时生态旅游管理者还要积极想办法，避免旅游区的环境污染，尤其是垃圾成堆的视觉污染，使大自然维持平衡和洁净的权利得到保护。

第二节　生态美理论与生态旅游

传统观点认为美是艺术家的事业，对大众来说，美似乎是一种奢侈，与人的直接生存无关。但当全球环境被污染，环境质量退化，一江春水变成滚滚的浊浪，蔚蓝的天空笼罩着蔽日的烟云，家居四周遍布恶臭的垃圾，美的存在难道不是与生活密切相关的吗？人与自然有着共同的生存命运，自然环境的恶化难道不意味着人类的生存危机吗？在此，自然的美就成了人类生存的基础，人类为了自己的生存，就应该恢复人类已经钝化的美感，努力追求与自己生存休戚相关的生态美。

生态美是建立在生态人文观基础上的一种崭新的具有生态哲学意义的美学概念，是生态文明社会中人类共同的一种美学追求，具有与自然美有本质差异的美学特征。在生态旅游活动中，无论旅游者、旅游开发者还是旅游管理者，均与生态美息息相关。

一、生态美概念

（一）自然美到生态美的过渡

生态美是在自然美的基础上，在人类对自然的价值重新认识的基础上产生的美学观点。自然界的蓝天白云、红花绿叶、江河海湖、飞禽走兽，无一不充满着美。人们由于对自然价值的认识不同，产生了不同的美学观点，有着不同的美学感受。人类中心论者认为人类是自然的主人，自然的一切包括美都是为了人类而存在，如果没有人，自然的一切美将失去意义，失去价值，这便是工业文明时代大众所持的美学观，称为自然美。而生态人文论者则认为人与自然是平等的，自然并非只为人而美，它有自身的美学价值，而且它的美往往与生存紧密联系：花大色艳的植物有着吸引虫媒的繁殖目的，雄孔雀开屏的美是其吸引雌孔雀的物种繁殖的需要，有蓝天才有足够的阳光供植物进行光合作用。可以说，人类对自然自身的美学价值还知之甚少。人类在欣赏自己建筑物的美时，又怎知蜂房、蚁穴、鸟巢、兽穴对于它的建造者来说不美呢？当人类陶醉在为了共同的目标齐心协力、不惜牺牲宝贵生命的精神美中时，又是否能感受到动物之间通过信息交流，进行着的有条不紊、齐心协力的抵抗外敌的行动美呢？当人类沉浸在自己创造的音乐美中时，是否认识到鸟鸣、蛙叫甚至狼嗥，于动物本身也是一种美呢？人类不但没有权利否定自然自身的美的价值，还应该从中得到新的美学感受，这就是认识生态美的出发点。

（二）生态美及其分类

"生态美包括两大类：一类是自然生态美；另一类是人文生态美。自然美中众多的生命与其环境所表现出来的协同关系与和谐形式"（余正荣，1996）称为自然生态美。自然生态美是自然界长期演化创造的美，是大自然的产物。但是，自然生态美还不是生态美的全部，生态美还包括人类遵循自然规律和美的创造原则，与自然共同创造的人与自然和谐协调的人文生态美，如人类借助生物学的繁殖技术，将全球具有观赏价值的花卉植物集于一园，以及人类能够修建人与自然和谐相处的生态园林、生态城市，使自然生态美经过人的创造后更加完善。总的来说，生态美是充沛的生命与其生存环境和谐相处所展现出来的美的形式。

（三）自然美与生态美的区别

自然美与生态美在审美基础和美的形成上均存在差异。从审美基础上看，自然美是基于自然外部形态、色彩、声音等感官刺激上的心灵愉悦，而生态美是基于对生命价值、自然价值的认识上的感官和心灵上的愉悦。从美的形成上看，自然美是由自然创造的，而生态美除了由自然创造外，还可以由人与自然共同创造，即人文生态美。

二、生态美的特点

（一）活力美

活力指的是生命充满蓬勃旺盛、永恒不息的生命力。生命力的光辉和韵律充满美学特征，植物的生态美体现为其永不间断地利用太阳能来维持自己的生命，养育所有的动物，维持生态系统的运转，使整个大自然充满生机，显示出生命的活力之美；动物的生态美体现在它们永不停息的生命承续和运动上，新生命的诞生，骏马奔腾，鱼游水中，无一不充满活力之美；微生物似乎一点都不美，但从它们将动植物的碎屑和残体分解为元素和简单分子后归还自然，以便自然中诞生新的生命这一点来看，微生物将死亡变成了新生，这一转换过程也充满着新陈代谢的承续之美。试想若地球上没有微生物，地球表面将是遍地尸骨、不堪入目的景象，美又从何谈起。整个自然生态系统遵循着物质循环、能量流动的规律，使地球上生命之树永葆常青，洋溢着盎然生机。而在现在的超大工业区、特大城市，这种生态美日益减少，人们满目所见皆是由钢铁和水泥筑建而成的人工荒漠，人为地隔离了大自然的物质循环和能量流动途径，这使生活在城市的人内心深处有一种疏远自然的痛苦，回归大自然的愿望便油然而生。只有到了大自然中，到身心与自然融为一体，人们才能真正感受令人振奋的生命活力又重新回到自己身上。

（二）和谐美

生态美的和谐指的是生命与生命之间、生命与环境之间相互支持、互惠共生所展现出来的美学特征。在森林系统中，乔木为下层的灌木和草本提供生之所需的散射光条件，灌木和草本为乔木提供涵养水土的条件，这种系统内各部分的和谐共处，有利于充分利用环境提供的生存条件，维持整个系统的协调。动物界也存在和谐美，诸如犀牛与犀牛鸟的和谐共生。表面上看，动物的竞争和捕食看似"血腥恐怖"，但从进化的观点来看，竞争和捕食有利于进化，创造着更加完善的生命和优美的环境，所以我们不得不承认："弱肉强食"同样充满着生命和谐之美。在人类社会中，人类效法自然，与自然共同创造的名山中的寺庙、江河边的栈道、城市中的古典园林，同样充满着人作为一种生命与自然相协调的和谐之美。

（三）创造性

生态美是生命在与环境共同进化中创造出来的。自然生态美是动植物和微生物在与环境共同进化中创造出来的，它的出现早于人工生态美。在地球形成初期，地球上没有生命，也就不存在生命的活力美和生命之间、生命与环境之间的和谐美，生命的出现，给地球带来生机，生命的演化使生命本身和环境得以繁荣和完善，美也得以丰富。人文生态美是人与自然共同创造的。人类具有创造力，当人的创造力违背生态规律时，这种创造力就变成了破坏力，农业革命时期的水土流失，工业革命时期的环境污染就是创造力变成破坏力的结果。当人类的创造力遵循生态规律、与自然的创造力形成合力时，就能创造出优于自然生态美的人文生态美。面对现在地球的环境创伤，人类应积极寻求人类与自然的创造合力，恢复、重建和繁荣地球的生态美。

（四）参与性

从审美体验上看，生态美与艺术美存在显著差异，艺术美使审美者与审美对象保持着一种距离，而生态美使审美者融入审美对象中，即生态美具有参与性特征。当人们欣赏热带森林时，人本身就是热带森林系统的一部分，热带森林除了能给人带来由众多生物组成的繁荣外貌的美学享受，也给人带来了呼吸必不可少的氧气，同时它所呈现的生物与生物之间、生物与环境之间密不可分的相互依存的和谐之美，也使人能在感悟自然中得到心灵上的美学享受。

三、生态美理论的生态旅游价值

珍视生命、珍视自然的生态美学观点可以说是生态旅游的灵魂，生态旅游者追求的、生态旅游开发者所努力营造的、生态旅游管理者极力维护的，都是共同的东西，即生态美。

（一）生态旅游者追求生态美

生态旅游者与传统旅游者的旅游追求不同。传统旅游者要么追求自然美，赞美大自然的鬼斧神工；要么追求人文美，赞美人类巨大的创造力。而生态旅游者将自然美与人文美融为一体，追求生态美，赞美生命及人类的创造力，赞美生命与环境、人与自然的和谐美。

人类需要处理三大关系，一是人与自然的关系，二是人与人的关系，三是人的内心世界的平衡关系。在我们过去的道德规范中，很注重人与人之间的关系，追求真、善、美。当人类面临因不善待自然而形成的生存危机时，将社会关系中的追求移植到人与自然的关系中时，会发现人与自然关系层面的真善美同样是值得追求的高尚情操，而且具有更深层次的含义：这里的"真"表现为自然生态规律的真理性；"善"表现为人类正确的自然观，善待自然；"美"表现为人与其他生物物种及自然环境的和谐共生。生态旅游者具有追求人与自然关系上的真善美的崇高美德，并体现在旅游活动中，从而在自然生态规律展现出的大自然的奥秘和人与自然的和谐美中净化心灵，丰满精神品格，确立健康的生存价值观。这些人不会随意杀生、扔垃圾，而是会努力保护自然的生态美，将自己享受到的生态美景观留给旁人，留给后人，使人与人关系上的真善美得以升华。

（二）生态旅游开发者努力寻找和营造的生态美

传统大众旅游开发者往往在旅游景区大量修建自己认为美的人工建筑，这种强加于自然的做法往往破坏自然的和谐美，这种败笔在我国的旅游开发上随处可见。如北方有的地方建造的大观园，大观园的原型在江南一带的亚热带地区，大观园中的潇湘馆是离不开竹子的，结果，亚热带的竹子到了温带的北方很难长得茂盛，便失去了潇湘馆原有的气氛和特色，极不协调。生态旅游开发者应努力寻找自然生态美，在对其不加干预、保持原型的同时，在自然生态规律和生态美法则的指导下，效法自然，发挥人对自然的参赞化育的作用，使自然创造力与人的创造力形成合力，共同创造出人文生态美，使自然生态美得到修正和补充。生态旅游开发者绝不会把城市的高楼大厦引入森林，破坏自然的宁静，也不会把国外的异质景观引入中国的自然保护区，形成天外来客的不和谐景观，而是会力图营造既能保持当地原始的自然生态美，又能与当地传统文化融为一体的具有人工生态美的旅游产品，只有这种最"原始"、最"土"的旅游产品，才有最突出的地方特色，也才具有持续利用的价值。

（三）生态旅游管理者努力保护的是生态美

生态旅游与传统大众旅游最大的差异是：生态旅游是可持续发展旅游。传统大众旅游之所以不能持续发展，就是因为其旅游管理不注意保护，使吸引游客灵魂的旅游资源的特色受损甚至丧失，从而使旅游地的吸引力降低或消失。西双版纳是举世闻名的旅游景区，以它独特的"绿色"吸引游客，是中国乃至世界范围内的一大旅游热点，但近几年过度的旅游开发、旅游保护管理的疏忽，以及其他产业布局的不合理，使其"绿色"的特色正在丧失，当地旅游业开始走下坡路。相比之下，生态旅游管理者注重旅游业的可持续发展，注重旅游短期的经济效益，更重视其长期的可持续发展，而可持续发展的基础就是保护生态旅游对象，保护其中吸引游客的生态美。为此，生态旅游管理者应重视生态环境承载力，把游客人数控制在承载范围内。同时生态旅游管理者还要特别重视培养游客的环境意识，加强旅游垃圾的防治管理，重视培养生态旅游专业导游，而这一切都是为了保护生态美，以最终实现生态旅游的可持续发展。

第三节　可持续发展理论与生态旅游

可持续发展理论是人类在面临生存危机时，对未来生存和发展道路的正确选择，是人与自然协调论在人类发展战略中的折射。本节介绍可持续发展的概念、基本内涵及其与生态旅游的关系。

一、可持续发展的概念

（一）可持续发展的内容

从字面上看，"可持续发展"具有两个具体的内涵，即"可持续"和"发展"。"可持续"的概念源于生态学中林业和渔业的一种可再生资源管理战略。可持续的概念很快被应用于经济、社会等领域，并形成了不同的认识和理解，但有一点是基本相同的，即对于为社会经济发展提供支持的资源和环境而言，可持续指的是自然资源能够永远为人类所利用，不至于因为当代人的消耗而影响后代人的生产和生活。

"发展"则有不同的含义，狭义的发展仅指经济的发展，即产值、利润的增长和物质财富的增加。由于经济增长依赖于社会变革，"发展"的含义进一步外延为"发展=经济增长+社会变革"。在这种发展观的指导下，人类为了追求最大的经济效益，走的是一条以牺牲环境为代价的发展道路，导致人类面临生存危机。事实让人类明白，此路不通。实际上，人类的发展是受限制的，除了受制于经济和社会，还受制于地球自然环境的承载力。地球的空间是有限的，地球上的资源也是有限的，人类的活动只有限制在地球环境和资源所允许的范围内，才不会对地球产生不利影响和破坏，人类才会有进一步发展的基础，同时也不会影响我们的子孙后代的基本需求，这就是可持续发展，即可持续发展＝经济增长＋社会变革＋自然生态环境保护。

（二）可持续发展的定义

自20世纪80年代可持续发展的概念提出后，不同学者将其引入自己的研究领域，赋予其一定的含义。目前世界比较公认的可持续发展的定义，首推1987年布伦兰特夫人向第42届联大"环境与发展会议"提交的《我们的共同未来》报告中的定义，即可持续发展是指"既满足当代人的需要，又不构成危及后代人满足需求的能力的发展"。它包括了两个重要的概念："需要"的概念，尤其是世界上贫困人民的基本需要，应将此放在特别优先的地位考虑；"限制"的概念，技术状况和社会组织对环境满足眼前和将来需要的能力施加的限制。

通过分析不难看出，此定义的核心是发展，但对发展作了一系列的界定。首先，发展是一个综合的概念，不仅包括经济的增长、社会的变化，还包括对作为发展基础的资源及环境的潜力的维持。其次，发展的目的是满足人的基本需要。最后，发展是应受到限制的，发展的限制因素除了经济和社会因素外，更为重要的是资源和环境基础因素，因此不允许当代一部分人为满足自己的需要去无限制地利用资源和环境，而损害另一部分人的利益，同时也不允许当代人滥用和破坏资源和环境，危及满足后代人基本需求的资源和环境基础。这样的发展就是可持续发展。

二、可持续发展观

（一）可持续性观点

可持续性观点是指人类发展的横向平衡性和纵向永续性。横向平衡性是指因为当代人类共同的家园是地球，而地球只有一个，故人类的发展首先寻求的应是全球各区域的共同平衡发展；纵向永续性是指人类应为后代着想，当代人的发展应以不影响、危及后代人的发展为前提，即发展的永续性。

在目前的科学技术水平下，人类的发展离不开经济、社会和资源环境三大要素，其中主要限制因素是发展的基础——资源与环境，故人类经济和社会的发展必须维持在资源与环境的承受能力范围内，以保证发展的可持续性。为了达到这一目的，人类必须改变过去把资源和环境视为"无限"的"免费供应"的错误观点，充分认识到资源和环境的有限性，约束自己对资源的浪费行为和对环境的污染行为，并对已经污染和破坏的环境加以治理和重建，恢复其支撑发展的基础功能。在开发利用自然资源的同时，要补偿从生态系统中索取的东西，使自然生态系统保持稳定性、平衡性。对"免费供应"的错误观点应予以纠正，充分认识到资源和环境的价值。在人类发展过程中，资源和环境是有价的，当对它的利用在其承受力范围内时，它的有价性体现得不明显，而当利用超过了其承受范围，出现资源枯竭、环境质量恶化时，人类才认识到忽视资源环境的教训。因此，为了有效地维护自然与环境对经济社会发展的持久支撑能力，人类应该对自然资源和环境进行核算，估计经济活动带来的环境质量退化所造成的经济损失，将此列入资源与环境的费用，用于资源再生和环境质量的改善。

（二）共同性观点

共同性观点源于人类生活在同一地球上的事实，地球的完整性和人类的相互依赖性决定了人类有着共同的根本利益。共同性同样体现在横向和纵向两个方面。从横向上看，地球上的人，无论是穷人还是富人都生活在同一地球上，呼吸的是同一大气圈的空气，饮用的是同一水圈的水，食的是同一生物圈的食物，地球的完整同一性决定了环境污染受害的不仅是穷人。大气圈中空气的流动，会把污染源的空气传递到其他区域。横向上的共同性还包括人类作为生物圈的一员，与生物圈有着共同的利益，人类的健康取决于生物圈中大气、海洋、土壤、森林这些生命组成部分的健康。生物圈的破坏，意味着人类生存基础的破坏。从纵向上看，地球上不同代的人生存的基础是共同的，即资源和环境。而资源和环境的有限性又决定了若我们当代人不珍惜资源、破坏和污染环境，我们的后代将因失去资源和环境而难以生存和发展。为此，人类必须本着同一命运、同一使命，通力合作，共同研究，保护我们及子孙后代共同的环境，管理好我们共同的资源，谋求我们共同的发展。

（三）公平性观点

公平性观点是指当代人和后代人的利益公平，即代内公平和代际公平。所谓"代内公平"是指现在同代人具有享受共同资源环境、谋求共同发展的公平权利，基于目前经济发展的地区差异和拥有财富的人际差异，特别要强调不能因满足一部分人的需要而危及另一部分人的基本需要，不能为一部分人的利益损害另一部分人的利益。由于世界的同一性和资源的有限性，世界上一些国家和地区挥霍资源，必然会限制另外一些国家和地区公平地享有资源的可能性，特别是发达国家对各种资源的高消费，远远超过了欠发达国家的消费水平，这是极不公平的。同时，一些国家对环境的污染和破坏，也常常引起另外一些国家和地区的环境质量和人类健康水平的下降，这一点特别表现在相邻国家和地区的环境污染和破坏上。为此，可持续发展的公平观尤其强调保护贫困人民的资源环境，以满足其基本需要。"代际公平"是指当代人与后代人具有同等享受地球上的资源与环境、谋求发展的权利。当代人不能只顾自己的利益，过度使用和浪费资源，破坏环境，剥夺后人公平地享有资源和环境的权利。为了实现代内公平和代际公平，世界环境和发展委员会建议通过国际公约和国际法，来解决资源合理利用和环境保护问题。

三、可持续发展战略

可持续发展仅靠人们思想上重视是不够的，还应该将其转变为可操作的发展战略。可持续发展战略不是单指某一方面的，而是一个复合性的概念，它包括生态可持续发展、经济可持续发展和社会可持续发展，三者有机统一。

（一）生态可持续发展战略

生态可持续发展战略是指人类为了发展在开发利用资源和环境时，要遵循生态学规律，将开发和利用程度限制在自然生态环境承受范围内，以维护生态系统的正常物质循环和能量流动。为此，必须重视对资源和环境承载力的研究，在此基础上建立科学的环境保护标准，防止环境污染和破坏，并利用新技术来恢复和重建已经被污染和破坏的生态系统。通过保护和重建自然环境，为人类可持续利用自然资源和环境提供基础条件。

（二）经济可持续发展战略

经济可持续发展战略是指经济的发展必须建立在生态可持续发展的基础上。从横向上看，应在生态环境的承载力范围内保持和加快国际经济的发展。由于世界各国的发展紧密依赖世界市场，如果没有一个持续的国际经济的普遍增长，就不可能解决日益贫困和资源短缺的相互作用问题，难以有效保护生态环境。从纵向上看，当代人的经济发展若不限制在资源与环境的承载力范围内，对后代人是不公平的，当代人的经济发展了，环境却破坏了，那后代人用什么资源和环境来作为发展的基础？同时经济的可持续发展又为生态的可持续发展提供了条件，在过去经济发展中牺牲的环境，还需经济来赔偿；在环境重建方面，也需要经济作为支撑。一些发达国家所走的"先污染后治理"的道路是一种不得已的发展战略，但为了进一步发展，当今的"后治理"实属必须，若没有"后治理"，任其恶化，还会导致可利用资源减少及环境恶化，可持续性经济发展将失去基础。

（三）社会可持续发展战略

社会可持续发展战略是指国内和国际社会的稳定发展。生态可持续发展为经济可持续发展提供了基础，生态和经济的可持续发展又为社会的可持续发展提供了基础。反过来，社会的可持续发展又为经济的可持续发展提供了条件，经济的可持续发展为生态的可持续发展提供了条件，而生态、经济和社会可持续发展的协调统一，才是人类可持续发展的根本保证。

四、可持续发展理论的生态旅游价值

在可持续发展理论的指导下，旅游业正在努力寻求可持续发展，发展之道在何方？如何操作？我们认为生态旅游是实现旅游可持续发展的保证。反过来说，生态旅游的目标是可持续发展，为了实现旅游业的可持续发展，一切受益于生态旅游的人都应持可持续发展观点，以可持续发展为生态旅游开发管理工作的准则。

（一）生态旅游发展的目标是可持续发展

在论及生态旅游与传统大众旅游的差异时，我们可以从不同侧面列出很多点，其中最为核心的差异首推发展战略。传统大众旅游没有可持续发展理论的指导，不过也讲经济、社会、环境三大效益的协调发展。但它只注意了几大效益间的横向关系，在近期和远期效益间的纵向关系上谈得较少，即使谈了，也缺乏落到实处的通道。生态旅游在可持续发展理论的指导下，对三大效益的横向和纵向的关系都十分重视，且把长远的可持续发展作为自己的发展目标，通过操作性强的生态旅游，保证旅游可持续发展能够落到实处。

（二）生态旅游者应持可持续发展观点

生态旅游是一种满足人类身体和精神需求的活动，生态旅游者在利用资源有限性的基础上，应持可持续发展的观点，即利用应限制在资源环境的承受能力范围内，以保证代际不同地区的人和代际不同辈的人都能够享受到共同的资源，要摒弃那种只顾自己的行为，不能只为满足自己的旅游需求而影响或危及别人的旅游需求。这就需要生态旅游者在可持续发展观点的指导下，增强保护意识，自觉主动地保护旅游对象，在旅游活动中，尽一切可能将对生态旅游环境的不利影响降至最低。

（三）生态旅游从业人员应以可持续发展为工作准则

为了保证生态旅游的可持续发展，从业于生态旅游的一切人员在工作中，均应以旅游的可持续发展为准则。生态旅游开发者在开发生态旅游目的地，挖掘当地旅游特色时，还应特别注意对特色的保护和对环境的保护，杜绝开发性破坏，为生态旅游业的可持续发展提供物质基础；开发决策者应该有一个长远发展的认识，不仅要重视当前的效益，更应把长远的可持续发展放在首位；开发投资者要清楚地认识到，生态旅游投资不仅仅是经济上的投资，经亿万年而形成的旅游资源是有"价"的，这有价的旅游资源的拥有者是国家或当地社区，开发规划时的知识投入也是有"价"的，即生态旅游的投资包括了资源投资、知识投资和经济投资，相应的利益也应该是三家共同享有的；旅游管理者和服务者应采用节约型和保护型的管理模式，以保护旅游发展的后劲。

第四节　生态旅游系统

根据系统论的观点，生态旅游是一个系统。"生态旅游系统"一词，过去没人提过，我们在分析一系列"旅游系统"学说的基础上，根据生态旅游活动的性质和特点，提出了"生态旅游系统"的概念。

一、"旅游系统"

近年来，旅游业得益于各相关学科和现代技术的注入，发展迅猛，众多学科的"众星捧月"及各学科专家转入旅游研究而形成了旅游学。旅游学的研究对象是什么？经一番争论研究，业内一致认为答案是"旅游系统"，但对旅游系统具体内涵的认识却存在较大的争议，这一问题已成为当今旅游学术界的一大热点问题。现就目前比较有代表性的几种旅游系统学说介绍如下。

（一）六要素说

旅游系统的"六要素说"是旅游学科中较为传统的学说，它以旅游者为中心，将旅游者在旅游活动中的旅游行为归纳为"吃、住、行、游、娱、购"六大要素。以满足旅游者旅游行为的要求为指南的旅游业，往往以这六大要素来规划和发展旅游业，即满足旅游者从常住地到旅游目的地及目的地内的空间位移的"行"的需求，是规划发展旅游交通的依据；满足旅游者"住"和"吃"的基本生活需求，是规划建设旅游宾馆等食宿条件的依据；满足旅游者在旅游目的地观光、游览及度假等"游"的需求，是规划发展旅游景点景区及旅行社的依据；满足旅游者从旅游地带回有纪念意义的物品的"购"的需求，是旅游目的地发掘、设计、生产旅游商品的依据。正因为这一学说对旅游业发展具有指导性和可操作性的优点，它在各国无论是政府文件还是研究报告及教科书中均有存在。但这一学说也存在明显不足，即"六要素"并不能将旅游者在旅游活动中的全部因素归纳进去，如旅游者在旅游活动中接触到的自然、社会环境就没有在六要素中得以反映，而这些环境条件对旅游活动的产生及影响是不可忽视的。

（二）三体说

旅游系统的"三体说"也是一种较为传统的学说，在旅游学的教科书中反映得最为明显，不少《旅游学概论》均是以此为全书的理论构架。该学说以旅游活动为中心，将旅游活动得以实现的必不可少的因素概括为主体、客体和媒体三大方面。主体即旅游者，指离开自己常住地到旅游目的地旅游的人，是旅游活动中的主要因素，是旅游活动得以实现的主体因素；客体指吸引旅游者进行旅游活动的客观存在物，即旅游资源或旅游吸引物等；媒体是指联系旅游主体和旅游客体的媒介物，即旅游业，包括旅游交通线路、宾馆等各个环节。旅游的三体相互依存，互为制约，三者缺一不可，缺了就难以完成旅游活动。该学说对旅游学形成体系具有重要意义，促进旅游学形成了系统二级分支学科，如专门研究旅游主体（旅游者）的形成了"旅游心理学"，专门研究旅游客体（旅游资源）的形成了"旅游资源学"等；专门研究旅游媒体（旅游业）的形成了"旅游经济学"等。但这一学说也存在一个明显不足，即同样未将旅游活动得以实现的自然、社会、经济、环境因素概括进去。

（三）旅游产业说

"旅游产业说"将旅游活动理解为经济现象，从经济学角度出发，将旅游业作为旅游系统的核心，并按照旅游的市场供求关系来进一步划分旅游子系统（图2-1）。

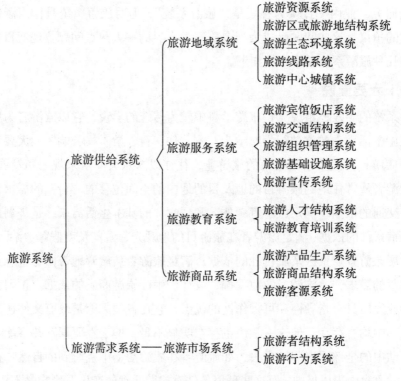

图 2-1　旅游系统

（四）游憩论

吴必虎在分析国内外旅游发展现状的基础上，提出了应将旅游学的研究对象的范畴扩大，且应将旅游系统理解为游憩系统，包括 B.G.Boniface 和 C.P.Cooper 的"游憩活动谱"上的家庭内游憩、户外日常休闲、一日游、过夜游及较长时间段的度假等活动。从系统角度出发，游憩活动（旅游活动）被视为一种开放的复杂系统，包括客源市场系统、出行系统、目的地系统和支持系统。

二、"四体"生态旅游系统

"旅游系统"是旅游学的研究对象，"生态旅游系统"则是生态旅游的研究对象，生态旅游是一种旅游活动，从系统的角度出发，我们根据生态旅游活动得以实现的基本条件，提出了"四体生态旅游系统"的说法。

（一）生态旅游系统的四体模式

生态旅游系统以旅游系统"三体说"为基础，并弥补了后者未涵盖让旅游活动得以进行的自然、社会、经济环境条件的不足，因为我们补充了第四体，即载体，得出了生态旅游系统的四体模式。

生态旅游系统由主体（生态旅游者）、客体（生态旅游资源）、媒体（生态旅游业）和载体（生态旅游环境）四大要素组成。其中前三体与旅游系统"三体说"中的三体相比，仅多了"生态"一词，但却包含着新的丰富内涵，最后一体——载体，即生态旅游环境，是我们提出的。我们认为它是生态旅游活动得以实现的必不可少的载体，若没有这个载体，生态旅游活动将难以实现——没有生态旅游自然环境，哪来的生态旅游资源？没有生态旅游社会环境，哪来的生态旅游气氛和使旅游活动得以产生和进行的社会治安保障？没有生态旅游经济环境，哪来的旅游接待设施的顺利运行？这一载体不仅保证了生态旅游活动的进行，还对生态旅游活动的产生和发展发挥着特殊功能。

（二）生态旅游系统的核心——保护

生态旅游系统与传统大众旅游系统相比，主要的差异不是组分数量上的差异，而是一种"质"的差异，这一"质"反映在系统内各组分和整体上，这一"质"就是"保护"。定位于"可持续发展"的生态旅游的核心只有一个，即保护。换句话说，生态旅游与传统大众旅游的最大差别是"保护"的差异：传统大众旅游认为旅游业是无烟工业，发展旅游不会影响环境；生态旅游则认为旅游作为一种活动，它的开展肯定会对环境产生影响。在环境自我恢复能力范围内的活动不会造成负面影响，而超出这一"自我恢复能力"即"环境承载力"的活动，便会对环境造成负面影响，甚至产生不可逆转的破坏，故生态旅游特别强调"保护"。

生态旅游强调保护是基于"可持续发展"这一目标的，"保护"是实现这一目标的战略措施，保护的对象是旅游可持续发展的基础，即生态旅游资源、生态旅游环境和旅游目的地当地社区的利益。为实现保护的目的，生态旅游的一切受益者都应具有保护的意识。无论开发者、决策者、旅游者、管理者，还是当地社区居民，均应将保护放到重要位置；对于生态旅游资源，无论是开发还是利用、管理，均应保护在前；对于生态旅游业，应实施保护性管理；而生态旅游环境，就是保护的对象。

（三）探索生态旅游特色

全球各地的生态旅游由于区域的差异而存在不同的特色。特色是旅游的灵魂，西方国家根据各自在自然、社会及经济方面的差异，形成了自己的生态旅游特色。

1. 西方国家的生态旅游特色

在西方国家，生态旅游已普及为大众旅游，并形成了三大特色，具体表现如下。

（1）西方生态旅游对象——自然景观。生态旅游发展较好的西方发达国家，首推美国、加拿大、澳大利亚等国。这些国家的生态旅游对象从人文景观和城市风光转为谢贝洛斯·拉斯喀瑞所指定的"自然景物"，即保持得较为原始的大自然。这些自然景物在其国内被定位为自然生态系统优良的国家公园，在国外被定位为以原始森林为主的优良生态系统，这就使不少发展中国家成为生态旅游目的地，其中加勒比海地区和非洲野生动物园成为生态旅游的热点区域。在哥斯达黎加每年接待的国际游客中，几乎半数以上的人是去欣赏热带雨林的生态旅游者。

（2）西方生态旅游的宗旨——保护。按照谢贝洛斯·拉斯喀瑞的生态旅游定义的第二个要点，西方发达国家在生态旅游活动中极为重视"保护旅游对象"。如在生态旅游开发中，避免大兴土木等有损自然景观的做法，旅游交通以步行为主，旅游接待设施小巧，掩映在树丛中，住宿多为帐篷露营，尽一切可能将对旅游对象的不良影响降至最低。在生态旅游管理中，提出了"留下的只有脚印，带走的只有照片"等关于保护环境的响亮口号，并在生态旅游目的地设置了一些解释大自然奥秘和号召保护与人类息息相关的大自然的标牌，以及一些人们喜闻乐见的旅游活动，让游客在愉悦中增强环境意识，使生态旅游区成为提高人们环境意识的天然大课堂。

（3）西方生态旅游的精神追求——"三N"。过去，西方旅游者喜欢到热带海滨去休闲度假，热带海滨独有的温暖的阳光、碧蓝的大海和舒适的沙滩，使居住于污染严重、竞争激烈的西方发达国家的游客的身心得到放松，"三S"作为最具吸引力的旅游目的地成为西方人向往的地方。随着生态旅游的开展、游客环境意识的增强，西方游客的旅游热点从"三S"转为"三N"，即到"大自然"中，去缅怀人类曾经与自然和谐相处的"怀旧"情结，使自己在融入自然时达到进入"天堂"的最高精神境界。从"三S"到"三N"，标志着人类的旅游追求从以身体享乐为主转变为以精神追求为主。

2. 我国生态旅游特色的思考

生态旅游在中国的发展稍晚，在一些生态学家的倡导下，1995年我国首次生态旅游研讨会在西双版纳召开，会议促进了中国生态旅游的发展。但是，关于生态旅游在中国应该如何发展，学术界有着较大的争议——是照搬照套西方的模式，还是根据中国的国情，搞中国特色的生态旅游？中国的学者在探讨，中国的旅游业在尝试，并将1999年定为"中国生态旅游年"。对此问题，我们的思考如下。

（1）思考一——应将保护放在中国生态旅游的首位。在确定生态旅游的内涵时，西方将"旅游对象是自然景物"放在首位，而将"旅游对象不应受到损害"放到第二位。根据中国的国情，我们认为，中国的生态旅游应该把"保护旅游对象"列为首位。从旅游发展模式的角度分析，生态旅游是在大众旅游的基础上发展起来的，西方的大众旅游建立在较为发达的经济基础上，其发展模式为"旅先，游后，旅顺游畅，旅游搭经济发展的便车"；而中国的大众旅游则是在经济欠发达的基础上，把旅游作为发展经济的一项产业，其发展模式为"游先，旅后，旅阻，游滞"，旅游成为一项带动经济发展的龙头产业。国内绝大多数旅游资源位于交通不便的地区和经济欠发达地区，旅游通达性差和接待设施欠缺便成了制约旅游业发展的因素。因此，旅游开发便成了遇山辟路、逢水搭桥、大兴土木的工程项目，在开发过程中，由于我国旅游研究起步较晚，有些工程出现了与自然不协调及环境破坏的问题，故我国的生态旅游开发，首先应进行旅游活动过程对环境的影响的分析。西方国家由于经济发展在前，环境污染破坏在先，民众环境意识觉醒较早，旅游活动对旅游环境的影响较小。故在我国开展生态旅游时，应该在其环境教育功能上下功夫，把环境教育功能作为旅游开发和管理的一大问题优先考虑。

（2）思考二——中国生态旅游的对象应为"天人合一"的生态景观。关于生态旅游对象，西方国家将其定位为自然景观，这一观点传到中国后，有的专家持狭义的理解，将中国的生态旅游对象定位为自然保护区，有的甚至将生态旅游的概念缩小为"森林旅游""科学旅游""专项旅游"，故生态旅游仅限于自然保护区和森林公园。我们认为：中国生态旅游资源的对象应扩展为"天人合一"的生态景观。分析人与自然关系的观点可知，西方以"人定胜天"的人类中心主义为主要思维，认为人是自然的主人；而中国认为人与自然是不可分离的。在美国、加拿大，自然就是自然的，而中国的自然经过千年文明的熏染，与文化已融为一体，中国的名山，如五岳、四大道教名山、四大佛教名山，已无法和文化分离开。在这种人与自然和谐共生之地，人仅是自然中的一部分，整个生态景观都可作为"回归大自然"的生态旅游的目的地。故我们认为，中国生态旅游的对象，不仅仅限于自然景观，还应包括文化景观，当然这种文化景观必须是与自然和谐共存的，所以生态旅游资源不仅是自然保护区和森林公园，同时包括了人与自然和谐共生的自然遗产地、风景名胜区和旅游度假区等。

（3）思考三——生态旅游是中国旅游实现可持续发展的一条通道。中国的旅游业和西方国家的旅游业不同，中国作为旅游资源丰富且品位较高的国家，将旅游业列为一项发展经济的产业来扶持，有的省甚至把其作为支柱产业来培植。因此，旅游业是否有可持续发展的后劲，事关整个国民经济的发展。中国旅游业的发展寻求的是一条可持续发展的道路。如何才能做到这一点？我们认为生态旅游是一条通道。因为生态旅游与传统大众旅游相比，在保证旅游业可持续发展上有着诸多有利条件。

首先，生态旅游强调保护旅游对象，因为旅游对象是旅游业发展的基础，只有保护住这一基础，旅游业才可能持续发展，而传统大众旅游不重视对旅游对象的保护。传统大众旅游在发展旅游时，不计旅游资源成本，忽视资源价值，认为旅游业是投资小、见效快的产业，于是在全国上下，旅游开发成了"遍地开花"的粗放式开发，使不少旅游品位较高的旅游目的地的生命周期缩短；在旅游管理中，为获得近期经济效益，不顾旅游环境容量，追求入园游客数，最终导致旅游经济的高效益以环境的破坏为沉重代价。

（4）生态旅游强调保护旅游发展的动力——旅游目的地社区的利益。在传统大众旅游中，首先受益的是旅游开发商和旅游者，但旅游对象一被破坏，这两类受益者便"溜之大吉"，将难以收拾的"烂摊子"留给当地。而生态旅游强调旅游开发的最大受益者应该是当地社区，因为只有当旅游开发给当地社区的人民带来经济实惠时，当地人民才会自觉地保护旅游对象和维护当地旅游形象，从而成为旅游可持续发展的强劲动力。

第三章　农村生态旅游概述

第一节　农村生态旅游的含义

一、农村旅游

（一）农村旅游的定义

农村旅游，也称农业旅游，是与都市旅游、风景名胜区旅游相对应的概念，是一种由传统的观光旅游向休闲旅游过渡的新的旅游形态。又有乡村旅游、农业观光旅游、田园旅游等多种称谓。

学者们对农村旅游的定义，侧重点各不相同。国内学术界目前也没有统一的认识。综合学者们的观点，本书将农村旅游定义为：农村旅游是农业活动与旅游产业相结合，集观光、休闲、度假、体验、娱乐、健身于一体的一项新兴的旅游产业。

（二）农村旅游的具体表现

1. 目的地

农村旅游以农村为旅游目的地。农村相对于城市，指城市以外的地域。在社会经济缓慢发展时，城市、农村的概念与地域范围都是相对稳定的。然而，现今社会经济快速发展，城市范围迅速扩大，随着各地城市化速度的加快，一些原本是农村集镇的小城镇也迅速向城市化发展。通常认为，适合发展农村旅游的是城市郊区的农村，而郊区的概念也比较模糊。

着眼于农村生态旅游的发展研究，本书对农村这样定义：农村，指的是城市范围外，分布着村落、有农业产业的地域。农村既包括城市郊区的城乡接合部，也包括人口比较少，但仍有村落分布、有农业产业（农、林、牧、副、渔业）及其周边产品的地域。城市化规模小的城镇也属于农村范畴。城市郊区指的是城乡接合部，即人们可以利用周末及休假时间去涉足的城市周边的农村地区。

2. 旅游资源

农村旅游资源有自然资源和人文资源之分，开展农村旅游可以依托的具体资源包括农村田园风光、农副产品、手工艺品、农村习俗、农村文化等。

3. 产品形式

农村旅游产品包括农村环境（农村的山、湖、河、森林等）、农村遗产（农村的传统建筑、宗祠寺庙、历史遗迹、村落等）、农村生活（农副产品、手工艺品、传统音乐等）、农村活动（采摘、垂钓、骑射、划船、自行车游等）。

4. 目标市场

农村生态旅游主要以城市居民为目标市场。农村旅游的旅游资源具有区别于城市的文化内涵，恬静清新的农村环境与喧嚣的都市环境形成反差，可满足现代都市人追求健康生活方式、愉悦身心的需求，满足旅游者娱乐、求知和回归自然等方面的需求。

5. 以营利为目的

农村旅游以低廉的价格吸引着城市居民前来吃、住、游、玩、购，使农民从中获得经济效益。因为旅游者有着享受农村自然风光、参与农民真实生产生活的心理需求，所以越是淳朴的体验越受欢迎。如采摘鲜果、收割成熟的稻谷、做一天渔民等，经营者只需较低的成本投入，就可以获利。

农村旅游具有低消费性，具有广大的消费市场，人们的参与程度很高，能产生规模效应，特别是中低档且距离短的旅游项目广受欢迎。对于农民朋友来说，在开展旅游项目的同时，还可以兼顾农、林、牧、副、渔的经营活动，从总体上看，可以获得可观收入。

（三）农村旅游的特征

1. 乡村性

农村旅游的开展是在农村地区，用农村自身拥有的自然景观和人文景观来吸引城镇居民。以旅游业食、住、行、游、购、娱六大要素来概括，农村旅游就是"吃农家饭，住农家院，干农家活，享农家乐，购农家物"。

2. 目标市场的都市性

农村旅游以农民家庭为基本接待和经营单位，市场定位是那些期望到农村释放快节奏所带来的工作和生活压力的城市居民。在这里他们可以逃避都市喧嚣、享受宁静祥和的生活。

3. 消费的大众性

作为现代旅游形式的农村旅游是大众化的。农村消费低、交通距离相对较短，故消费群体具有大众性。

二、生态旅游

由于工业化和城市化的不断发展，都市人的生活节奏加快、心理压力变大，加之生态环境的不断恶化，生态旅游应运而生并成为旅游业发展的热点。

（一）生态旅游的定义

多年来，关于生态旅游的概念众说纷纭，但专家学者普遍认为，生态旅游协会在1993 年对生态旅游的定义最具代表性，它将生态旅游界定为："为了解当地环境的文化与自然历史知识，有目的地到自然区域进行的旅游，这种旅游活动在最大限度地不影响生态环境的同时，创造经济发展机会，让自然资源得到保护，在财政上使当地居民获益。"

综观国内外关于生态旅游的定义，我们将生态旅游定义为：生态旅游是以享受自然景观、观赏野生生物、体验地方文化为内涵，以自然区域或某些特定的文化区域为对象，以可持续发展为理念，以环境保护为标志，并使当地社区和居民获益的一种旅游现象。

（二）生态旅游的内涵

关于生态旅游内涵的争议较大，参考前人的研究成果，本书将其分为狭义的生态旅游和广义的生态旅游。

1. 狭义

狭义的生态旅游强调：生态旅游以生态环境和自然资源为旅游对象，旅游者要具有较强的生态意识，以欣赏自然风光和野生动植物为目标，是一种回归大自然但不破坏大自然的旅游活动。旅游过程具有参与性，对生态环境有保护和优化作用，能为保护区筹集资金，为当地居民创造就业机会，使当地居民获益。因旅游地的不同，生态旅游的常见类型有农村生态旅游、都市生态旅游、民族文化生态旅游等。

2. 广义

广义的生态旅游从旅游生态化的角度出发，强调生态旅游地具有特定的生态环境系统，旅游者能接受生态环境意识教育，旅游业的开发与规划、旅游管理与服务、旅游者的旅游消费过程，以及与旅游业吃、住、行、游、购、娱六要素相关的所有产业，都应在可持续发展的前提下，实现科学发展。即保护旅游地的生态环境，不损害当地居民的利益。

（三）生态旅游的特征

1. 鲜明的目的性

旅游活动带有感受生态系统、接受生态教育的色彩，其目的是研究、欣赏和品味自然风光、野生动植物及当地文化遗迹。

2. 旅游者的参与性

通过参与生态旅游活动，如与农夫同耕、与牧人同牧、与渔民同渔等，旅游者可接触当地的风土人情，感受农村生活，以此得到生态体验。

3. 保护生态环境的意识

生态旅游以生态学理论为指导，强调对旅游环境的保护。

4. 当地居民受益

通过生态旅游活动，当地居民能增加经济收入，也能从中受到保护生态环境的教育。

案例：

生态度假旅游胜地——印度尼西亚巴厘岛

近些年，印度尼西亚极其重视对旅游产品的开发。其巴厘岛，每年吸引前来度假、体验的国际旅游者达 160 万人次。

巴厘岛作为印度尼西亚著名的旅游区，与首都雅加达相距 1000 多公里，并与首都雅加达所处的爪哇岛隔海相望，距离只有 1.6 公里。巴厘岛由于地处热带，且受到海洋环境的影响，气候温和多雨，土壤非常肥沃，四季绿水青山，繁花烂漫，林木参天。加之，巴厘岛人天生喜爱花，到处用花装饰，因此，该岛被称为"花之岛"，并享有"神仙岛""南海乐园"的美誉。全岛的山地占地面积很大，山脉纵横，地势东高西低，四五座锥形的完整火山坐落于岛上，其中阿贡火山（巴厘峰）是岛上的最高点，海拔 3142 米，1963 年喷发过的巴都尔活火山在其附近。该岛还有景色优美的海滨浴场，如努沙·杜尔、沙努尔与库达等处的海滩，这些海滩地域宽阔、沙粒细小、海水湛蓝且清澈。每年来这里游览的各国游客不计其数。

三、农村生态旅游

农村生态旅游是农村旅游和生态旅游在理论和实践上的结合。

目前，关于农村生态旅游的定义，国内主要有以下几种。

业内人士曾指出，农村生态旅游指的是：以农村为背景的，具有生态旅游内涵的一种综合性旅游。这种新兴的旅游形式，有着不同于传统农村旅游和一般意义上的生态旅游的特点。

1. 它是生态旅游的一种表现形式，所以，农村生态旅游产品也具有生态体验和生态教育的功能，和大众旅游相比，其旅游规模小，旅游者人数相对较少。

2. 旅游活动的目的地是农村，包含农村村落和其所依托的农村自然环境。

3. 它是依托农村资源（包括生态资源、文化资源、土地资源、旅游资源等）的有机整合而发展起来的。

4.它不仅需满足游客的观光、休闲、娱乐、农事学习等需求，还需具有生态体验功能和生态教育功能。

又有人认为，农村生态旅游是一种将旅游发展与环境保护、生态建设、社区发展紧密结合的农村旅游发展模式。它的目标是加强生态环境的保护和建设，同时促进农村地区的发展，把农业、农民和农村发展有机结合起来，使旅游业成为农村地区经济发展的新内容。

综上所述，本书将农村生态旅游定义为：农村生态旅游是以农业旅游资源为依托，以农民为基本经营主体，以旅游活动为内容，以促进农村发展为目的的一种综合性旅游。

农村生态旅游受到人为干扰较小。农村因具有恬静的田园风光、丰富的土特产品及独特的民风民俗，而吸引了大量城市游客。1999年中国开展生态旅游年之后，国家旅游局把2006年全国旅游的主题确定为"中国乡村游"，农村生态旅游随之进入新的发展阶段。

本质上，农村生态旅游是以农村旅游资源、农村生态环境为旅游吸引物，以农村为旅游目的地，把农村旅游与生态旅游深度融合的旅游活动，适合我国国情，并能在社会主义新农村建设时期促进旅游产业和农业经济的互动。因此，在具体实践中，没必要过于纠结农村生态旅游的定义。

第二节　农村生态旅游的特点与类型

一、农村生态旅游的特点

农村生态旅游是因我国现代农业经济与旅游业发展紧密结合而产生的新型旅游形式，随着农村生态旅游向纵深发展，作为区别于其他旅游类型的新兴旅游形式，农村生态旅游表现出更为明显的特性。

（一）旅游资源的丰厚性

农村生态旅游资源由农村自然旅游资源、农村有形文化旅游资源和农村无形文化旅游资源共同组成，既包含丰富的自然景观、人文景观，又包含农业资源、文化资源。农村的自然生态环境与人文资源类型多样。

（二）明显的地域差异性

农村生态旅游具有明显的区域差异性，我国不同地方的农村具有不同的自然条件、农村民俗和文化传统，既有南北之分，山地、平原之分，也有汉族和少数民族之分。

而且，我国是传统的农业大国，农业生产活动更多依赖于江河湖海、山林土地等天然生产资料和当地的特有资源，由此衍生的农、林、牧、副、渔产业的发展也具有明显的地域特色，故农村生态旅游的地域差异性非常明显。如到浙江乌镇坐乌篷船，到成都体验川西坝子特有的田园风光，去湘西凤凰体验吊脚楼，到广西观赏壮观的梯田美景等。

（三）鲜明的季节性

农村生态旅游是建立在农村生态资源和环境基础之上的，农村的农业生产活动有鲜明的季节性。农村生态旅游靠天吃饭，因为农村中的农业、渔业、牧业、林业等生产活动受季节性约束非常强，在气候宜人的春、秋季节，农村生态旅游旺盛，而在严冬季节旅游冷淡。这在沿海地区表现得更为明显。

（四）浓郁的乡土性

农村生态旅游以独具特色的农村民俗民族文化为灵魂，以山野的田园风光、原汁原味的生活方式、原始古朴的文化风俗吸引着越来越多的旅游者。以农民家庭为主的经营主体，充分体现出了"住农家屋，吃农家饭，干农家活，享农家乐"的民俗特色，农耕文化、农村劳作形式丰富多样，如水车灌溉、犁田插秧、除草间苗、划船捕捞、采莲编织等。

（五）消费具有平民性

农村生态旅游的目标市场是对农村生态资源感兴趣的旅游者，农村生态旅游的主要客源为城市居民，尽管旅游活动过程中有专业性、知识性等要求，但是其花销较小，时间安排比较灵活，对游客没有过多的其他要求。加之，大多数农村生态旅游项目的设计、策划更注重普适性，更关注大众化的消费水平，因此它的受众群体是十分广泛的。

（六）旅游活动的参与性

农村生态旅游的游客，除了进行观光活动，还渴望参与农事劳作、采摘、垂钓、喂养、划船、农产品加工等活动，因为游客在参与过程中能充分体验农民的生活情趣。

二、农村生态旅游的类型

20世纪80年代中期，我国借鉴国外农村生态旅游产业发展的经验，开发并形成了一些有影响的观光农业园区，取得了较好的经济效益和社会效益。随着产业的发展，观光农业逐渐被农村生态旅游覆盖，并形成了各种不同的类型。根据农村生态旅游资源、农村生态旅游产品特点及其旅游活动的内容和形式，目前，我国农村生态旅游的基本类型主要分为下面几种。

（一）观光型

农村在参与旅游业的最初阶段往往开发观光型农业旅游，这种旅游项目短期内就能够为农村带来良好的经济收益。这种类型的农村生态旅游通常具有优美的田园风光、独特的民风民俗、传统或者现代化的农业园区、养殖业，以传统民居和民俗节庆活动等为主题，可以满足旅游者的观光、休闲、娱乐等旅游需求。

（二）参与型

参与型农村生态旅游主要是采摘旅游、购物旅游、务农旅游、以水为载体的农家娱乐旅游等。随着农村生态旅游的发展，旅游者已不再满足于普通的农业和农村观光旅游，而是希望在农村生态旅游中获得一种深层次的文化体验，他们会参与到当地农民的农耕生活中，包括亲自动手采摘水果，品尝农田里长出的各种野菜，和农民一起进行农作物的春种秋收、划船捕鱼等。如日本的渔村每到捕捞季节，都会迎来大量的游客参与出海捕鱼、制作海产品、品尝海鲜料理等。

（三）度假型

度假型农村生态旅游主要是"住农家房，吃农家饭，干农家活，享农家乐"的休闲度假娱乐旅游。城市居民与农民同吃、同住、同劳作，积极参与农事活动。国外的农村生态旅游主要是以度假旅游形式出现的，并称为"绿色度假"。农家以大自然为背景，过的是人与自然和谐共处的生活，游客在这里度假，享受粗茶淡饭、茅屋山泉，可体验到回归自然的自在乐趣。

第三节　农村生态旅游的功能与意义

一、农村生态旅游的功能

在新农村建设的背景下，农村生态旅游具有的多重功能性表现得尤其突出，本节主要从经济、文化、环境和社会四个方面阐述农村生态旅游的功能。

（一）经济功能

近年来，农村生态旅游迅速发展，一些城市周边形成了农村生态旅游休闲度假带，这在很大程度上刺激和助推了农村经济的发展。

1.提供更多的就业机会，增加农民收入

旅游行业不仅可以直接提供就业机会，而且能带动相关行业提供更多的就业机会，不断拓宽农民的就业途径，使农村富余劳动力找到自己的发展空间，这样就能够帮助农民增加收入，使其迅速脱贫致富。

2. 增加原有农业的附加值

农业生产的特点是分散性大，周期长，对气候依赖性强，易受自然灾害的影响，收益极不稳定，而且农业附加值低。发展农村生态旅游的地方，通常会大力发展种植业，这就产生了附加值，还会大力提升农副产品的附加值。

3. 协调区域经济

目前，我国城乡发展不平衡，农村生态旅游的出现在一定程度上有效解决了社会经济发展的公平性问题，实现了城市人才和资金向农村的汇聚流动，促进了区域经济的和谐发展。

（二）文化功能

1. 提高农民综合素质

首先，农村生态旅游的发展有助于打破贫困地区农村的封闭状态，增强农民的开放意识，培育农民的科学意识。旅游业进入门槛比较低，在开展农村生态旅游的地区，服务主体是当地农民，随着生态旅游在农村的兴起与迅速发展，农民要想开展旅游经营活动，或者在旅游行业就业，就需要学习旅游服务接待技能、旅游产业相关知识、旅游企业的经营管理理论及方法，这就为贫困地区农民综合素质的全面提升带来了契机：农民意识到提高自身素质的必要性，参加相关的专业培训，努力学习，积累职业经验，进而提高自身的文化素质和文明程度。

2. 挖掘、保护和传承农村文化

农村生态旅游的开展是以尊重当地生态规律和文化习俗为前提的，这样的环境能够引起农民对当地文化的重视，并使农民产生自豪感，意识到其中蕴含的珍贵价值，从而使传统工艺、文化、饮食等得到更好的保护。农村地区的民俗风情、乡土文化丰富多彩。农村生态旅游通过将各具特色的乡土人情、沿袭已久的农村文化展现在游客面前，极大地弘扬了乡土文化。

（三）环境功能

发展农村生态旅游会让农民认识到良好的生态环境，如青山绿水、蓝天白云就是旅游资源，从而提高农民保护生态环境的积极性，即具有一定的生态环境效应，主要体现在强化生态环境意识、注意生态环境保护、优化生态环境、处理好人与自然的和谐发展，以及生态环境的可持续发展上。

农村生态旅游是一种城市人回归自然、贴近自然的生态旅游，良好的农村生态环境是进行农村生态旅游开发的前提和基础，是吸引游客的基本因素，因此必须保护自然资源和生态环境，改善农村环境卫生条件，给游客创造一个良好的生态环境。

由于农村生态旅游的发展，各级政府都加大了对农村基础设施建设的投资力度，积极推进生态环境建设，从而增强了农民爱清洁、讲卫生、爱护自然环境的环境保护意识。农村为了吸引游客也在改善环境卫生状况，这些努力使现在一些农村的道路、通信、供电、供水、垃圾处理、电视接收等基础设施发生了明显变化。

（四）社会功能

1. 转移农村剩余劳动力

农村生态旅游的开发带动了农民致富的热情，使农村剩余劳动力实现了就地转化。旅游业是一项劳动密集型产业，具有很高的产业关联度，尤其是后向联系强。农村生态旅游的发展带动了其他相关产业的发展，并形成乘数效应。发展农村生态旅游，吸收农村剩余劳动力，为农民增收开辟了新的途径，大幅增加了农民收入。

2. 促进旅游扶贫工作开展

我国多数贫困地区拥有丰富的旅游资源，具有独特的民风民俗。发展农村生态旅游可以将这些贫困地区的现有资源利用起来，扬长避短，弥补农业扶贫项目的不足，实现就业与增收的双重目标，使贫民尽快脱贫致富，有利于扶贫开发工作的有效开展。

3. 促进农村管理的民主化

发展农村生态旅游，将促进农村地区的管理民主化。旅游管理机构在运行过程中，是以现代企业制度为理念的，这更新了从业者的法治观念、民主观念、道德观念，使村民认识到管理民主化是解决自身实际问题的有效途径，从而促进农村地区的民主建设。

中国最美乡村——婺源

婺源县地处中亚热带，是东亚季风区，境内多丘陵，森林覆盖率达82%。婺源是中国传统建筑保存最多、最完好的地方之一，自古就有"书乡""茶乡"之称，是全国休闲农业与乡村旅游示范县之一，被外界誉为"中国最美乡村"。

江岭油菜花是婺源农村生态旅游的一大品牌，但油菜花的花期较短，为了改变旅游淡旺季节分明的情况，婺源现已大力推进由资源竞争转向文化竞争，由观光游向休闲度假游发展。为此，婺源深挖文化内涵，重点开发民宿产业。为推进民宿产业的发展，婺源专门成立了工作指挥部，科学制定了《民宿产业管理办法》《婺源县乡村民宿标准》，意欲打造民宿的"中国标准"。同时，号召"一个品牌打天下"，倡导全县民宿经营者成立产业发展协会，一起树立"婺源民宿"品牌。现今，婺源民宿产业发展取得了优良成绩，九思堂、西冲院、明训堂、将军府、继志堂等古宅民宿已经发展成行业的代表。

为推动婺源旅游发展升级，婺源正积极加强与周边知名景区的通力合作，联合京福高铁和九景衢铁路沿线的重点城市进行旅游推广，开发高铁沿线的旅游市场；定位为"国际生态乡村旅游目的地",对国外旅游市场展开宣传营销,举办"世界华文媒体婺源行"等大型活动,让婺源走出中国,走向世界。

二、发展农村生态旅游的意义

农村生态旅游,不仅仅是像传统旅游一样,通过吸引游客获得经济收益,还能在保护农村环境、促进农村可持续发展方面发挥重要作用,对于改善农民的生活环境、促进文化传承也有着不可小觑的重大意义。

笼统地说,发展农村生态旅游在经济、文化、环境和社会等方面有着重大意义,这也是旅游管理者、旅游经营者和旅游者的共同追求,具体表现在以下方面。

(一)解决"三农"问题,推动新农村建设

解决"三农"问题是全面建成小康社会以及现代化建设中最艰巨、最繁重的任务。通过发展农村生态旅游,可以改变农村的落后面貌,推动现代生态农业的发展,增加农民的收入,对于破解"三农"问题具有重要意义。在社会主义新农村建设的背景下,农村生态旅游经济发展的受惠者应该是农村。发展农村生态旅游产业是提高农民素质、培育农村文明的重要手段。农村生态旅游业能够促进农村生产发展,推动新农村建设。

(二)刺激消费,加快农村产业结构优化

我国农村地区分布广阔,生态旅游资源丰富,但发展水平较低,因而蕴藏着巨大的投资机会、市场潜力和发展潜力。推进农村生态旅游业发展能提高农民的生活水平,使农村地区的自然资源得到有效开发,从根本上实现"生活宽裕"的目标,并有效扩大国内投资需求和消费需求,促进我国经济持续快速增长。发展农村生态旅游会促进以农产品加工和服务为重点的农村第二产业、第三产业的快速发展,优化农村经济结构。

(三)统筹城乡发展,促进城乡一体化

农村生态旅游是我国实现由传统农业向现代农业转变,由传统城乡二元社会经济结构向现代城乡社会经济一体化结构转变的重要手段,发展农村生态旅游有利于统筹城乡协调发展,增加城乡之间的互动,能够实现城乡之间的信息、资金、产品、人员的交换,缩小城乡差距,实现城乡一体化。

(四)实现农村生态旅游地的可持续发展

农村生态旅游也遵循着生态旅游的客观规律,需要在保护环境且能保障可持续发展的背景下推进。对当地资源环境的有效保护旅游业是和农村生态旅游的可持续性发展息息相关的,唯有协调发展,互相促进,维护好当地良好的生态环境,才能保证农村生态旅游的可持续发展。

农村生态旅游的发展，可以促进农村打造整洁的环境，还可以保护农村自然景观的完美性和生态环境的良好状态。当地农村居民可通过开展农村生态旅游获得利益，并在利益的驱动下，主动参与生态资源保护。同时，随着生活水平的提高，农民的生活方式也将发生改变，减少对自然资源的索取，从而实现生态保护的目的。

第四章　农村生态旅游的兴起与发展

第一节　农村生态旅游的兴起

农村生态旅游自萌芽以来已有 100 多年历史，就农村生态旅游发展的起源时间来看，国外要比国内早。农村生态旅游的兴起，首先得益于一个多世纪以来工业化和城市化进程的不断加快，使农村的经济和政治地位发生了很大改变；其次得益于国外工业文明和信息科技的大发展，这推动了人类回归自然、实现自我的人生追求。

一、发端于国际

农村生态旅游作为一种旅游形态，最早起源于 19 世纪的欧洲。早在 19 世纪初，旅游开发者就注意到农村生态的观光旅游价值。有人认为，现代农村生态旅游发起于 19 世纪中后期的英国，那时大量城市居民开始以休闲为目的地走进农村。对西方农村生态旅游的兴起产生重要影响的是，欧贝尔参议员参与组织的一次农村度假活动。1855 年，法国参议员欧贝尔带领一群贵族来到巴黎郊外的农村度假。在度假过程中，这些往日深居城市宫廷的贵族们，和当地农民同吃同住。他们参与了村里农民的日常生活，如亲自动手采摘水果，食用田里生长的各种野菜，帮助农民进行春耕秋收，学习制作肥鹅肝酱馅饼，学习养蜂，砍伐树木建造房屋并种植新树苗，等等。通过这些活动，他们内心回归自然、亲近自然、重温历史的愿望得以满足。

意大利在农村生态旅游发展的基础上，于 1865 年成立了"农业与旅游全国协会"，这标志着该类旅游活动开始被重视。该协会专门介绍城市居民到农村去体验田园野趣、感受自然风光、参与农业活动，以便他们实现暂时离开繁华、喧闹、紧张的城市，获得一些安静和清闲的愿望。

但农村生态旅游真正意义上的大众化，首先开始于 19 世纪 60 年代初的西班牙。西班牙率先将加泰罗尼亚村落中废弃已久的贵族古城改造为简单的农舍，并且将规模较大的农庄和农场作为旅游参观地和接待地，用来接待那些来农村观光的游客，从此农村生态旅游开始变得大众化。

20世纪后期，在"回归自然"思潮的影响下，随着农村旅游、生态旅游的发展，农村生态旅游如雨后春笋般蓬勃发展起来。从20世纪70年代后期开始，农村生态旅游在美国流行开来，到了20世纪80年代后期已形成一定规模。在农村生态旅游的积极推动下，许多国家独特的文化得到了传承、丰富并发扬光大，这刺激和助推了当地经济的发展。农村生态旅游受到了越来越多国家和人民的推崇。

二、国内的产生

我国农村生态旅游的产生在世界上属于较晚的。20世纪50年代我国农村生态旅游在北京萌芽，那时有些地方采用定点方式举办了一些具有农村生态旅游性质的接待活动，如北京近郊的四季青人民公社、天津静海区小靳庄、上海崇明岛等。1988年，深圳举办了首届荔枝节，受到人们的欢迎，随后又开办了采摘园，取得了较好的收益。于是各地纷纷效仿，开办了各具地方特色的农村生态旅游项目。

第二节　国内农村生态旅游的发展

一、主要的发展阶段

受我国区域经济发展不平衡的影响，我国农村生态旅游的发展水平也是参差不齐的，有些十分成熟，有些则刚刚起步，这也与我国多样化的地理环境所造成的农村产业结构的差异密切相关。

农村生态旅游产品及农村生态旅游产业的发展过程，体现出农村生态旅游经历了自发、培育、成型三个阶段。

自发阶段，即农民根据社会需求、市场需求，在服务观光、休闲旅游、增加经济收入的意识的驱动下，自发启动诸如农家乐、果园采摘等旅游活动。培育阶段，即借鉴并吸取成功的、典型的农村生态旅游经验，在农村生态旅游（农村旅游、生态旅游）理念的指导下，通过产业结构调整和农村生态旅游资源的整合，巩固和发展壮大农家乐、果园采摘，并开辟和培育新的旅游产品。成型阶段，即逐渐形成成型的农村生态旅游产品和产业，有较为稳定的客流量和收入。

二、常见的发展模式

我国的农村生态旅游在 30 多年的发展历程中，逐渐形成了六种发展模式。

（一）田园农业生态旅游模式

以农村自然景观、农民生产活动场景为旅游吸引物，开发农乡游、渔乡游、果乡游、水乡游、花乡游等不同特色主题的旅游活动，满足了游客回归大自然、体验农村淳朴生活的心理需求。常见类型有园林观光游、田园农业游、务农体验游、农业科技游等。

（二）民俗风情生态旅游模式

以农村特有的风土人情和民俗文化为旅游吸引物，充分挖掘农耕文化、农村地域文化和民俗文化特色，开发农耕展示、时令民俗、民间技艺、民间歌舞、节庆活动等旅游活动，增加农村生态旅游的文化内涵。常见类型有农耕文化游、乡土文化游、民俗文化游、民族文化游等。

案例：

民俗文化旅游村——潍坊杨家埠旅游开发区

潍坊杨家埠是一个充满农村氛围，民间工艺和民俗风情浓郁的民俗文化旅游村。该村将以杨家埠风筝、年画为重点的旅游与文化相融合，定位于"建设中国民间艺术遗产村庄"，深度挖掘传统民俗资源——木版年画的文化内涵，使传统的民间艺术在农村生态旅游蓬勃发展的背景下焕发出新的生机和活力。杨家埠以风筝、年画为主题来打造优质的旅游服务产品，旅游区每年接待中外游客达 50 万人次，以风筝、年画为主题的上百种旅游文化产品每年可售卖 1000 多万元。

杨家埠在旅游开发的起步阶段，把大观园作为旅游开发的核心内容，以民风、民俗为主题，以风筝、年画为主导，凭借浓郁的乡土气息、独特的民风民情，吸引了我国港澳台地区，以及日韩、东南亚数十个国家的游客前来观光旅游。游客既可以在风筝博物馆和年画博物馆体验做风筝、制年画的乐趣，又可以在杨家埠明清时期古村落、古店铺一条街、文物馆、民俗馆、嫦娥奔月台、古槐等十多个景点，领略到明清时期杨家埠人的生产生活方式，体味杨家埠人古朴的民俗风情。

近年来，游客更加注重农村生态旅游产品的真实性，杨家埠针对这一现象，以更好地促进传统手工艺传承和展示农村文化习俗为目标，创新了旅游产品，重点开发人类学中的"观察""走访""体验"的"田野作业"程式——"深度旅游"，打造杨家埠民俗旅游"核心产品"，开展如"入户"旅游、走访民间作坊和手工艺传人的旅游活动。游客们入户观摩，走进民间作坊，现场参与体验风筝的扎制过程、年画的制作工艺，不仅感受到了浓郁的乡土气息和朴实自然的民风，增加了对地方特色的感知与认知，还使年画这种古老的传统工艺在民间得到真正的推广和传承。

（三）农家乐生态旅游模式

指的是农民利用自家庭院、自产农产品和周围的自然风光、村落景点，吸引游客前来吃、住、玩、游、娱、购等。常见的类型有民居型农家乐、农业观光农家乐、农事参与农家乐、休闲娱乐农家乐和民俗文化农家乐等。

（四）村落乡镇生态旅游模式

以古村镇宅院建筑、新农村建筑为旅游吸引物，利用农家庭院、乡土建筑、村庄绿化、街道格局、工农企业来开发观光旅游，吸引游客进行休闲旅游。常见类型有古民居和古宅院游、古镇建筑游、民族村寨游和新村风貌游等。

（五）休闲度假生态旅游模式

依托自然优美的田园风光、舒适宜人的气候环境、独特的地热温泉、生态环保的绿色生活空间，结合村落的主要景观和民俗文化，建设一些休闲娱乐设施，为游客提供度假、体验、娱乐、康复等服务。常见类型有休闲度假村、休闲农庄和农村旅馆等。

（六）科普及教育生态旅游模式

利用农业产品展览馆、农业科技生态园和农业博物馆等，为游客提供可以了解农业发展、学习农耕技术、增加农业知识的旅游活动。成功案例有沈阳市农业博览园、广东高明蔼雯教育农庄、山东寿光蔬菜博览园等。

案例：

农业观光旅游胜地——山东寿光蔬菜高科技示范园

山东寿光蔬菜高科技示范园，是国家级农业科技园区，以别致的欧式建筑、智能控制的工厂化育苗、引领潮流的现代温室、科技领先的克隆工艺、丰富多样的品种展示为旅游吸引物，吸引了大量游客慕名而来。每年4月20日至5月20日，寿光蔬菜高科技示范园都会举办国际蔬菜博览会，吸引了国内外大量宾客参会参展，是现代农业观光旅游考察的重要形式。示范园内有供游客一览全景的观景台；在游客接待中心，播放着介绍园区详细情况的宣传片；在智能化育苗温室、自动化播种车间、科学种植模式展示厅，游客可以观看现代农业的科学种植模式，如有机基质栽培、沙培、无土栽培等；在冬暖式大棚区、园艺种植展示厅、蔬菜加工包装区，游客还可以参观蔬菜的种植模式及加工技艺等。另外，还有中华牡丹园、弥河民俗观光区等游览景区。

潍坊寿光将农业高新技术与农村生态旅游发展有机结合，既打造了"寿光蔬菜高科技示范园"这一农村生态旅游品牌，又提高了当地农业的科技含量与现代化水平，带动了现代高科技农业博览园等农村生态旅游产品的发展，开创了农村特色经济村的开发模式，已成为国家AAAA级旅游景区。

第三节　我国农村生态旅游发展面临的问题

在我国，随着农村生态旅游的深层次发展，出现了一些较为普遍的问题。农村生态旅游为当地居民带来福利的同时，也给当地旅游业的可持续发展带来了严重的威胁。

一、科学规划不到位

我国大部分地区的农村生态旅游业，尚处于由自发成长的导入期向成长期过渡的阶段，因为没有统一规划，造成了盲目开发和过分追求经济利益的不良后果。

我国的农村生态旅游开展得本来就晚，经营者在没有认真分析本地的资源优势和客源市场，在开发上没能建立起完整成熟的体系的情况下，就盲目发展农村生态旅游，而且未请专业的环保和生态保护工作者参与，未能突出自己的特色，致使同一地区内项目建设重复。这种低层次开发最终造成当地旅游业因产品品位不高、配套设施及环境氛围较差而逐渐衰落，最后只能停业的后果。究其根本原因，正是没有整体规划，或者是整体规划不到位。

二、经营管理过于粗放

农村生态旅游的经营者，主要以农民家庭为单位，进行个体分散经营，旅游业专业人力资源匮乏，从业人员素质有待提高。

农民群众有开展旅游活动的积极性，但政府对发展农村生态旅游尚未制定惠民政策，也没有制定休闲农业管理、农村生态旅游管理、农村民俗文化旅游管理、"农家乐"管理等相关管理条例。

经营者通常会只看到短期经济利益而忽视生态环境保护的重要性，加之开发前的规划没有到位，造成后期无序经营现象严重；没有相关政策、法规引导，导致难以管理；经济利益上多头管理、各自为政，出现问题后互相推诿，无人承担责任；这些问题严重影响了农村生态旅游的可持续发展。

三、旅游产品不丰富

目前，农村生态旅游尚未深入挖掘农村生态旅游资源和民俗文化内涵，开展的旅游项目大多是观光、采摘、垂钓等，主要是满足游客的物质需求，缺乏精神产品和必要的氛围。农村生态旅游的产品单一，没有精品，重游率低，与旅游市场的需求并不相符。一些"农家乐"只能让游客进行玩扑克、唱卡拉 OK、聊天等项目，缺少体验、休闲项目，无法满足多层次游客特别是少年儿童的好奇心和求知欲。

四、基础设施不健全

一般来说，农村生态旅游地区大多位于城市周边和经济发展水平比较低的农村，没有充足的资金改善基础设施，导致现有的基础设施无法满足游客的需要。如旅游区道路、洗手间、停车场等公共设施简陋甚至严重缺乏，客房、餐馆、茶楼等旅客接待场所设施条件差，水电供应难以保障，安全条件差，卫生状况也让游客难以接受，导致旅游区整体吸引力大打折扣，难以留住游客。

五、环境污染严重

我国农村生态旅游业发展迅猛，但多数旅游区都没有科学系统的管理方式，再加上游客素质参差不齐，导致旅游业发展的过程中形成巨大的环境保护压力。环境污染日益严重，极有可能造成生态系统失去平衡。而且当游客数过多时，商店等服务设施也会随之增多，使景点建筑的整体风格被破坏。从长远看，其实这对农村生态旅游发展会造成非常不利的影响。怎样协调这一矛盾是景区发展面临的一大难题。实际上，在国内许多农村生态旅游景区，生活垃圾随处可见，而清理这些垃圾要耗费大量的人力、物力、财力。因为农村生态旅游的发展基础正是当地的自然环境和人文环境，所以生态环境本身是十分重要的。要想维护景区良好的生态环境，就不能让它承担巨大的压力，以防超出环境的自我调节能力。

第五章 新农村建设下乡村生态旅游的理论概述

发展乡村旅游事业是统筹城乡发展，推进社会主义新农村建设，实现我国农业现代化进程中的基本内容之一，并在解决好"三农"问题的工作实践中产生了积极的成效。国内外业界和学界对乡村旅游在实践和理论两个方面都进行了富有成效的探索，取得了相应的经验和较为系统的知识。这一章将阐述乡村旅游的基本概念，并对乡村旅游的资源利用与市场前景、乡村旅游产品设计、乡村旅游的规划与开发等有关知识作较为系统的介绍。

第一节 基本概念

"乡村旅游"这个概念 1997 年才出现在国内的理论界，随着 1998 年"华夏城乡游"的推动，"乡村旅游"这一概念逐步被学术界和业界认同。国内学术界热烈的讨论离不开乡村旅游的实践。十多年来，乡村旅游的发展经历了"从下到上"再"从上到下"的发展。2002 年前，为满足城镇居民休闲、度假的需求，我国大中城市周边兴起了一轮近郊旅游的开发热潮，在这一时期，没有成熟的理论对开发进行指导，经营者们"摸着石头过河"，个体农户是经营的主体，"农家乐"成为这一阶段乡村旅游的代名词。

2002 年后，国家调整了农业产业政策，加大了对农业发展的政策倾斜，"农业、农村、农民"问题成为备受关注的焦点。从国家旅游局到地方旅游管理部门，都逐步开始重视乡村旅游的发展，2002-2003 年国家旅游局组织了声势浩大的"全国工业、农业旅游示范点检查评比"活动，拉开了乡村旅游规范发展的序幕。这一阶段，各级政府依据国家旅游局制定的指标，对农业旅游点进行了检查、评比。至此，我国乡村旅游事业步入健康发展的轨道，在乡村旅游发展得好的地方，地方政府也出台了相关规定，指导乡村旅游的发展。乡村旅游经营主体开始多元化，乡村旅游园区的规模也突破了"农家乐"的范围，向着规模化、乡土化和科技化的方向发展。

我国台湾地区的乡村旅游（台湾称休闲农业）发展较快，并具备了相当规模和发展潜力。台湾的休闲农业是指利用田园景观、自然生态和环境资源，结合农林牧渔生产、农业经营、农村文化及农家生活，提供民间休闲，增进旅游者对农业和农村体验的农业经营活动。因而在国内，乡村旅游也被称为"休闲农业""农业旅游"等。尽管内容上可能会有些细微差别，但二者的内涵基本上还是一致的，即凡是以包括农、林、牧、副、渔等广泛的农业资源在内的农业生产和农村为载体，为游客提供特色服务的观光、游览、休闲、度假、科普、考察等形式的旅游，都可以纳入乡村旅游的范畴。

国外一些学者把乡村旅游定义为"发生在乡村地域的旅游"，文字简单，寓意丰富。BemanlLane（1994）从下面五个方面对乡村旅游特别是纯粹形式的乡村旅游进行了界定。①位于乡村地区。②旅游活动是乡村的，即旅游活动建立在小规模经营的、空间开阔且与自然紧密相连的、具有文化传统和传统活动的乡村世界。③规模是乡村的，即无论是建筑群还是居民点都是小规模的。④社会结构和文化具有传统特征，变化较为缓慢，旅游活动常与当地居民家庭相联系，乡村旅游在很大程度上受当地控制。⑤由于乡村自然、经济、历史环境和区位条件的复杂多样，乡村旅游具有不同的类型。

国内学者往往从依托资源、客源市场、产品功能等方面对乡村旅游进行限定，从不同角度揭示这一概念的内涵和外延。从诸多定义中可以看到如下六点。

1. 乡村旅游是一个多层次的产品体系。乡村旅游是一种新兴的旅游活动类型，是由观光、体验、休闲等旅游产品组成的旅游产品体系。

2. "乡村性"是乡村旅游的根本属性。乡村性体现在：①旅游依托产业的乡村性——乡村旅游是成熟农业的拓展，农业是乡村旅游赖以生存和形成特色的基础；②旅游依托环境的乡村性——具体体现为用地类型中农业用地占绝对比例、常住人口中农业人口占绝对比例；③旅游依托资源的乡村性——有丰富的农业生态环境、农事生产活动和农村民俗活动。

3. "乡村意向"是乡村旅游的核心吸引力。乡村意象是乡村环境氛围在旅游者头脑中的形象，乡村旅游强调利用城乡差异吸引旅游者。区别于风景名胜区和世界遗产地，乡村旅游地往往没有核心旅游资源，"乡村意向"是其吸引旅游者的最大资源优势。在乡村旅游的开发过程中，应提倡"简约主义"的建设原则，主张最大化地利用当地资源为旅游发展服务，塑造和完善"乡村意向"。

4. 城市居民是乡村旅游的主要客源。乡村旅游客源市场主要定位于周边城镇居民，旅游者具有明显的"城市性"和"高回头率"特征。长线旅游者有可能成为乡村旅游客源市场的一部分，但他们不足以成为左右乡村旅游区规划设计的主要群体。

5. 乡村旅游是一个变化的时空概念。一些资源基础特别好的乡村地域在乡村旅游发展的过程中可能会走上"遗产型"风景名胜区的发展道路，如丽江大研古镇、日本岐阜市白川乡的旅游发展；一些区位条件比较好的乡村旅游地，在特殊的区域发展战略带动下可能会走向城镇化的发展道路。所以，乡村旅游地并不是一个一成不变的概念，应该根据它的依托产业、环境、资源和市场来进行判断，实事求是地调整旅游发展战略。

6.乡村旅游强调社区参与。乡村旅游强调推动当地社区的经济发展，通过旅游活动的开展，为乡村家庭和个人提供就业机会和增收渠道；强调在开展旅游活动过程中，通过培训、教育等手段增强旅游经营者和当地居民对乡村环境的认同，提高他们的服务技能，增强当地人的自豪感。

另外，不少学者还针对乡村旅游的产业属性进行了阐述，认为乡村旅游是现代农业发展的一个方向，是农业经营的一个部分。这些论断有一定的合理性，因为从依托产业、依托环境、依托资源等方面来看，乡村旅游都脱离不了"乡村"属性。但是，在判断一项产业的最终归属时，我们更应该重视其所提供产品的属性。旅游者购买乡村旅游产品，并不是单纯地购买某一项农产品，而是购买经过策划、规划和设计后的一系列旅游服务，从这个意义上来看，把乡村旅游归属为服务业，即第三产业更有理论上的合理性。当然，在乡村旅游发展的过程中，离不开农业、林业、国土等部门的统筹协调。

综上所述，从乡村旅游产生的渊源来看，进入后工业文明以来，都市的喧嚣、环境的恶化、工作节奏的加快，时刻激发着人类思想最深处贴近自然、与自然融为一体的"天人合一"的观念，推动着旅游者远离城市、走进田园，毕竟"回归乡村"正是"回归自然"的一个部分；从乡村旅游发展所依托的资源来看，乡村地域是乡村旅游开展的宏观背景，农业产业是乡村旅游发展的产业支撑，农事活动和农村民俗是乡村旅游开展的人文环境；从乡村旅游的功能来看，除为城市人提供一个精神游憩的家园外，乡村旅游在现阶段的中国，还有利于"三农"问题的解决、推进农村生态环境建设、优秀乡土文化的挖掘和继承；从消费行为来看，乡村旅游具有明显的近程城镇客源取向和高回头率的消费习惯。因此，我们认为：乡村旅游是发生在乡村地域的，以农业产业为支撑的，以典型乡村环境和乡村特色旅游资源为吸引物而展开的一种旅游活动。

第二节　资源与市场

一、乡村旅游资源

乡村旅游的开发必须以乡村旅游资源的分类与综合评价为前提，乡村旅游资源的分类和综合评价是组织乡村旅游活动的依据和基础。国家旅游局于2003年5月1日颁布的《旅游资源分类、调查与评价》（GB/T18972-2003）中的分类体系，对乡村旅游资源分类具有指导意义，但乡村旅游资源又有自身独特的个性，如果仅仅套用国标对其进行分类和评价，很难对乡村旅游资源的类型做出具有指导意义的判断。乡村旅游资源大致分为六个主类，即乡村自然生态景观、乡村田园景观、乡村遗产与建筑景观、乡村旅游商品、乡村人文活动与民俗文化、乡村景观意境。

乡村旅游是指旅游者以乡村空间环境为依托，以乡村独特的自然风光、人文特色（生产形态、生活方式、民俗风情、乡村文化等）及农业生产（大农业概念，涵盖了农、林、渔、畜牧和副业等）过程和环境为对象，进行观光、度假、娱乐或购物的一种旅游形式。乡村旅游的资源范围相当宽泛，可以说，乡村区域的一草一木、一人一景，农业生产过程的一时一刻、每一工具、每个农事，都可成为资源依托。

台湾叶美秀教授将"生产、生活和生态"的"三生"观念作为基础，分别从农业生产、农民生活和农村生态环境入手，进行休闲农业与乡村旅游的资源划分，提出了详细的资源分类构架。将"三生"和"三农"结合进行分类的方法，具有操作性好、分类清晰、无一遗漏等优点，值得学习推荐。

二、乡村旅游市场

乡村旅游主要针对城市人群和部分国外游客的需要，这些需要具体又可以分为五种市场需求：少年儿童的乡村科普教育，青年人的农事体验与乡村娱乐，中年人的娱乐与身心放松，老年人的健身疗养和休闲，外国人的观光游览和民俗体验。根据这些需求，可开发相对应的乡村旅游产品。

乡村旅游的市场定位可以从三个方面入手：其一，划分乡村旅游市场类型；其二，分析游客的背景及偏好；其三，分析周边的竞争。根据这三个方面的情况，确定所采取的产品开发策略。

按照"旅游目的"划分，乡村旅游市场可以细分为四大类。

（一）乡村休闲型旅游市场

这类市场主要是以观赏自然的乡村风光，体验淳朴的乡土人情，品尝诱人的风味特餐为主要内容，达到放松心情、陶冶情操、融入自然的目的。

（二）乡村度假型旅游市场

其主要目的是休养和疗养。随着乡村旅游基础设施的完善和品质的提升，去乡村度假已经成为都市居民休闲度假的主要形式，优美的山水风光、清新的空气、幽静的环境、特色的乡间别墅和高档次的度假设施是其主要的吸引力。

（三）农业观光型旅游市场

这类市场主要是以学习农业知识，体验农业生产、生活为主要目的。目前，城市里许多父母为了教育子女，让他们体验农村生产活动、培养吃苦耐劳的精神，往往让其参加、体验农业生产活动，从而形成了潜力巨大的农业观光、体验与教育的市场。

（四）民俗体验型旅游市场

这类市场主要以体验民俗风情为目的，人们游览资源独特的古镇、民俗浓郁的山乡村野，同时也品味其所蕴含的文化积淀，以陶冶自身性情，拓展眼界，丰富个人知识。

第三节　产品设计

旅游产品是一个复合概念，它在理论上是指旅游者出游一次所获得的整个经历。旅游产品就是由交通线路串联旅游景区景点、旅游接待设施、旅游服务设施而构成的旅游线路，旅行社向游客出售的旅游产品就是旅游线路。照此推开，乡村旅游产品就是旅游者购买的乡村旅游线路，它往往是由交通线路串联分布在乡村的景区景点、旅游接待设施、旅游服务设施而构成的。

一、乡村旅游产品分类

陈传康（1986）认为，旅游者的活动可以划分为基本层次、提高层次和专门层次。这对旅游产品的分类有一定的指导意义。对应基础层次、提高层次和专门层次的旅游活动，我们提出了乡村旅游的观光旅游产品、体验旅游产品和认知旅游产品三个类型。

（一）乡村观光旅游产品

乡村观光旅游产品是乡村旅游的基础层次，主要包括以欣赏自然风光、文化古迹、乡村劳作、田园风光、民俗风情等为内容的愉悦视听的旅游活动。

（二）乡村体验旅游产品

乡村体验旅游产品是乡村生态旅游的提高层次，旅游者参与农事劳动和生产，通过亲身体验，感受乡村的生产、生活文化，给自己带来物质和精神上的快乐。体验旅游考虑了旅游者融入情景的需要，把农村生产、民俗活动有机组合在旅游活动中。

（三）乡村认知旅游产品

乡村认知旅游产品是乡村旅游的专门层次，旅游者通过被动和主动地学习和思考，在参观、参与乡村旅游活动的过程中，学习到乡土知识，提高自己的修养，从而更加自觉地关爱自然环境、尊重当地文化。旅游者对乡村知识认同的过程，也是旅游者自觉规范环保行为的过程，乡村旅游开发与环境保护因此形成良性的互动。

乡村旅游产品是由交通线路串联分布在乡村的景区景点、旅游接待设施、旅游服务设施而构成的线路。"线路"是乡村旅游的"形"，而"旅游活动"则是乡村旅游的"神"，好的乡村旅游活动策划，往往能形成乡村旅游的独特吸引力，是乡村旅游产品的核心。

二、乡村旅游的产品设计

（一）目前主要的旅游活动内容

旅游活动是实现游客参与、拉近主客距离、增加游客体验的手段和途径，常常能够给游客留下美好的印象。乡村生态旅游所依托资源的多样性，决定了乡村生态旅游活动的丰富性。现阶段国内外主要的乡村生态旅游活动主要有以下几种。

1. 农事体验活动

如参加松土、播种、育苗、施肥、除草等农耕活动；驾驶和操作畜力车、收割机、打谷机等耕作设备；参与采茶、挖竹笋、挖红薯、拔花生、摘水果、推石磨、放牧、挤牛奶、捕鱼虾、农产品加工、农产品分类包装等农业劳作活动。

2. 田园风光欣赏活动

即漫步乡间，观赏日出、浮云、雨雾、彩虹、森林、河流、瀑布、池塘、农村聚落等，水田倒映、炊烟袅袅等景色都能带给游客身心的放松。

3. 乡土特色食品品尝

如烤红薯、烤马铃薯、烤土鸡、烤鱼、烤全羊、烤乳猪、鲜乳品尝、鲜果采食等都能对游客产生吸引力。

4. 乡村住宿活动

以住宿地为"大本营"，开展乡土历史探索、人文古迹探访、自然生态认识、农村生活体验、田野健行、手工艺品制作等活动。

5. 民俗文化活动

如依托传统节日（端午节、重阳节、元旦、元宵节、春节）、庙会或祭祀等开展的赏花灯、舞龙舞狮、皮影戏等民间文艺活动。

6. 儿童娱乐活动

如打陀螺、飞竹蜻蜓、捏面人、滚铁环、灌蟋蟀、捉泥鳅、扮家家酒等童玩活动。

7. 森林游乐活动

提供森林浴、体能拓展训练、生态环境教育、观鸟、科普之旅及林间宿营等游客体验活动。

（二）旅游产品设计

1. 游客分析

设计旅游产品的基础是进行游客分析。而对游客的分析应把握以下三点。

（1）游客为什么来乡村？游客来乡村，大多是追求四种旅游体验——娱乐、教育、逃避城市快节奏生活、审美。

（2）哪些人会来乡村？研究表明，"五有"人群是乡村旅游最主要的潜在群体，所谓"五有"指的是：有钱、有闲（即有充足的休闲时间）、有房、有车、有疾病（多是身体不好，如老年人）。

（3）游客来乡村想体验什么？游客到乡村来，追求多方面的体验，包括"想看""想吃""想玩""想住"等。想看——乡村田园风光、乡村建筑风貌、乡村农事活动；想吃——绿色新鲜、乡土味道；想玩——农事体验、民风习俗；想买——特色农产品、乡下手工艺品、乡下生活用品、特殊纪念品；想住——自然健康的乡下环境、传统特色的乡下民居。

2. 体验设计

乡村旅游的体验主要表现在下面四个方面。

第一，农作体验。农作物栽培的全过程，如松土、播种、施肥、锄草、追肥、浇水、收获、加工……都可以包装成为吸引旅游者参加的乡村生态旅游体验活动。台湾东北部的宜兰县头城农场，经过多年的发展，在乡村农作体验方面积累了丰富的经验。经营者把每一个体验活动都按照"人、事、时、地、物"五个部分来编排，让游客在参与的过程中收获知识和乐趣。

第二，饮食文化体验。乡村地区物产丰富，往往是城市果、蔬、肉、蛋的供应地。而且，乡村地区一般会延续传统的饮食文化。新鲜、无公害的农产品，以及传统的制作方法，使乡村饮食成为游客体验一个不可缺少的重要环节。稻米文化体验中也有饮食体验的部分，而且在某些地方，特色的乡村饮食文化往往能够成为主要的乡村吸引物。

第三，DIY 体验。乡村有丰富的原材料可以用于 DIY 体验，如利用稻草、树枝、松球制作工艺品挂件，利用新鲜水果、山泉水调制果蔬汁，利用牛奶、面粉等原材料制作牛奶饼干等，都是乡村生态旅游的自助体验活动。

第四，建筑物亲身体验。建筑体验主要是指对建筑的使用。一些乡村生态旅游区具有特色的乡土建筑往往能引起游客的居住体验兴趣。如石林糯黑彝族支系撒尼人的石板房、泸沽湖畔摩梭人的木楞房、哀牢山腰彝族的土掌房、西双版纳傣族的竹楼、怒江沿岸傈族的千脚落地木板房等，都因为奇特的造型、本土化的用材，吸引了众多游客栖身其中。

第四节　规划与开发

我国各地乡村旅游的规划与开发主要以农业观光和休闲农业为主，目前正向集观光、考察、学习、参与、康体、休闲、度假、娱乐等为一体的综合型方向发展，其中国内游客参与率和回游率比较高的乡村旅游项目是以"住农家屋、吃农家饭、干农家活、享农家乐"为内容的民俗风情旅游，以收获各种农产品为主要内容的务农采摘旅游，以及以民间传统节庆活动为内容的乡村节庆旅游等。

一、乡村旅游规划与开发的类型

乡村旅游的迅速发展，逐渐呈现出产业的规模化和产品的多样化。国外一些与乡村旅游相关的旅游项目主要有农业旅游、农庄旅游、绿色旅游、偏远乡村的传统文化和民俗文化旅游、外围区域的旅游等。

综合国内乡村旅游的现状和其他学者的研究成果，乡村旅游规划与开发的基本类型可归纳为以下几类：

1. 以绿色景观和田园风光为主题的观光型乡村旅游；

2. 以农庄或农场旅游为主，包括休闲农庄，观光果园、茶园、花园，休闲渔场，农业教育园，农业科普示范园等以休闲、娱乐和增长见识为主题的乡村旅游；

3. 以体现乡村民俗、乡村民族风情以及传统文化的民俗文化、民族文化及乡土文化为主题的乡村旅游；

4. 以康体疗养和健身娱乐为主题的康乐型乡村旅游。

二、乡村旅游规划与开发的程序

乡村旅游的规划与开发是指运用一定的资金和技术，对乡村的自然旅游资源、社会文化旅游资源、公共投资、技术与人力资源、服务设施、基础设施等旅游产业要素及相关社会经济资源进行优化配置，使潜在的旅游资源转化为旅游者可以利用的旅游吸引物，并因此产生经济价值及其他多种价值，或对已被部分利用的资源在广度和深度上进行强化，从而提高旅游资源综合价值的过程。乡村旅游开发是在特定的农村环境中进行的，开发过程及开发后的经营都将对农村的社会、经济和环境产生一系列的影响，因而乡村旅游的开发始终要与农村居民最直接的利益联系在一起，要使当地农民在旅游开发中受益。

结合国内外休闲农业与乡村旅游的规划与开发的成功经验，我们提出了开发乡村旅游可按以下七个步骤进行，具体见图5-1。

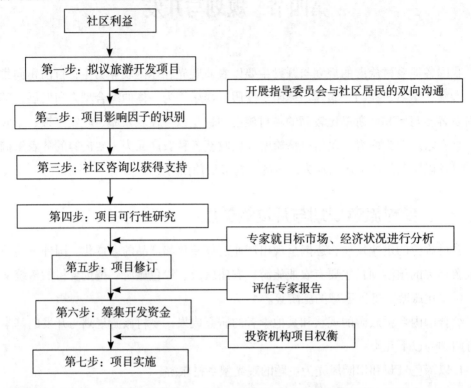

图5-1　乡村旅游规划开发的程序

休闲农业与乡村旅游的开发模式要比较充分地体现"社区事务、社区参与"的思想，并广泛征求专家意见，保证项目的科学性。要保证从项目的筹划到实施的各阶段，社区居民均有参与的机会，这有利于获得社区居民的理解和支持，减少开发工作中的阻力。

三、乡村旅游的开发措施

（一）长远规划，科学策划，增强乡村旅游的文化内涵

在乡村旅游开发中，要通过系统规划，有机整合乡村旅游资源，认真科学地策划好旅游开发项目。同时还要加强文化内涵建设，以乡土文化为核心，提高乡村旅游产品的品位和档次。加强对乡村旅游文化内涵的挖掘，有利于改变目前我国乡村旅游产品结构雷同、档次低的状况。在乡村旅游产品项目的开发和设计中，要在乡村民俗、民族风情和乡土文化上做好文章，使乡村旅游产品具有较高的文化品位和较高的艺术格调。

（二）保持本色，突出特色，增强乡村旅游的吸引力

对乡村旅游的开发，要注意保持乡土本色，突出田园特色，避免城市化倾向。乡

村旅游的投资商在开发中，要注重对原汁原味的乡村本色进行保护，对乡村旅游的开发要加强科学引导和专业指导，强化经营的特色和差异性，突出农村的天然、淳朴、绿色、清新的环境氛围，强调天然、闲情和野趣，努力展现乡村旅游的魅力。

（三）政府主导，联合经营，共树品牌

目前全国各城市近郊都在花大力气发展乡村旅游，争夺客源的竞争非常激烈。乡村旅游要在当地政府的引导下实现联合经营，以群体的力量形成规模效应，创立品牌，增强市场竞争力，走规模化和产业化道路，实现乡村旅游的可持续发展。

（四）休闲农业与乡村旅游的开发要做好几个结合

1. 休闲农业与乡村旅游开发要与其他旅游开发相结合

不能将乡村旅游简单理解为一种纯粹的农业资源开发，而是要将农业资源的开发与区域内其他旅游资源和旅游景点的开发结合起来，借助已有旅游景点的吸引力，争取客源，以形成资源共享、优势互补、共同发展的格局。

2. 休闲农业与乡村旅游开发要与农村扶贫相结合，解决好农村剩余劳动力的就业

首先，加强农村基础设施建设。投入资金，改善交通、水电等基础设施，提升乡村旅游环境，吸引更多游客前来，为农村创造就业机会。

其次，发展特色农业产业。结合当地资源特点，培育休闲农业，如生态种植、农家乐等，吸引游客参与体验，增加农民收入，同时创造更多就业机会。

第三，推动农村文化传承。通过举办农村文化节、传统手工艺展示等活动，吸引游客了解乡村文化，提升农民文化自信，创造文化创意产业就业岗位。

第四，培训农村人才。开设培训课程，提升农村青年的服务意识、管理能力等，培养专业导游、酒店管理等人才，为乡村旅游业提供人力支持。

最后，加强宣传推广。利用互联网、社交媒体等渠道，宣传农村旅游资源和特色，吸引更多游客前来，增加需求，进一步促进农村旅游业的发展，从而解决农村剩余劳动力的就业问题。

休闲农业与乡村旅游开发与农村扶贫可以相互结合，通过基础设施建设、特色产业发展、文化传承、人才培训以及宣传推广等一系列举措，创造更多的就业机会，推动农村经济的可持续发展。

3. 休闲农业与乡村旅游开发要与小城镇建设相结合

将休闲农业与乡村旅游可发与小城镇建设紧密结合，可通过整合资源，提升基础设施，共同促进地区发展。建立乡村旅游与小城镇的联动规划，开发特色旅游路线，建设文化体验区，同时加强交通、水电等基础设施建设，提升整体环境，为游客和居民创造宜居宜游的社区，促进经济发展和就业增长。

4.休闲农业与乡村旅游开发要与资源保护和打造生态个性相结合，走可持续发展道路

在乡村旅游开发中，要注意资源开发与环境保护协调的问题，防止旅游开发造成环境污染和资源破坏，要加强与生态资源的有机结合，坚持在旅游资源开发中"保护第一，开发第二"的原则，走可持续发展的道路。

（五）政府要对休闲农业与乡村旅游业给予长期的政策、经济和技术支持

政府对乡村旅游业长期的政策、经济和技术支持是非常必要的。许多研究表明，一般乡村旅游很难带来高收益，因此政府除了要给乡村旅游开发以长期的经济和技术上的支持外，还要制定对乡村旅游开发倾向性的政策，并将乡村旅游的开发纳入各级旅游总体开发的规划中。

（六）加强社区参与和对农民的培训引导，确实增加农民的收入

乡村旅游开发要将农业、农民和乡村发展高度结合起来，使旅游业成为乡村社区重要的产业。在乡村旅游开发中农民具有不可忽视的作用，要想把乡村旅游做活、做大、做好，就得加大社区参与力度，加强对农民的培训和引导工作，激发农民办旅游的积极性和提高农民办旅游的能力，努力挖掘乡村旅游的本土特色，增加旅游收益，使广大农民真正受益。

发展乡村旅游事业要以增加农民收入为核心，以保护乡村的自然生态环境为重点，维护乡村性和地方特色，走特色化、规范化、规模化、品牌化、一体化的道路，实现乡村旅游产业化的基本目标，最终实现乡村旅游业的可持续发展。

四、乡村旅游的主要开发方向

乡村旅游活动的开发，有较多的备选资源。可分为自然资源、人文生活环境资源、农特产业资源和文化产业资源四大类。

（一）自然资源

自然资源包括溪流、山丘、瀑布、树林、温泉、湖泊、老树、野生动植物、特殊地质、日出、夕阳等。

（二）人文生活环境资源

人文生活环境资源有吊桥、木梯、竹桥、水利设施、传统农村建筑、水坝、水塘、林道、梯田、庙宇、畜舍、纪念馆等。

（三）农特产业资源

游憩活动可使用的农特产业资源主要有水果、蔬菜、花卉、苗木、农耕作物、野菜、

药用植物、渔产品、产业活动（耕田、收割、喂养、捕捞、农副产品加工等）、产业
景观（茶园、菜田、稻田、花园、果园、育苗场、养殖场、灌溉沟渠、喷灌、棚架、
猪舍、鸡舍等）、产业工具设备（扁担、斗笠、蓑衣、牛车、搬运车、农业机械、渔网、
竹筏、水车等）。

（四）文化产业资源

主要有岁时祭典、生活礼俗、宗教信仰、饮食服饰、居住交通、狩猎、音乐、舞蹈、
手工艺、绘画、传统戏剧（皮影戏、布袋戏等）、神话传统、古迹（遗址、古道老街、
故宅、古井、古桥、废墟、旧码头等）。

依托以上四类休闲农业与乡村旅游资源，可以开展丰富多样的乡村游乐活动，具
体可分为 16 类（如下表 5-1 所示）。乡村旅游点可根据资源特点，有选择性地开发建设。

表 5-1　乡村旅游十六类项目设计

序号	项目名称	开发设计
1	当一天农民	参与播麦、插秧、耕种、扬谷、脱粒、吊井水、点豆、种花、养鸟、采摘瓜果蔬菜、喂鸡放鸭、做民间菜点、收割麦子、摘棉花、收玉米、挖马铃薯等。其他可学做刺绣，学习竹编、草编工艺以及农民版画，学做农家风味小吃，学包粽子，品尝水果，制米香茶，烤地瓜，磨豆腐，参与农户婚嫁迎娶等。
2	做一天牧民或渔民	马术表演、马球比赛、绕木桶、马上篮球赛、狩猎、放牧、手工挤奶、骑骆驼、开越野车、滑沙、异域风情、歌舞表演、滩涂船速滑、挖沙蛤、打紫菜、潜水、堆沙、水上射击、摇橹接力、沙滩自行车、爬顶桅杆、船头拔河、跳伞、渔家垂钓，龟、鳖、鱼等水产品饮食，特色全席，游泳、划龙船、踩龙骨车、采菱角、剥莲子比赛、摸壁鬼、篝火烤全羊等。
3	学生学习、体验之旅	水果采摘、看红叶、山水写生、徒步旅游、登山、参加农事活动、滑雪、野营、参观农村科普长廊、电化教室、录像演播厅、开放式实验室、温室大棚，观看农作物的组织培养、小鸡孵化，辨别蝴蝶、飞蛾等昆虫的标本，烧窑、作坊、陶艺作品展览等。
4	特种旅游和体育健身项目	定向越野、寻幽探险、漂流、冲浪、空中滑翔、机伞运动、喷气艇、游泳比赛、赛马、露营、水上高尔夫、网球、溪降、穿越、溜索、打木球、练武术、骑山地自行车、滩涂滑泥、滑草、桑拿浴室、卵石健康路、香花治疗室、中草药茶亭、棋趣广场、农村传统器械健身等。
5	产品化链条体验旅游	体验从采摘各种农产品，到送到工厂加工装罐，再到出售的全过程。
6	老年乐园	"学书画农家游"，请书法家、画家任教和开讲座；茶文化讲座、观茶、种茶、采茶、制茶、茶道、茶膳等茶文化游；酒文化讲座、酿酒、品酒、酒疗、酒俗、酒艺等酒文化游；老知青重返农家种菜种瓜、聊天打牌、下棋等抚今追昔游；漫步天然氧吧、中秋赏月诗会、重阳敬老活动等。

序号	项目名称	开发设计
7	特色乡村旅游	支锅野炊、围绕篝火赛歌、看花灯、农家评弹、彩绘麦田、植物迷宫、乘坐富力车、养殖（突出特色，避免常规品种），开展特色表演，观看野猪野鸡打斗、野猪野兔赛跑、钓蟹提虾比赛、斗牛、斗羊、小猪排队和站列表演等，种植赏花、花浴、花疗、花艺，种新型水果蔬菜，如美国黑树莓、台湾青枣、西番莲、佛肚竹、大红桃、台湾脆桃、食用仙人掌等。
8	农家美食文化	山珍野菜、野生菌宴、野花、芦荟、茉莉花炖鸡蛋、炒芭蕉花、炒酸角叶、炒甘蔗芽、甜菜汤、鸡、鱼、兔等的特色烹调，各地特色饮食、风味小吃等。
9	少儿农庄与"领养制"	踢毽子、踩高跷、滚铁环、射箭、玩弹弓、抬轿子、堆沙、荡秋千、抖空竹、摇水车、捉鱼、粘鸟、造琥珀、剪纸、刻蜡版、放鞭炮、斗蟋蟀、乒乓球、滑梯、吊床、儿童乐园、翻腾跳床、冲天太空舱、空中索道、富斯特滑道以及领养动植物等。
10	宠物乡村旅游	以金鱼、热带鱼、宠物狗最为常见，还有修鸡宅、渔寮、鹅园、鸽宫、小鸟天堂、猪邸、马房、牛王府、羊庄、驴舍、狗别墅、兔公馆、鹿苑、猴山庄、蛇王国等，满足游客对宠物的嗜好。
11	岁时节令节庆游	元宵节的观灯、跑旱船、耍龙灯、舞狮子、观烟火、拜庙等活动，中秋拜祀、春节年饭、祝寿习俗、婚庆习俗、生养习俗。蒙古族"那达慕"，藏族"跳神会、跳锅庄"，高山族"丰收节"，白族三月街、背新娘，彝族的火把节等。
12	民俗建筑、古村落、古建筑、历史文化游	四合院、天井院、云南"一颗印"与"三坊一照壁"民居、蒙古包、客家五凤楼、藏族毡房、傈僳土掌房、傣式竹楼、苗族吊脚楼、新疆地铺民居等，以及历朝历代遗留下来的众多古村落、古桥、祠堂、古坊、古楼，水乡宗祠文化、民间传说、历史典故、名人胜迹、道观佛寺等。
13	乡村旅游主题活动	以瓜果时节为主题，如南瓜艺术节、珍奇蔬菜文化节、樱桃节等；以节日习俗为主题，如清明踏青游、白族赶海会、苗族龙船节等。
14	户外拓展训练游	野外健身活动场、生存游戏、协作配合旅游项目、野营、自助旅游项目、天然浴场、徒步、摩托车沙漠越野、滑水、攀岩活动、丛林野战、荒岛探险、登山、沙滩排球、沙滩足球、海上冲浪、摩托艇、潜水、牵引伞、漂流等。
15	连点成线乡村旅游	把几个不同风格的乡村旅游组成一条旅游线路，发挥各处特长，建立大乡村旅游概念。
16	其他	森林嘉年华节、巡游花车、农器具展览、根雕、泥塑、做盆景、陶塑、制作风筝、放风筝、烘槟榔、温泉游泳、卡拉OK等。

第六章 生态旅游环境概述

优美的生态环境是旅游业赖以生存和发展的基础。如何保护人类赖以生存的生态环境是全世界都在关注的重大问题，在此背景下开展的生态旅游，便成了国际旅游的流行趋势。尽管生态旅游的定义繁多，但无不强调人与自然的和谐共存，这是生态旅游的精髓，所以生态旅游更强调旅游环境。本章主要讨论什么是生态旅游环境，以及生态旅游环境的构成、特点等。

第一节 生态旅游环境的概念

环境、旅游环境、生态旅游环境是有联系的几个概念，一般来说，这三者的范畴是由大到小的。本节着重对生态旅游环境进行界定。

一、旅游环境与生态旅游环境

（一）旅游环境

旅游环境是以旅游活动为中心的环境，是指旅游活动得以存在、进行和发展的一切外部条件的总和，是旅游业赖以生存和发展的前提和基础。人们对于旅游环境的认识也有一个在范围上由窄变宽、在内涵上由片面到全面的过程。在起初的认识中，旅游环境主要指自然旅游环境，即由旅游地域的地质、地貌、大气、水、动植物等自然要素组合而成的环境，也就是狭义的旅游环境，广义的旅游环境还包括了人文旅游环境。

（二）生态旅游环境

旅游环境的重要组成部分——生态旅游环境，主要是针对生态旅游这一中心事务提出的，是生态旅游发展的基础。其着眼点在于保护资源与环境，以求可持续发展。因而，生态旅游环境是以生态旅游活动为中心的环境，是指生态旅游活动得以生存、进行和发展的一切外部条件的总和。生态旅游环境既是旅游环境的一部分，同时又与旅游环境有所区别，其内涵有以下几个方面。

1. 生态旅游环境是在符合生态学和环境学基本原理、方法和手段下运行的旅游环境，以维护和建立良好的景观生态、旅游生态为目的，从而促进景观生态学和旅游生态学的发展。

2. 生态旅游环境是以系统良性运行为目的，统筹规划和运行，使旅游环境与旅游发展相适应、相协调，使自然资源和自然环境能继续繁衍生息，人文环境能延续和得到保护的一种文明的、对后代负责的旅游环境。

3. 生态旅游环境是以某一旅游地域的旅游容量为限度而建立的旅游环境，生态旅游活动若在该旅游容量的阈值范围内，就可不破坏当地的生态系统，从而达到旅游发展、经济发展、资源保护利用、环境改良相互协调的目的。

4. 生态旅游环境不仅包括自然生态旅游环境和人文生态旅游环境，还特别重视"天人合一"的旅游环境。即既注重生态环境本身，也注重一些环境要素和环境所包含的生态文化。

5. 生态旅游环境还是运用生态美学原理与方法建立起来的旅游环境。旅游是集自然生态学、人文生态学于一体的一项综合性的审美活动，生态旅游更是人类追求美的高级文化生活，且对其广度和深度的要求都较高的审美活动。生态旅游环境既是培养生态美的场所，也是人们陶冶情操、享受生态美的场所。

6. 生态旅游环境还是一种考虑到旅游者心理感知的旅游环境。生态旅游者的旅游动机主要是向往大自然，尤其是那些野生的、受人类干扰较小的原生自然区域，兼有学习、研究自然和文化的动机。因而，生态旅游环境的建立要考虑到生态旅游者回归大自然、享受大自然、了解大自然的旅游动机，着意建设能让旅游者感知自然的旅游环境。

二、生态旅游环境与生态旅游系统"三体"之间的关系

正如前述，生态旅游环境是生态旅游系统得以生存、发展的"载体"，生态旅游环境与生态旅游系统的"三体"（主体——生态旅游者，客体——生态旅游资源，媒体——生态旅游业）的关系也是十分密切、息息相关的。

（一）生态旅游环境与生态旅游者

生态旅游者是生态旅游系统的主体，生态旅游者参加生态旅游的动机，绝大部分是追求优良的生态旅游环境，这也体现了生态旅游要求返璞归真、回归自然的趋向。生态旅游者所追求的是保留着原始风貌和良好生态环境的旅游环境，原始的受人类影响较少的自然区域是最受国际生态旅游者欢迎的。归根到底，绝大部分生态旅游者的旅游动机是追寻、享受良好的生态旅游环境；此外，生态旅游作为一类较高层次的旅

续表

游产品，除开展一般的游览观光、休闲疗养以外，还使游客对人类赖以生存的生态环境的了解、认知加深了，从而达到教育旅游者热爱自然、保护自然，增强人类可持续发展意识的效果。生态旅游者是具有一定文化和生态素养的人群，因而绝大多数生态旅游者均是旅游环境的保护者，也是生态旅游环境的使用者。生态旅游环境和生态旅游者存在着相辅相成、互相促进的关系。

（二）生态旅游环境与生态旅游资源

旅游环境是旅游生存之本，生态旅游环境是生态旅游发展的基础。这不仅仅体现在生态旅游环境能激发生态旅游的动力上，还体现在生态旅游环境本身就是一种生态旅游资源上。生态旅游环境直接影响到生态旅游的资源储量、资源利用效应、废物处理效应，也间接影响到生态旅游资源的利用模式、保护模式，从而影响到生态旅游产品的开发和生态旅游业的运行。

（三）生态旅游环境与生态旅游业

如前言述及，生态旅游环境会影响生态旅游产品的开发和生态旅游业的运行。同样，生态旅游开展得如何，反过来又会影响生态旅游环境。

第二节　生态旅游环境的构成

一般而言，生态旅游环境是由自然生态旅游环境、社会文化生态旅游环境、生态经济旅游环境、生态旅游气氛环境四个子系统所构成的。

一、自然生态旅游环境

自然生态旅游环境是指由自然界的一些自然要素，诸如旅游区的地质、地貌、气候、水体、动植物等所组成的自然环境综合体，即狭义的旅游环境。它是由天然生态旅游环境、生态旅游空间环境以及自然资源环境所组成的。

（一）天然生态旅游环境

天然生态旅游环境是指由自然界的力量所形成的、受人类活动干扰少的生态旅游环境，主要包括自然保护区、森林公园、风景名胜区、植物园、动物园、国有林场及散布的一些古树名木等，其中又以自然保护区为主体。天然生态旅游环境根据主体不同，可以划分为森林生态旅游环境（包括森林植被及其生态环境所组成的森林生态系统，如热带雨林、亚热带常绿阔叶林、暖温带落叶阔叶林、寒温带针叶林等，是组织生态旅游者野营、徒步穿越、登山、狩猎、享受森林浴及开展观叶、观花、观果、观树形、色彩等旅游主题活动的好场所）、草原生态旅游环境（包括草原植被及其生态环境所形成的草原生态系统，如典型的草原、草甸等，是组织骑马、狩猎、野营、观鸟、欣赏草原动物、参观草原自然放牧等旅游项目的场所）、荒漠生态旅游环境（包括高寒荒漠和戈壁等生态系统，是考察荒漠景观、荒漠生物、锻炼意志力的良好场所）、内陆湿地水域生态旅游环境（包括水生和陆栖生物，及其与生态环境共同形成的湿地和水域生态系统，如沼泽、湖泊、河流等，是开展泛舟、赏荷、垂钓、观水禽、狩猎、水上运动、考察水生生物等活动的理想场所）、海洋生态旅游环境（包括海岸、海岸生物及其与生态环境共同形成的海洋和海岸生态系统，如海域、海岸、海岛、河口、珊瑚礁、港湾、红树林等，是开展赶海、冲浪、垂钓、观海鸟、参观水族馆、参观海洋水产养殖、观察潮间带海洋生物的生态习性等旅游项目的场所）、自然遗迹生态旅游环境（包括奇特地质景观、地质灾害遗迹、古人类及古生物化石产地和活动遗迹等所在地的生态环境）。

（二）生态旅游空间环境

生态旅游空间环境主要指能开展生态旅游的旅游景点、景区、旅游地、旅游区域的自然空间范围的大小。也就是在生态旅游资源储存地，生态旅游者的活动范围，包括生态旅游者对旅游资源的欣赏、享受，以及对空间和时间的占有。

（三）自然资源环境

自然资源环境主要指水资源、土地资源等自然能源对生态旅游业生存和发展的影响与作用，也包括自然资源对生态旅游活动的敏感程度。其作用主要体现为这些自然资源对生态旅游业生存和发展的支持或限制作用，也能影响旅游地域可容纳生态旅游者的最大数量。

二、社会文化生态旅游环境

社会文化生态旅游环境包括生态旅游政治环境和"天人合一"的文化环境。

（一）生态旅游政治环境

生态旅游政治环境是指政府或相关组织在区域旅游政策、旅游管理技能、政治局势等方面影响（支持或限制）生态旅游发展的软环境，其主要作用是对生态旅游发展起到一种促进或阻碍作用。区域旅游政治环境不仅影响到生态旅游业产业结构的资源配置，而且对生态旅游业快速健康稳定的发展起着宏观调控的作用。政策支持与否，对生态旅游业的发展起着至关重要的作用。生态旅游管理技能水平往往关系到旅游地域能接纳生态旅游者的最大数量和生态旅游活动的强度，即影响到生态旅游环境容量的大小。生态旅游的规划和管理技能水平高，其能接纳的生态旅游者数量就较多，能承受的生态旅游活动强度就较大，从而对生态旅游环境系统的良性循环起到促进作用。此外，政治局势稳定与否、社会治安状况如何，都会关系到生态旅游者安全感的大小。在同样条件下，一国或一地的政治局势、社会治安状况往往影响着生态旅游业的发展程度，甚至影响着生态旅游业的兴衰。

（二）"天人合一" 文化旅游环境

"天人合一"的文化旅游环境是指在人类与自然界互利、共生关系的思想指导下，在进行旅游开发，特别是生态旅游开发过程中，树立人与自然和谐发展的观念。"天人合一"的文化思想萌芽于我国道教等宗教或古代思想，我国人民早已在实际生活中对其加以运用。我们的祖先与自然共同创造了灿烂的"天人合一"的文化环境，历史上一系列的名胜古迹，特别是一些宗教名山就是典范——在建寺建观之时，对一系列建筑做技术处理，不但不破坏自然，还使原有景观更加突出，创造出优于纯自然的"天人合一"的环境。生态旅游之所以蓬勃发展，就是因其对生态和文化有着特别强的责任感，可以促进人类与自然界的协调与共同发展。

三、生态经济旅游环境

生态经济旅游环境，包括外部生态经济旅游环境和内部生态经济旅游环境。

（一）外部生态经济旅游环境

外部生态经济旅游环境是指满足生态旅游者开展生态旅游活动的一切生态经济条件。众所周知，经济条件或经济环境是旅游活动的物质基础和质量好坏的关键，包括基础设施条件、旅游设施条件、旅游投资能力和接纳旅游投资能力等。基础设施条件它包括区域内外交通条件、通信能力、供水供电能力、物资供应能力等，旅游设施条件包括旅行社、旅游饭店、旅游娱乐设施等硬件建设。在基础设施、旅游设施等的建设过程中，甚至是整个旅游区的经济发展中，是否遵循了生态学、生态经济学的基本原则，是否考虑了经济、资源、环境等的协调发展，往往会影响到生态旅游业的发展。如果区域一味地强调经济发展，造成了环境破坏、环境污染、资源损耗等，必然会影响到当地生态旅游业的可持续发展。

（二）内部生态经济旅游环境

内部生态经济旅游环境主要指旅游行业（产业）内部的管理制度、秩序、政策倾向、人员对生态旅游的认识和支持程度。生态旅游同其他旅游形式一样，需要公平的市场环境、良好的市场秩序、规范的市场运行机制、有效的旅游市场主体等，这样有利于旅游企业在市场经济中竞争，有利于克服市场混乱、管理混乱等弊端，有利于建立良好的行业竞争环境，促进旅游产业各部门良性运行。此外，生态旅游的发展需要其他旅游形式、其他旅游经济成分均按生态经济原则运行，以利于协调统一发展；还需要旅游行业内部对生态旅游有较高的认识、较多的理解、较多的支持，以使旅游业可持续发展。

四、生态旅游气氛环境

生态旅游气氛环境是指由历史的和现代的旅游开发所形成的反映地方生态或民族生态、当地社区和旅游者的生态旅游意识的环境。它对生态旅游的开发和发展往往有很大影响。

（一）区域生态旅游气氛环境

区域生态旅游气氛环境主要是指在洁净、优美、少污染的生态环境基础上，由历史的和现代的开发所形成的反映该区域历史生态、地方生态或民族生态气息的环境。一个旅游地域的生态旅游气氛环境往往是独特的，是在当地长期的各种生态系统演替、社会发展以及社会与自然共生的条件下所形成的，对旅游者颇具吸引力，往往也是一个生态旅游区域的历史的、地方的、民族的特色的综合体现，也是旅游者所能感知的一种气氛，是由组成生态旅游气氛环境的要素及其组合的典型性、独特性和浓郁性所决定的，往往也是一地旅游的生命力和灵魂所在，开发时要加以注意。

（二）社区生态旅游气氛环境

社区生态旅游气氛环境是指生态旅游社区居民对于生态旅游的观点、行为等所形成的一种软环境。生态旅游社区居民是否支持发展生态旅游，往往也是该地生态旅游发展是否成功的关键。在以前的旅游开发中有过这样的事例：由于旅游者的到来干扰了当地社区居民的生活秩序，社区居民放火烧了旅游设施，甚至危害到旅游者的生命安全等。

（三）旅游者生态旅游气氛环境

旅游者生态旅游气氛环境是指旅游者的生态旅游素质及其在进行旅游活动时的行为等反映出来的旅游环境。生态旅游者应该是一种素质高、旅游行为文明的旅游者，但各个旅游团体、旅游者的生态文明程度不一。广泛宣传生态旅游，提高旅游者的生态意识和环境保护意识，规范和引导生态旅游者的行为，是营造良好旅游者生态旅游气氛环境的关键。

第三节　生态旅游环境的特点

生态旅游环境作为旅游环境的重要方面，也可以说是一种较为特殊的旅游环境。生态旅游环境既有与旅游环境共同的地方，又具有自己的特点。生态旅游环境概括起来有以下几个特点。

一、资源性

"资源"一词来自经济学，往往被简略地解释为资财的来源。现今，资源概念的内涵和外延均有明显的变化，被广泛应用于各个领域，通常分为自然资源、人力资源、技术资源和资金资源等。现代经济学已将资源研究扩展到包括生态环境、物质资本及人力资本等在内的更广泛的范围。资源，已是一个十分通用的名词。

提到资源，人们一般首先想到的是自然资源。自然资源大致有狭义与广义之分，狭义的自然资源主要指可被人类利用的自然状况的物质与能量；广义的自然资源则延伸为可被人类利用的自然状况的物质和能量以及它们赖以生存、演化的生态环境。如1972年联合国环境规划署（UNEP）指出：所谓自然资源是指一定时间条件下，能够产生经济价值的，提高人类当前和未来福利的自然环境的总和。1990年联合国出版的有关文件指出：人在大自然中发现的各种成分，只要它们以任何形式为人类提供福利都应属于自然资源。从广义上来说，自然资源包括全球范围内的一切要素，它既包括过去进化阶段中的无生命的物理成分，例如矿物，又包括其他如植物、动物、景观、地形、水、空气、土壤和化石资源，后者是地球进化的产物。英国大百科全书提出的自然资源的定义是：人类可以利用的自然生成物及生成这些成分源泉的环境功能。从上述讨论来看，环境也是资源，被称作环境资源，旅游环境、生态旅游环境也应是资源。

对生态旅游环境的资源性可以从资源的特性方面来加以说明。

（一）生态旅游环境容量（承受能力）的有限性表明了资源的稀缺

伴随着社会经济的发展，人类的科技水平和控制环境的能力相对提高，人们对资源稀缺性的认识更为深刻；把地球表面面积（空间）以及容纳污染物的环境均看作广义的资源。这一广义的资源将最终限制经济增长的极限，这种原因可以完全归结为"资源的稀缺"：①地球面积有限；②环境自净能力有限；③人类的科技水平和控制全球能力的发展速度有限；④自然环境提供的资源有限。生态旅游环境能够承受旅游者直接或间接产生的固体废弃物（如生活垃圾），宾馆饭店等服务系统产生的污水、废气及娱乐设施运行和旅游交通等产生的噪声的能力有限，抵抗或恢复旅游者所造成的生态系统破坏的能力有限。如旅游者对草地等植物的直接践踏、对野生动物生存环境的妨碍导致的物种迁移，游客对珍稀植物的采集所造成的这类植物的品质退化或灭绝等，都是无法修复的生态损害。

（二）生态旅游环境能产生价值表明了资源的有效性

生态旅游环境作为广义的资源，同样具有对社会的有效性。人类开发利用资源无一不是为了满足某一方面的需求，从而使其具有社会、经济价值。这一点在大多数情况下体现在因开采或收获而呈现的资源流失中。生态旅游环境同其他旅游环境一样，都是有价值的，应当被纳入成本核算当中，通过旅游开发它们既可产生经济效益，又有能让人们松弛紧张情绪、消除疲劳、健身求知的社会效益，有利于促进社会、经济、资源、环境的协调发展。

（三）生态旅游环境的系统性表明了资源的层次性和整体性

从生态旅游环境的空间层次来看，可以简单地分为生态旅游发展的外部环境和生态旅游发展的内部环境，也可以分为全球生态旅游环境、大洲或大洋生态旅游环境、国家和地区生态旅游环境、省区或区域生态旅游环境等。从时间层次上看，有些生态旅游环境要素或子系统是历史上形成的，有的是现代才形成的。譬如说天然生态旅游环境是几千万年、几百万年自然演化的结果；生态旅游气氛环境则是因上千年、几百年、几十年历史的沉淀累积或历史与自然的共同作用而形成的，从而使区域旅游具有明显的地方特色、历史特色、民族特色。生态旅游环境的层次性反映了生态旅游环境的结构和功能，反映出生态旅游环境一定的资源价值性。同时，生态旅游环境也是作为一个系统存在的，是相互制约、相互联系的一个整体（各个子系统也分别是相对独立的整体），若其整体功能得到良好的发挥就能较充分地实现旅游价值，从而产生资源价值。

（四）生态旅游环境系统的可变性、可控性表明了资源的可塑性

生态旅游环境系统既包括了自然生态旅游环境、社会生态旅游环境，又包括了生态经济旅游环境、生态旅游气氛环境等。无论是哪一种生态旅游环境都会有人类的活动参与其中，当生态旅游环境受到了人类活动的有利影响时，在某种意义上其结构和利用功能可得到改善，其利用价值或利用效益也可获得提高；当受到不利影响时，其自身系统的结构和功能会受到损害，功效降低，甚至成为生态旅游业发展的障碍或致命缺点。生态旅游环境的这种优变与劣变的可能性，说明生态旅游环境具有一定的可塑性，即人类可按一定的目标对其进行改造，进行定向培育，从而提高其质量水平。人类只要充分掌握生态旅游环境的运行规律，就可实现对生态旅游环境系统演化的控制，为生态旅游业的发展服务。

（五）生态旅游环境具有利用的多宜性

生态旅游环境也具有多功能、多用途和多效益的特征。这是资源，尤其是自然资源所具有的明显特征之一。譬如说森林生态旅游环境就具有土地利用效益、提供原料效益、货币收益效益、环境保护与调节效益、风景美化效益等。生态旅游环境的多样性带来了生态旅游环境的复杂性。显而易见，并非所有的多宜性都具同等意义，因此在对其进行开发利用时，要权衡利弊，特别是面对社会的多种需求，对其多宜性功能利用的选择显得格外重要。

总之，生态旅游环境具有资源性的特点，其突出表现在两方面：一是提供了能直接利用的生态旅游资源，二是提供了生态旅游发展所需要的基础。

二、综合性

如前所述，生态旅游环境是由若干子系统所组成的综合性环境系统，既有自然的子系统，又有社会、经济、文化和气氛等子系统。这些子系统共同组成的生态旅游环境系统还具有四维空间结构的特性：空间结构、组分结构、时间特征以及功能结构等。其四维结构特性反映了生态旅游环境的综合性。而生态旅游环境的多宜性、有效性等也在某种程度上反映了生态旅游环境的综合性。

三、容量有限性

生态旅游环境容量是生态旅游环境对于生态旅游活动的强度、规模等的一个限定。在一定时期内，一个生态旅游地开展生态旅游活动后，在环境、社会、文化、经济及旅游者感受质量等方面不会带来无法接受的不利影响的生态旅游者规模和生态旅游活动强度的最高限度，就是生态旅游环境的极限容量，也叫作饱和容量。如果超出了这一极限值即视为"饱和或超载"，长此以往就会导致生态旅游环境系统的破坏。在实际规划和管理中，往往是要谋求一个"最适值"或"合理值"，也称作"最佳容量"，此容量既能保证生态旅游环境系统的功能发挥得最好，获得满意的经济效益、社会效益等，又不至于造成生态旅游环境的物质破坏，使生态旅游环境能够良性循环，保证生态旅游地实现旅游、资源、环境、社会、经济等要素之间的协调，促进生态旅游地可持续发展。显然，一个生态旅游环境系统的容量应该是有一个限制的，即应当表现出来一种有一定伸展的阈值范围。如超过这一阈值范围，生态旅游环境会遭受破坏，使其系统功能难以发挥；如果低于这一阈值范围，就会造成投入产出比太低，存在是否值得进行旅游开发的问题。这一阈值范围的存在，是因为生态旅游区域在一定时间内其生态旅游系统在结构、功能、信息等方面具有相对的稳定性。也是因为这一稳定性的存在，生态旅游环境容量可以被通过一定的手段或方法来加以确定，并往往以接待多少旅游者为指标参数。

生态旅游环境容量，对于一个确定的生态旅游地，并非一成不变的，而是随着生态旅游环境系统中的某一个或某几个要素的变化而产生一些变化。如一个生态旅游地若开辟了新的生态旅游景区，增加了新的生态旅游项目等，其旅游环境容量就会随之变大。又如一个生态旅游地由于应用了高新科技，管理水平提高了，其生态旅游环境容量也会增大。反之，如果一地的生态旅游环境因种种原因而发生了恶化、污染或遭受了战争、自然灾害等，其生态旅游环境容量就会减小。这就说明生态旅游环境容量有限，但又随着一些条件的变化而变化。

生态旅游环境系统是由多因素组成的复杂大系统，这一系统的运行规律随着人们对它愈来愈多的研究而逐渐被揭示出来了。人们只要正确认识和遵循生态旅游环境系统的运行规律，就可以对生态旅游环境的容量进行调控，如改变生态旅游产品的类别与数量，调整优化某一或几个环境要素等，从而使生态旅游环境容量在量和质等方面朝着人们期望的目标变化，但这种调控要受到生态旅游环境系统本身的结构、功能以及由此造成的稳定性等的限制，即这种调控也有一定的限度。也就是说，生态旅游环境容量尽管可以被调控，但其容量的增加并不是无限的，仍受容量有限性的限制。

第七章　乡村旅游新业态概述

第一节　乡村旅游业态与新业态

一、乡村旅游业态

在新时期发展乡村旅游要求加强对乡村旅游业态的研究。通过对乡村旅游、乡村旅游业态等概念的界定，进而定义乡村旅游新业态的概念，是进行乡村旅游业态研究的首要任务。

（一）乡村旅游

1. 新时期发展乡村旅游的意义

近年来，随着人民生活水平的提高、消费支出结构的变化，一个大众旅游时代已经到来。在新的时代背景下，城市居民闲暇时间增多，以乡村生活、乡村民俗和田园风光为特色的乡村旅游迅速发展。人们在生活、工作之余开始自发由城市回归田园，寻找自己理想中的精神家园。乡村视野开阔、景色宜人、乡土醇厚，无疑成为都市居民最向往的目的地之一。在大众旅游时代，发展乡村旅游具有重大意义。

第一，发展乡村旅游是大众旅游时代发展的需要。大众旅游时代能创造消费和供给，有利于经济释放更多的活力。大众旅游时代的到来为行业带来了不少新的变化，旅游产品的个性化和多样化是未来的趋势。从旅游消费方式来看，过去大部分旅游都属于观光式旅游，以旅行社组织为主，少有文化遗产型、休闲体验型旅游。而随着旅游新业态与新产品的不断涌现，越来越多的消费者更倾向于将不同的旅游方式视为不同的生活体验。乡村旅游的本质是乡土——人性结构的回归与重建。后现代社会的人们回归自然的要求，使得乡村旅游成为农村经济发展的新增长点。在政策和需求的推动下，休闲农业和乡村旅游迎来巨大的市场机遇，其市场发展前景看好。

第二，发展乡村旅游是新型城镇化发展的需要。新型城镇化在为乡村旅游发展带来重大机遇的同时，也带来了新的要求和挑战。大力发展乡村旅游，科学引导乡村地区城镇化，是中国新型城镇化和乡村经济社会发展的重大现实需求和重要科学命题。乡村旅游既面临环境质量下降、乡村文化受损、旅游同质竞争、整体品质不高、产业培育不足、资金人才短缺、运营模式落后、土地利用移位等现实困境，又面临新形势下需深入研究的诸多复杂性理论问题。随着城镇化的不断推进，"城市病"与"农村病"问题日益突出，同时，新型城镇化的快速发展也对乡村旅游提出了更高要求。在此背景下，乡村旅游经济模式正面临着生态化转型的巨大压力。旅游产业作为"环保产业"和"朝阳产业"，发挥了其带动作用和乘数效应，为新农村建设和城镇化加速发展起到了积极作用。

第三，发展乡村旅游是社会主义新农村建设的需要。乡村旅游是以农业为基础，以旅游为目的，以服务为手段，以城市居民为目标，第一产业和第三产业相结合的新型产业。乡村旅游的发展可以合理开发城市边缘区的景观生态资源，发展城郊生态旅游，实现城市和乡村的优势互补、协调发展。乡村旅游的发展可以通过调整农业产业结构、促进农业发展、增加农民收入、改变农村破败面貌、稳定农村社会以及引进城市资金等措施来实现。乡村旅游的发展可以缩小城乡差别，推动我国旅游业与第三产业向深层次发展，构建和谐社会。

2. 乡村旅游的概念

1994年，《国际可持续旅游研究》发行专刊，第一次尝试构建一系列理论框架，将乡村旅游作为可持续旅游活动中的特殊旅游活动进行系统研究，这被认为是学术界有关乡村旅游学术研究的开端。经过20多年的发展，有关乡村旅游的研究也呈现出多样化的特点。

国内第一种看法认为，所谓乡村旅游就是发生在乡村的旅游活动。这是目前最广为接受的定义，连世界经济合作与发展组织等国际组织都予以认可。吴必虎认为，所谓乡村旅游就是发生在乡村和自然环境中的旅游活动的总和。刘德谦也认为，乡村旅游是以与乡村地域及农事相关的风土、风物、风俗、风景组合而成的乡村风情为吸引物，吸引旅游者前往休息、观光、体验及学习的旅游活动。陈秋华等人立足于乡村旅游的乡村空间环境，以乡村独特的自然风光和人文特色（生产形态、生活方式、民俗风情、乡村文化等）为对象，对乡村旅游的概念进行界定。黄郁成界定的乡村旅游所涵盖范围更广一些。他认为，乡村旅游包括以乡村事物为旅游吸引物的旅游活动，也包括以非乡村事务，比如观光资源、温泉、宗教场所等传统资源为旅游吸引物的旅游活动。张祖群指出，乡村旅游得以发展、吸引游客的主要特征可概括为"独特的生产形态、生活风情、田园风光""满足旅游者娱乐、求知和回归自然等方面需求""乡土性、知识性、娱乐性"等。乡村旅游必须立足于乡村，立足于体现乡村与都市的差异性的基础上，坚持旅游主体和旅游客体相结合；乡村旅游不能脱离乡村生活、乡村风情的本位。

第二种看法认为，乡村旅游是一个相对的概念。杨炯菻等人提出，乡村是相对于城市的一个相对地域，乡村旅游属于复合型旅游活动。乡村旅游是指在乡村地区，以具有乡村性的乡村景观为旅游吸引物，面向多样化市场需求而开展的参与性强、文化内涵深厚、乡土风味浓郁的复合型旅游活动。乡村是相对于城市的一个相对地域，是发展的、变化的。因此，乡村旅游也应随之发展和变化。张祖群进而提出，乡村旅游客体包括"乡村社区""乡野农村""乡村地区"等，乡村从更广义的范围上来说不仅包括以农业为主要经济来源的地区，还包括市郊、建制镇等。

第三种看法认为，乡村旅游应当被作为一种产业形式来研究。禄佳妮认为，乡村旅游定义的落脚点就应该是产业形式而非旅游产品、旅游活动、旅游形式、旅游类型。杨胜明也认为，开展乡村旅游，应是走向产业成熟的开始，是旅游产业形成的一种标志。乡村旅游既不是卖景点卖环境，也不是卖文化卖民俗，而是卖劳务，即要进入产业发展的第三阶段。

综上所述，本书认为，乡村旅游的客体是"乡村社区""乡野农村""乡村地区"，还包括市郊、建制镇等地；旅游吸引物既包括乡村事务，也包括非乡村事务，比如以观光资源、温泉等传统资源为旅游吸引物的旅游活动；乡村旅游整体产品的核心和独特卖点是乡村性与乡村文化。

（二）乡村旅游业态

1.形态与业态的概念

形态一词最初是生物学和语言学的专业术语。1800 年左右，德国学者歌德率先提出了"形态学"的概念，用于研究植物的外形、生长与内在结构的关系。《辞海》（第 6 版）对形态的解释是"形态神态；词的形态变化"。《现代汉语词典》（第 7 版）的解释是"事物的形状或表现；生物体外部的形状；词的内部变化形式，包括构词形式和词形变化的形式"。国内学者将形态分为狭义和广义两种，狭义形态指具体的空间物质的形态，广义形态除指空间物质形态外，还包括非物质形态。

美国人早在 1939 年就用"types of operation"（经营类型）表示零售业态在商业统计中的分类。之后，美国学者还提出了相关的理论研究。但理论界公认，属于商业模式范畴的业态一词最早来源于日本，大约出现在 20 世纪 60 年代。它主要指针对某一目标市场、体现经营者意向与决策的营业形态，亦即商业经营的具体形式和经营管理模式，如商业零售业中的百货店、超级市场、大型综合超市、便利店、专卖店、购物中心等。

我国从 20 世纪 80 年代开始引入"业态"一词，并逐渐在商业中推广应用。1998 年 6 月 5 日，国家国内贸易局颁布了《零售业态分类规范意见（试行）》，表明"业态"

一词得到了官方的认可。从商业经营的角度说，业态就是营业的形态，即经营者向确定的顾客群提供确定的商品和服务的具体经营形式，是零售活动的具体形式。从行业发展的角度看，业态就是行业发展的形态，是事物产生、发展过程中所呈现出来的特有表现形式。依国家国内贸易局给出的概念，业态是指企业为满足不同的消费需求而形成的不同的经营形态。目前，国内学者对业态的普遍认识是：为满足不同的消费需求进行相应的要素组合而形成的不同经营形态。

2. 乡村旅游业态

随着旅游产业的深度发展和分工细化，传统的"产业""行业"概念难以描述旅游业的发展状态。因此，旅游学者将描述"商业"的"业态"一词引入旅游业。国内相关专家学者也对"旅游业态"的概念进行了相关的探讨。"旅游业态"属于经济学的范畴，与"旅游行业""旅游产业"概念具有渊源关系。所谓行业是向同一市场提供产品和服务的所有厂商的总和；所谓产业是各行各业的统称，是介于微观经济细胞（企业和家庭）与宏观经济单位（国民经济）之间的若干集合；所谓业态是某个或多个企业的具体经营形态。业态是产业产生的基础和条件，产业的形成是以业态发展为前提的。

乡村旅游是伴随人类对城市环境不断恶化的不满，对释放因快节奏城市生活所产生压力的需要，对淳朴的乡村生活、乡村景观、乡村风情的渴望与追求而形成的。都市居民会在闲暇之余暂时离开城市，到都市周边的乡村进行各种类型的休闲体验活动。在这种需求驱动下产生的旅游活动形式，伴随经济的发展，演化出诸多的商业形态。乡村旅游业态既包括参与乡村旅游的各类主体，如旅游者、经营者、组织者等，也包括乡村旅游发展的要素配置活动，如乡村旅游项目开发、乡村旅游线路设计、乡村旅游资源开发、乡村旅游产品开发等，还包括服务于乡村旅游发展的相关组织，如政府、民间协会、研究团体、各类媒体等。同时，还包括乡村旅游发展的区域分布、发展的重点、发展的模式、组织管理模式等。

其中，乡村旅游业态的产生与各类商业性营业组织及政府、民间服务组织所提供的各种有偿和无偿的服务关系密切。正是由于各类商业性营业组织及政府、民间服务组织的协同作用，乡村旅游成为乡村旅游地最主要的产业形态。

二、乡村旅游新业态

乡村旅游新业态的关键是"新"。并非所有乡村旅游业态都是新业态。并且，乡村旅游新业态只是一个相对的概念，随着旅游经济的发展，原有的新业态也会变成旧业态。乡村旅游新业态、新模式将不断涌现。

（一）旅游新业态概念

一个产业或行业在发展中不可能一成不变，而是在实践中逐渐改进、深化、转型、升级，逐步完善。旅游业也不例外，尤其是在激烈的竞争中，各地区、各企业为了提高其市场影响力和竞争力，在旅游业发展中融入新的思路或新的内容，创造了一些不同于传统业态的业态，即旅游新业态。旅游新业态是指相对于旅游主体产业有新突破、新发展，或者是超越传统的单一观光模式，具有可持续成长性，并能达到一定规模，形成比较稳定发展态势的业态模式。乡村旅游新业态，是根据时代的变迁和时尚的变化，根据旅游市场的发展趋势，依托乡村旅游资源与环境，由市场力、政策力等共同创造出的能够满足乡村旅游者心理、情感、审美享受的新型旅游产品与服务形态。

旅游新业态是旅游产业发展的结果，是社会经济发展的自我完善过程。这些新的业态有时处在完全创新的状态；有时处在新旧交织的状态，即新的业态形式不断产生，但传统模式仍然存在并且有市场；有时处在新老交替的状态，即新模式产生后，传统模式比重下降，随着产业的不断发展，又有新模式产生，构成新老交替的格局。乡村旅游新业态是在原有乡村旅游基础上的创新，有在旅游组织商业模式及经营形式上的推陈出新和自我调节，有对当地特色的自然和人文旅游资源以及乡村旅游产品的开发，有对新型的乡村旅游活动项目的培育，也有新型乡村旅游模式的形成，以及乡村旅游产业链的重组等。

（二）乡村旅游新业态特点

1. 乡村旅游新业态是"三生"的结合

"三生"即生产、生活、生态。"三生"的结合就是结合生产、生活和生态，使三者达到发展的平衡。如民宿这种业态与农家乐的"乡土性"不同，民宿的"三生"是其"乡村性"的表现。由于民宿投资者、经营者往往具有较高的社会影响力与高学历背景，高度关注细节的创意与文化底蕴，具有强烈的人文情结，逐渐形成一种具有品牌般影响力的住宿业态。它不是简单的住宿产品，而是以个性化、高品位见长，既体现了一种城市对农村返璞归真的需求，又体现了对乡村进行外来文化融合改造的需求。这使得民宿的发展更注重环境的改善和经营个性的强化，其经营及管理模式在效果上都远远好过农家乐。

可见，新型乡村旅游业态应定位于地域农业特色和地域农业文化特色，使游客不仅能够感受到纯真的乡情以及浓郁的民俗风情，也能欣赏到新农村建设的崭新风貌。从生态性方面来讲，在乡村旅游开发的过程中，要采取适当的环保措施，并且在规划时进行环境审计和环境影响评价，以确定环境承载力以及旅游开发所承担的风险。

2. 乡村旅游新业态是综合性的旅游方式

乡村旅游新业态是综合性的旅游方式，是在原有乡村旅游基础上的创新。它与各种各样的旅游产品组合方式一样，是各种要素重组后产生规模效应的乡村旅游产业新形式。乡村旅游综合体最能体现这种综合性。这一旅游综合体以乡村休闲为核心，几乎涵盖了吃、住、行、游、购、娱、信息、金融等旅游和相关产业的所有要素。也就是说，从功能上，它可以满足游客几乎所有的旅游需要；从内容上，它可以涵盖游客几乎所有的休闲消费。

在我国乡村旅游发展过程中，乡村旅游经营有各种各样的类型，包括观光采摘、休闲娱乐、康体健身、探险、度假、体验等。这些经营的组合以及组合的变化都反映了乡村旅游业态的变化。如浙江省诸暨山下湖镇解放村的米果果小镇，是由浙江米果果生态农业集团公司打造的。它名曰小镇，其实是综合性农庄，包含了餐饮、烧烤、住宿、火龙果观光工厂、农耕文化馆、九品莲花馆、西施稻田画、珍珠体验馆等。米果果最能代表综合性的旅游方式所产生的新业态。农庄配套建立了农耕博物馆、火龙果文化主题馆、青少年农业科普馆、农技培训基地等，成为了综合性的社会活动教育基地。还实现了农产品线上线下销售相结合，人们在微信、淘宝等电商平台上都可以买到它生产的农产品。米果果小镇 2016 年吸引游客超过 23 万人次。

3. 乡村旅游新业态是多种资源多种功能的组合

乡村旅游新业态在原有乡村旅游的基础上，充分利用多种自然和人文资源，形成了多种功能。

多种资源即方方面面与自然和人文有关的乡村旅游资源，如优美的田园、自然风光等自然旅游资源和农村深厚浓郁的民俗历史文化、古村落、乡村居民建筑等人文旅游资源。在浙江境内高消费客源众多。裸心谷民宿充分利用浙江德清莫干山保护区内多种自然和人文资源，发展出了高端乡村旅游产品。目前，裸心谷拥有 121 间客房，包括宽敞豪华的树顶别墅、温馨的夯土小屋，还有树顶别墅露台理疗浴缸、无边泳池等。"裸心"品牌自 2007 年诞生以来，就成为颇负盛名的民宿品牌。裸心谷是国内第一家获得绿色建筑国际奖项 LEED 最高荣誉铂金认证的高级度假村。

多种功能意味着乡村旅游新业态在原有乡村旅游的基础上不断发展、升级，旅游蕴含的内在功能更加丰富，作用也更加重要。如北京乡村充分利用各区县丰富的旅游资源和生态资源，深化旅游组织商业模式，对经营形式推陈出新，坚持"一区（县）一色""一沟（带）一品""一村一品"的特色发展道路，深度挖掘山水休闲、疗养农园、都市农园、农家风情、红色经典、生态山吧、乡村酒店、漂流历险、民俗情缘等特色旅游业态。这些乡村旅游新业态深化了旅游的体验性，提高了旅游的娱乐性，增强了旅游的教育性，不仅能够增加游客对自然的亲近感，还能够深化游客对生活的理解，充分发挥了旅游的经济功能、社会功能和生态功能。

第二节　乡村旅游的业态演进

一、国外乡村旅游业态演进

国外乡村旅游业态演进是由单一发展阶段到多样化发展阶段，最后走向专业化发展阶段。

（一）乡村旅游业态单一发展阶段

这一阶段处于19世纪40年代到20世纪60年代之间。18世纪下半叶，西方国家只有少部分的人有交通工具、时间和兴趣参与旅游活动，那时的旅游缺乏舒适度与安全感，旅游者也不愿意到乡村去。到了19世纪40年代，由于工业的发展，城市人口拥挤，生活环境压抑，人们有了返璞归真的强烈愿望，同时火车已遍布欧洲和北美洲，偏僻而风景秀丽的农村成了公众的旅游目的地，构成了乡村旅游的早期形态。

初期的乡村旅游带动了乡村农户或农场主自主提供住宿、饮食等接待服务，类似的形式有B&B、Home Stay、Country Inn等。这个阶段的旅游具有旅游者自发参与、接待者自主接待的特点。初期的乡村旅游基本形态相同，都是房产所有者出租自己家中的房屋、独立的住宿设施或者乡间的露营地。尽管体量较小，经营模式简单，但它体现了乡村旅游服务组织发展的初始形态。

（二）乡村旅游业态多样化发展阶段

这一阶段处于20世纪70年代到80年代之间。休闲潮流的兴起使得乡村旅游开始在欧美发达国家迅速发展，人们开始追求身体的健康、身心的协调，追求人与自然、人与社会、人与自身精神和社会文化和谐统一的境界。休闲由此不再是少数人的特权，而成为社会各个阶层的一种必需品。休闲成为人的一种存在状态、一种生命状态、一种精神状态。这一时期，伴随着都市居民休闲需求的不断增长，休闲的层次也在不断提高，乡村旅游目的地开始从简单的住宿接待转向提供多样化的服务。

在这一需求的驱动下，大量乡村旅游服务组织开始提供与自然、生态、环保、民俗等多方面相关的乡村旅游产品。在实践中，各国乡村旅游发展的方式和历程都不尽相同。匈牙利把文化旅游和乡村旅游紧密结合，民族文化和田园风光交相辉映；西班牙则将城堡或大农场改造成乡村旅游社区，在政府的积极推动下，乡村旅游吸引了近85%的国内度假游客；法国利用双休日制发展"工人菜园"式农庄旅游，每年为农民带来近700亿法郎的收益，相当于其全国旅游业收入的1/4；日本发起了"务农"式乡村旅游，以引起人们对农业与环保的重视；波兰通过推选生态农业专业户从事旅游经营，来带动乡村旅游发展；美国为适应旺盛的旅游市场需求，大力开发乡村农场度假村，仅东部地区就有 2000 家左右的观光农场。

随着乡村旅游的进一步发展，一些农户将传统的农业经营嫁接到旅游服务中，如家畜饲养变成了"休闲农场"，农业用地变成了露营地或专项休闲公园。即使是专项休闲公园，也呈现出了多样性的特点，既有动物园、花田，也有农业科教园、游戏迷宫等，这充分体现了乡村旅游业态综合性与多样性的典型特征。

（三）乡村旅游业态专业化发展阶段

这一阶段从 20 世纪 90 年代开始。在西方发达国家，随着都市居民消费水平的不断提高，他们对休闲旅游活动也提出了更高的要求。因此，虽然乡村旅游在业态类型呈现出多样化的特点，在规模、类型上能满足休闲旅游者的需求，但层次较浅与品质不佳开始成为制约其向纵深发展的障碍。于是，走专业化品质之路，便成为乡村旅游发展的必然。

以英国为例，英国 1994 年的《休闲咨判》中的报告统计表明，在 1990 年访问英国景点的 3.45 亿人次中，访问农村农业乡村公园的游客人数就达 4800 万人次，占全国旅游景点年度访问总人数的 14%。1992 年，英国官方统计有农场景点 186 个、葡萄园 81 个、乡村公园 209 个，占英国人造景点总数的 10% 左右。目前，全英很多农场直接开展了农业旅游。农业旅游的经营者绝大部分为农场主。每个农场景点都为游客提供参与、体验乡村生产生活的机会。农场内一般设有一个农业展览馆，并配以解说词介绍农业工作情况，还备有农场特有的手工艺品，提供餐饮、住宿服务，多数景点还有儿童娱乐项目。

在此阶段，乡村旅游经营者明确提出了"职业化"的发展要求，一些乡村旅游经营者开始结合农业高科技来发展自己。如新加坡将高科技农业与旅游相结合，兴建了10 个农业科技公园。农业科技公园配备了高科技设备，采用先进的科学管理技术，同时设备造型艺术性强，作物种植安排合理，娱乐场所布置精心细致。例如国内的养鱼池配备了有循环处理系统的水道设施；菜园由造型新颖的栽培池组成，里面种有各种蔬菜，由计算机控制养分；各种瓜果种在了田间林荫大道的两边。乡村旅游专业化体现的是乡村旅游的发展规模、品质与档次。如澳大利亚的法思费利克斯是玛格丽特河谷的第一个商业葡萄园。园内拥有高科技种植设备，采用先进的种植技术，同时也为游客享受绝佳的葡萄酒提供了场所。在石木结构的餐厅里，游客可以俯瞰葡萄园和自然森林的全景，并享受美酒佳肴。葡萄园同时会举办艺术展览和现场音乐会。专业化发展往往建立在多样化发展阶段所形成的规模基础上，是产业发展的必然。

二、我国乡村旅游业态演进

（一）农家乐兴起，乡村旅游成为一种附属业态阶段

这一阶段处于 20 世纪 80 年代初期至 90 年代初期。20 世纪 80 年代中期，我国才从制度上正式启动国内旅游。80 年代初期的乡村旅游需求者只是自发到乡村去，观赏农业的景观，感受农村的生活，体会农民的淳朴，感悟乡村的宁谧。从供给角度上讲，并没有建立乡村旅游区，当地村民也没有把城市居民作为自己增产增收的重要经济来源，更多的是把到来的城市人当成是自己的亲朋好友，很多情况下仅是象征性地收取一点食宿费用，很多的项目是无偿提供的，如参观、采摘、观赏等。可见，这一时期，乡村旅游伴随国内旅游的兴起成为一种附属业态，并没有形成独立的旅游业态。

随着农村产业结构的调整，农业观光旅游项目的设计与开发成为农村地区发展旅游业的重要渠道，并为第一产业与第三产业的结合找到了一个重要的切入点。在大中城市近郊开展的乡村旅游活动以观光旅游和周末休闲的形式出现，主要形式为"农家乐"。1986 年，浙江省富阳县（今浙江省杭州市富阳区）率先在新沙岛、和尚庄、赤松村等地开发了"农家乐"旅游，吸引了几十个国外旅游团体和上万名国内游客。1987 年 5 月，时任国务委员、国务院旅游协调小组组长的谷牧同志专程前往富阳考察并题词："农家乐，旅游者也乐。"随后，"农家乐"从城市周边地带向乡村扩展。农家乐旅游受到游客的普遍欢迎，得到了市场的广泛认同。

农家乐是集游览、餐饮、娱乐、购物、休闲于一体的旅游项目。除必备的餐饮、住宿、游览外，经营者还开放成熟的果园、菜园、茶园、花圃等，游客可品尝农产品（蔬菜瓜果、畜禽蛋奶、水产等），也可参与农业生产与生活活动（整地、播种、嫁接、采摘、垂钓、烧烤等），从中体验农民的生产劳动与农家生活，并获得相应的农业生产知识和乐趣；当地居民可参与导游、食宿接待等活动，以提高收入；游客还可购买新鲜、绿色环保的农产品。有的旅游点（如水库、湖泊等旅游地）为游客提供垂钓服务，并可就地加工让游客品尝到自己的劳动成果，起到了让游客陶冶情操、修身养性的作用；有的旅游地为游客提供烧烤野炊场所，并为游客提供特色风味的餐饮等。

（二）乡村旅游成为一种独立新业态阶段

这一阶段处于 20 世纪 90 年代到 21 世纪初。20 世纪 90 年代以来，伴随我国经济的快速发展，在扩大内需、调整产业结构的国内经济发展要求下，在政府的大力推动及市场需求这两个因素的共同驱动下，乡村旅游迅速发展起来。

有专家认为，我国的乡村旅游正式成为独立的业态开始于 2006 年。是年，国家旅游局和河北省人民政府在西柏坡举办了我国旅游主题年——"2006 中国乡村游"活动。

国家旅游局向各省、自治区、直辖市旅游局（委）发出通知，要求各地旅游管理部门和各类旅游企业紧密结合本地旅游业发展实际，将"旅游产业促进社会主义新农村建设"作为本地区旅游业发展的重要目标之一，进一步加强旅游宣传和对农业旅游、乡村旅游产品项目的开发。"2006乡村旅游年"以"新农村、新旅游、新体验、新风尚"为宣传的主题口号。当时，由国家旅游局在全国倡导创建的全国农业旅游示范点已达359家，遍布大陆31个省区市，覆盖了农、林、牧、副、渔及种植业、养殖业、加工业等农业的各种业态。另外，北京成立了观光休闲农业行业协会，湖南、山西成立了休闲农业协会，浙江成立了休闲观光农业领导机构，湖北成立了乡村休闲游领导机构等。这些组织的建立，有力推动了各地乡村旅游的发展。在这一阶段，各类商业性营业组织及政府、民间服务组织所提供的各种有偿和无偿的服务得以强化，乡村旅游真正独立并成为一种新业态。

总体来看，此时的乡村旅游业态主要以发展观光业为主。业态类型包括城市周边的农家乐、民俗村、都市休闲观光农业、各类乡村旅游节庆活动等。一些较为偏远的山区，依托周边的风景名胜区的自然、人文景点，凭借乡村特有的资源，开发了系列乡村旅游产品，如采摘、观赏、垂钓、骑马、劳作体验、农业科技、民俗表演等，形成了特有的"农游合一""牧游合一""渔游合一""观光农业""农家乐"等多种乡村旅游形态。在靠近大中城市的郊区，一些农村和农户利用当地特有的农业资源环境和特色农产品，开办了以观光为主的观光休闲农业园，开展采摘、钓鱼、种菜、野餐等多种旅游活动。如北京锦绣大地农业科技观光园、上海孙桥现代农业科技观光园、广州番禺区龙化农业大观园、河北北戴河集发生态农业观光园、江苏苏州西山现代农业示范园、四川成都郫县农家乐、福建武夷山观光茶园等。这些观光休闲农业园区吸引了大批城市居民前来观光旅游，体验农业生产和农家生活，欣赏和感悟大自然。

（三）品牌化、制度化与业态多样化发展阶段

这一阶段是从2007年浙江德清县出现百家洋家乐开始的。随着乡村旅游发展规模的不断扩大，乡村旅游产品单一、项目雷同、缺乏特色等问题日益突出，大大制约了我国乡村旅游的可持续发展。于是，品牌化、制度化与业态多样化成为新世纪我国乡村旅游发展中的重点。浙江德清县首家洋家乐的出现是一个主要标志，它意味着民宿品牌化发展时代的到来，民宿的集聚发展也给乡村旅游带来了新的视野，催生了很多新业态的产生，且发展迅速。

1.民宿的发展。洋家乐作为一种新的旅游业态在德清莫干山脚下得到了蓬勃发展。与一般民宿不同，洋家乐的价格不菲，房间均价在1500元左右，像裸心谷的房间价位在3000元左右，而法国山居的房间均价为4000~5000元，还要加15%的服务费。虽然价格高，但在周末或节假日往往一房难求。洋家乐这种新业态拓宽了人们在民宿

相关方面的视野。围绕洋家乐这种新业态，浙江湖州逐渐走出了一条由"农家乐"到"乡村游"再到"乡村度假"的乡村旅游发展之路。

2. 健康旅游与生态旅游的发展。2008 年第 29 届夏季奥运会在北京成功举办后，我国的乡村旅游发展水平明显提高，与奥运相关的体育健康旅游成为热点，滨海旅游、温泉旅游、文化旅游、冰雪旅游、红色旅游等快速发展。这一年的 11 月，国家旅游局又将 2009 年确定为"中国生态旅游年"，这是继 1999 年之后，国家旅游局第二次确定同一主题活动。同时，将 2009 年的主题年口号确定为"走进绿色旅游、感受生态文明"，旨在进一步加大生态旅游产品推广力度，广泛宣传环境友好型旅行旅游理念，大力倡导资源节约型旅游经营方式，切实满足不断升级的旅游消费新风尚，把我国旅游业建设成为遵循可持续发展原则的绿色产业。在每年的 3 个黄金周，全国城市居民中出游选择乡村旅游的人数约占 70%，每个黄金周形成大约 6000 万人次的乡村旅游市场，乡村旅游已经成为旅游业新的增长点。

3. 休闲农业的发展。《中共中央、国务院关于加大统筹城乡发展力度进一步夯实农业农村发展基础的若干意见》指出，各地应因地制宜地发展特色高效农业、林下种养业，挖掘农业内部就业潜力。推进乡镇农业结构调整和产业升级，扶持发展农产品加工业，积极发展休闲农业、乡村旅游、森林旅游和农村服务业，拓展农村非农就业空间。为全面落实《中共中央、国务院关于加大统筹城乡发展力度进一步夯实农业农村发展基础的若干意见》的文件精神，加快休闲农业和乡村旅游的发展，推进农业功能拓展、农村经济结构调整、社会主义新农村建设和促进农民就业增收，农业农村部、国家旅游局颁布了《关于开展全国休闲农业与乡村旅游示范县和全国休闲农业示范点创建活动的意见》，决定开展全国休闲农业与乡村旅游示范县和全国休闲农业示范点创建活动。2011 年 3 月 14 日，通过基层单位申报、地方主管部门审核、专家评审和网上公示，颁发了《农业农村部国家旅游局关于认定全国休闲农业与乡村旅游示范县和全国休闲农业示范点的通知》，决定首批认定北京市怀柔区等 32 个地区为全国休闲农业与乡村旅游示范县，认定北京御林汤泉农庄等 100 家单位为全国休闲农业示范点。

第三节 乡村旅游新业态的形成机制

一、内在驱动力：创新与供给侧结构性改革

随着旅游业从开放驱动、要素驱动向创新驱动转换，知识积累、技术进步、产业融合以及组织形态变革成为推动旅游经济增长的基本方式，创新与供给侧结构性改革

成为内在驱动力。

（一）创新作为内在驱动力

不断创新是乡村旅游永葆市场活力的关键。首先是旅游不同要素的创新以及组合创新。按照旅游学的一般定义，旅游业包括食、住、行、游、购、娱六大要素。旅游要素的未来发展，要体现与农业、工业、林业、文化、健康、体育等的融合，提供特色化、个性化、多元化的旅游产品与服务，满足游客深度体验需求，实际上就是旅游新业态发展的主体内容。其次是乡村旅游产品创新，包括产品形式创新、产品类型创新、产品功能创新等。乡村旅游产品形式创新包括创新表现方式、创新体验产品等。例如对环境的艺术性装饰、装潢，运用高科技包装乡村旅游产品等，以达到在形式上给旅游者新体验的目的；设计旅游者参与制作工艺纪念品的活动，既给人全新的劳动体验，又避免了旅游纪念品千篇一律的状况；有饮食特色的乡村可以开展现摘、现学、现做的熏陶体验项目。乡村产品类型创新即依托乡村旅游资源禀赋，根据旅游市场需求的变化，有针对性地开发特色乡村旅游产品。

一些地方的乡村旅游创新也同样影响乡村旅游业态的发展。海南省琼海以田园城市建设来带动乡村旅游发展，重点打造了12个风情各异的旅游小镇和3个国家农业公园，而且通过旅游漫步绿道系统将村居、小镇、城市等串起来，创造了一套非常好的发展模式；此外，依靠温泉鹅、嘉积鸭、万泉河鲤鱼等品牌，辅以粗粮小食等乡土特色餐饮，鼓励农民开办家庭农庄、采摘庭园、渔家乐，发展新型体验式农业庄园。正是这些创新，使得琼海形成"一镇一特色，一镇一风情，一镇一产业"等极具旅游元素特征的格局和可持续发展模式。

经过30多年的发展，中国乡村旅游在规模与效益方面都取得了可喜的成绩。从国外旅游创新研究的进展和我国现实出发，乡村旅游未来要关注以下几方面问题的研究。①微观层面：创新环境对乡村旅游创新提出了哪些要求，如大数据、云计算、移动终端推动智慧旅游发展；社交媒体、定位服务、游客赋权等趋势如何影响乡村旅游的创新过程；与国外乡村旅游相比，中国乡村旅游创新需关注哪些特殊问题。②中观层面：乡村旅游产业组织与市场结构的创新，创新在乡村旅游产业内部和产业之间的扩散与协同机制，目的地创新体系等。③宏观层面：乡村旅游创新与区域旅游竞争力的关系，乡村旅游创新对旅游增长和经济增长的贡献度，区域旅游创新系统的形成，等等。乡村旅游为了更好地服务大众旅游需求和产业发展，需要加快变革，建立基于现代技术的适应大众化、散客化趋势的组织形式和管理方式，推动业态更新。

（二）供给侧结构性改革作为内在驱动力

1.旅游产业的升级

当前，我国旅游业已经进入了重大战略调整期，即旅游产业由粗放型向集约型方向转变，由注重规模扩张向扩大规模和提升效益并重转变，从注重经济功能向发挥综合功能转变。旅游产业的转型升级成为战略调整的重中之重，而旅游业态创新则是实现旅游产业转型升级的必由之路。

旅游业通过创新对各行业资源进行整合，把原来的单一业态转变重组为复合业态。如广东省梅州市平远县上举镇的相思谷旅游产业园，有机融合当地农业和旅游业的要素，充分释放农业中蕴含的巨大旅游潜力，以农业带动旅游业开发，以旅游业助推农业发展，成为第一产业和第三产业联动效应的典范。该产业园区建立了"公司＋农户＋网站"的创新开发模式，并秉承"生态文明"的理念，采取"内嵌式保护开发"创新创建模式，最终实现了"复合农业立体展示"的创新发展模式，推动了"旅居业"的融合发展。乡村旅游发展通过把低端业态转变为高端业态，实现产业结构的升级，完成产业生态的创新。目前众多特色各异的旅游新业态的出现，不仅是当今旅游业发展成熟的标志，也在广度与深度上推动了旅游业的进一步跨越式发展。

2. 投资的多元化

如今，旅游业逐步发展成为相对独立的综合性经济行业，成为我国第三产业的发展重点。旅游业迅猛发展的一个重要原因是其产业关联作用相当强，它能广泛带动第三产业其他部门的发展，进而带动第一、第二产业的发展。目前，全国各省、自治区、直辖市相继把旅游业确立为支柱产业、先导产业或第三产业的龙头产业，出台了一系列促进旅游业发展的政策措施，尤其是旅游业投融资政策。越来越多的社会资本、海外资本投向了旅游业。

乡村旅游也不例外。浙江民间资本发达，该省乡村旅游发展的特点之一是动员全产业、全资本、全社会的力量参与旅游业。目前浙江民宿 90% 以上是利用居民和农户现有的自住房屋开展经营的。与此同时，近年来，浙江民宿的发展为"双创"提供了舞台。不仅有本地本区域的居民加入，也有外来投资者的参与、连锁品牌的输入。如丽水莲都区古堰画乡通过招商引资，吸引了杭州隐居集团的项目投资，打造了集酒店、度假、文化于一体的民宿综合体。浙江的实践证明，除了本地居民，外来投资者也是发展乡村旅游的参与者，同时是乡村旅游的受益者。通过将民宿经济发展成果全民共享，浙江走出了众创、众筹、三产联动的道路，使得供给侧与需求侧获得双赢。

从这方面来看，乡村旅游吸纳投资的潜力巨大。对于不少地方来说，乡村旅游业态发展需要克服投资短视症。目前，有一定需求取向的新型旅游形态，没有形成一定的规模，经营主体也没有将乡村旅游项目作为旅游业中的主要经营渠道，投资者同样没有将资金重点投在以乡村资源为核心吸引物的旅游开发项目上。

二、外部驱动力：旅游需求以及市场细分化

随着旅游业发展进入游客驱动时代，旅游需求内涵不断丰富，不同旅游目的地间的竞争，已由传统的旅游企业间的竞争逐渐演变为以游客的需求为中心的旅游目的地供应链间的竞争。市场细分化不断催生出旅游新业态，反过来，不断出现的旅游新业态又进一步刺激旅游需求的产生。

（一）旅游需求作为外部驱动力

1. 旅游需求的变化

改革开放以来，我国旅游业高速发展，已经成为国民经济新的增长点。随着人民生活水平的不断提高，旅游已经成为广大人民群众日常生活的一个重要组成部分。旅游业将逐渐成为国家和各级地方政府的支柱行业、主导行业。同时，旅游消费呈现出动机更加多元化、出行方式更加多样化、出游时间更加分散化、投资主体更加多渠道化的特点。这些因素促使旅游新业态不断出现。

我国全面深化改革进程的推进，为旅游发展创造了良好环境。中国特色社会主义进入新时代，对旅游发展提出了新的要求，旅游及相关领域的改革，正在破解困扰旅游发展的一些难题。一系列新标准的出台和实施，将引导旅游新业态实现健康发展。乡村旅游在蓬勃发展，旅游精准扶贫在全面推进。

当前，我国正在从大众旅游初级阶段向中高级阶段演化，旅游消费结构正在由以观光为主向观光、休闲、度假并重转变。虽然观光仍然是我国旅游消费的基础性需求，但是，休闲、度假等新需求越来越多。自驾游等新的旅游方式形成一定的旅游规模。在周末时间进行短途的乡村旅游成为城市居民休闲度假的常态化选项。在城市周边居民巨大的旅游需求驱动下，乡村旅游从注重经济规模向质量提升转变的空间巨大，乡村旅游产品创新、公共服务体系完善等正加速推进。

2. 休闲产业浪潮的兴起

当今，休闲产业浪潮席卷世界。进入 21 世纪以来，经济与科技的迅速发展、劳动生产率的提高给人们带来了更多的闲暇时间，休闲成为产业，并成为一个新的经济增长点。旅游业作为服务性、综合性和关联性极强的产业，与休闲产业具有天然的耦合性，必将随着人们消费观念和需求结构的变化，逐渐形成经济的休闲化和休闲的经济化。而休闲度假旅游需求的快速增长，也给旅游产业发展新业态提供了新的机遇。

乡村休闲旅游的发展扩大了城市旅游空间，丰富了旅游产品，同时增加了农民收入，是改善农村经济、解决"三农"（农业、农村、农民）问题的有效途径。以美国为例，美国乡村旅游的发展融入了休闲体验的理念，最著名的是根据梵·高的名画《向日葵》创作的 20 英亩（1 英亩 = 6 亩 = 4047 平方米）的"庄稼画"。目前美国乡村旅游已经

形成农业观光、森林旅游、农场度假、民俗旅游、家庭旅馆等多样化的产品体系，主要有依托农业资源或农牧场产品开发的农产品购物、农作物采摘、农业体验、农业教育、乡村休闲等旅游项目，依托节庆活动开发的南瓜节、樱桃节、大蒜节、汉堡节等乡村节庆旅游，依托自然资源开发的汽车营地、鸟类观赏、自然探险等旅游项目，依托历史文化资源开发的废弃农庄、厂矿、采伐场、内战遗址、名人住址等乡村历史遗迹旅游项目。目前我国乡村旅游项目还是以观光为主，游客对乡村旅游的参与和体验不足。分析其原因主要是受到我国传统旅游方式和根深蒂固的旅游理念的影响。乡村旅游开发者为迎合大众需求，难以对乡村旅游资源进行深入开发，尤其是休闲、体验式项目的主题还未得到深入开发。

（二）市场细分化作为外部驱动力

当前，旅游业市场细分化的时代已经到来，必须根据现实发展的需要，不断开辟、细分市场，以满足不同消费群体的需求。

如近年来大型企业特别是工业企业在乡村旅游地设立企业基地，村委会在此基础上，发动村民在基地周边开展了采用复合式发展模式的企业庄园。企业庄园主要针对商务客人，设立商务接待中心、拓展训练基地以及职工休养中心。商务接待中心主要用于接待企业客户和承办企业会议，发展商务旅游。拓展训练是以体能活动为引导的一种新的体验式培训，是大型企业培训改革的一个组成部分。企业成立自己的拓展训练基地，可以通过多种培训形式，使员工在参与中体验企业文化，增强团体意识。职工休养是企业为员工提供的奖励和福利，可以让职工在紧张的工作之余，身心得到放松，同时增加彼此的沟通和了解，有利于构建一支健康、和谐的团队。再如，随着乡村旅游的蓬勃兴起，其教育功能日益受到关注，而青少年乡村旅游市场具有很大的开发潜力。根据青少年学生不同年龄层的需求与特点，开发乡村旅游产品，构建青少年乡村旅游市场开发系统，充分发挥乡村旅游的教育功能，可以产生新的乡村旅游市场与业态。

第四节　我国乡村旅游新业态形式

一、我国乡村旅游新业态形式研究综述

在中国知网用关键词"乡村旅游"加"新业态"进行高级检索，剔除报刊文章，选择期刊、学术辑刊、硕博士学位论文、国内国际会议文献，检索到的文献共有100

多篇。检索发现，关于乡村旅游新业态的研究的数量并不多，但总体呈上升趋势。张祖群、宋增文等在将北京乡村旅游业态归纳为乡村酒店、国际驿站、采摘篱园、生态渔家、休闲农庄、山水人家、养生山吧、民族风苑八种新业态的基础上，针对北京乡村旅游的发展展开了研究。宋增文总结了北京乡村旅游新业态的发展机制，提出了乡村旅游发展的政策建议。他认为要把抓住乡村旅游新需求、推动乡村旅游分工细化、加速乡村旅游产业升级、促进乡村旅游与相关产业的融合作为北京乡村旅游发展的内在驱动力。

王林主要针对阳朔乡村旅游的发展展开研究。他指出，在创意旅游发展的背景下，阳朔乡村传统文化资源被旅游开发主体进行挖掘、筛选和整合，形成了文化资本。而这一重构的过程是以旅游者体验、激发创意潜能为基础的。目前阳朔借桂林国际旅游胜地建设的契机，已经逐步发展成为国际知名的乡村旅游目的地。在此基础上，王林将阳朔乡村旅游新业态归纳为实景演出、文化主题公园、乡村酒店、国际驿站等。

王小梦、刘传喜、李锦华等从各自视角针对德清"洋家乐"族裔经济的经济业态进行了分析。我国乡村旅游正处于飞速发展时期，但产品同质化程度高、效益低下、环境污染严重等问题也不断凸显。"洋家乐"这种业态由境外文化与中国乡村文化紧密融合而成，可以有效破解这一困局。刘传喜等人对洋家乐旅游新业态展开深入探究，分析了洋家乐族裔经济的经济业态、规模、空间分布、社会网络、运作模式以及形成机制，确定了包括乡村民宿、度假村、庄园、俱乐部等多种类型在内的乡村旅游新业态。他们认为德清洋家乐主要分布在环莫干山地区，表现出复制性比较强和根植性比较强的两种社会网络特征，在运作上则形成具有族裔特色的"生态循环"商业运行模式。王敏娴等人指出，"洋家乐"为乡村旅游指出了一条品质化的创新发展道路。他们对"洋家乐"的发展轨迹、发展特点、创新意义进行深入剖析，认为乡村旅游应该从"洋家乐"的文化内涵、业态创新、经营行为、市场营销等方面汲取经验，推动自身创新发展。

民宿作为乡村旅游的住宿产品，以富有地方特色和人情味为特点，同时也是新型城镇化进程中关系民生的旅游新业态，对乡村旅游转型升级发挥着重要作用。整体上我国民宿发展及研究还处于起步阶段，但台湾民宿经过30余年的发展，已经由"容器"上升至"磁极"，处于成熟阶段。在大陆，浙江德清县、桐庐县、安吉县等地的民宿也在迅速发展，取得了良好的社会经济效益。杨丽娟借鉴台湾民宿研究的内容、特征探讨，分析了民宿研究与民宿发展互动的规律，进而辨清了我国民宿研究的方向。王凤琴从民宿与农家乐的区别说起，明确了民宿的基本内涵，继而分析了苏州太湖地区民宿的发展现状，并提出：苏州太湖地区发展民宿，需从规划设计、突出特色、提升服务、善于营销、政府扶持等方面打造精品民宿，迎接民宿发展的春天。

随着乡村旅游的发展，各类休闲观光农业园、生态农业园层出不穷，成为一种新业态。仇峰将乡村旅游新业态主要分为农家乐、休闲观光农业园区、乡村旅游景点三个基本类型。他主要针对休闲观光园区进行研究，认为休闲观光农业园是一种农村产业新业态和生态旅游新类型，现正处于发展初级阶段。付松把生态农业园作为乡村旅游新业态。他针对贵州凯里市"云谷田园"这个典范展开研究。云谷田园现代生态农业园坐落在凯里市"芦笙之乡"——舟溪镇的新光村、平中村之间，占地面积 2500 亩，融合了台湾观光农业、乡村旅游度假、农业文化休闲等多种发展元素，属于集观光、休闲、旅游、度假、体验于一体的乡村旅游新业态。

休闲观光农业园的发展在各地衍生出不同的形式，它们类似于迪士尼乐园、航空小镇、森林越野主题公园等。赖艺棠以重庆鑫宜居生态农业发展有限公司为特定研究对象，对其开发的鑫宜居休闲农业园展开研究。重庆鑫宜居生态农业发展有限公司成立于 2008 年，鑫宜居香猪基地占地 2000 亩，位于东温泉、南川、巴南交汇处。于 2009 年、2012 年分别荣获"重庆市农业产业化龙头企业""养猪大王"荣誉称号。2011 年通过了国家无公害食品认证，2012 年通过了国家绿色食品认证。该公司开发的鑫宜居休闲农业园，充分发挥自身优势，借助资源整合的力量，形成了"休闲农业＋安全产业＋体育产业＋旅游产业＋教育产业""五位一体"的跨界整合发展模式。

随着"生态农业—农村社区—乡村旅游"的复合共生，乡村旅游综合体和都市农庄获得发展，成为乡村旅游新形式。鲁芬等人认为都市农庄是整合了乡村旅游综合体的多种类型和功能的新业态，将都市农庄作为乡村旅游与乡村旅游综合体的新形式进行考察。他们认为乡村旅游综合体和都市农庄拥有共同的资源基础、产业基础、市场导向、发展理念、目标市场和高品质服务保障，但两者在核心营利点、配套支撑点、区位选择、经营主体和利益主体方面又迥然不同。已有的乡村旅游综合体的开发思路和模式给了都市农庄建设一些启示。在此基础上，他们提出了都市农庄建设的一些思路：与"三农"建设融合发展，以农业为基础多样化发展；与城乡建设融合发展，推动城乡一体化建设；与文化建设融合发展，推动文化创意产业发展；与产业建设融合发展，推动产业结构调整、升级，使产业链延伸；与生态文明建设融合发展，走生态化道路等。顾吾浩也提出，进入新世纪以来，我国农业、农村发展进入了新的历史阶段，特别是现代特色农庄和乡村旅游的兴起，为我国农业、农村的发展带来了新的机遇，成为建设中国特色现代农业的新业态、新途径。

二、本书重点研究的乡村旅游新业态形式

在新的历史条件下，乡村旅游面临转型升级。乡村旅游的转型主要表现在形态和模式两个方面。第一，新型的旅游形态逐渐替代传统的农业观光、民俗体验等乡村旅游内容。乡村旅游产业升级换代的新形态包括主题农园与农庄、乡村主题博物馆、乡

村民俗体验与主题文化村落、乡村俱乐部、现代商务度假与企业庄园等。这些新形态都是为适应新时期多元化的旅游需求而出现的。第二，不同的旅游形态需要不同的发展模式，旅游形态的转型要求乡村旅游的发展模式也要做出相应的调整和创新，以期更有效地利用乡村条件，发挥乡村功能。中国解决乡村旅游发展问题的关键在于建立乡村旅游创新体系，从而催生乡村旅游更新更高级的业态。

中国目前对乡村旅游新业态的研究比较零散，缺乏系统化理论。从乡村旅游新业态的发展实践来看，北京市、四川省以及青岛市等地先后制定了乡村旅游特色业态的标准及评定办法。北京市较早把乡村酒店、国际驿站、采摘篱园、生态渔家、休闲农庄、山水人家、养生山吧、民族风苑等八种新业态上升为规范化、标准化的业态。四川省则提出农家乐园、养生山庄、花果人家、生态渔庄、创意文园、民族风苑、国际驿站、休闲农庄、森林人家等九种新业态。然而全国范围内对乡村旅游新业态的界定仍比较模糊。从文献分析可以看出，休闲观光农业园、生态农业园、都市农居、文化主题公园、民宿、乡村酒店、国际驿站等都属于新业态范畴。我们认为，乡村旅游新业态的认定要依据乡村旅游新业态的特点来进行，即是否属于"三生"的结合，是否属于综合性的旅游方式，是否属于多种资源、多种功能的组合。为此，本章重点分析了民宿、休闲农场、庄园经济、乡村露营、乡村博物馆、国家农业公园、乡村旅游综合体等七种乡村旅游新业态。

（1）民宿。通过将农村空闲的农舍或房屋改建成具有乡村特色的住宿场所，吸引城市游客体验农村生活。民宿不仅为农民提供额外收入来源，也丰富了乡村旅游的住宿选择，促进了当地特色文化的传承。

（2）休闲农场。休闲农场结合农业生产、农事体验和休闲娱乐，使游客能够亲身参与农村劳作，体验农业乐趣。这为农民创造了新的收入来源，同时促进了农业现代化和可持续发展。

（3）庄园经济。庄园经济以庄园或大型农场为载体，结合农业、旅游、文化等元素，打造综合性的休闲度假目的地。这种模式丰富了农村旅游内容，推动了农村产业多元化发展。

（4）乡村露营。提供露天露营或帐篷住宿的体验，让游客亲近自然，感受乡村宁静。乡村露营激发了对大自然的热爱，为农村创造了营地管理、餐饮等就业机会。

（5）乡村博物馆。建立乡村博物馆展示当地的历史、文化、传统工艺等，吸引游客了解乡村发展变迁。博物馆创造了文化传承岗位，为农村注入了新的文化活力。

（6）国家农业公园。将农业景观、生态环境和休闲娱乐相结合，打造多功能的农业主题公园，吸引游客参观学习。这种形式加强了农村与城市之间的联系，为农业产业升级提供了平台。

（7）乡村旅游综合体。将多种旅游资源和服务融合在一起，形成综合性的乡村旅游目的地。乡村旅游综合体整合了不同的业态，为农村创造了多元化的就业机会。

这些乡村旅游新业态不仅为农村提供了新的经济增长点，还促进了农村资源的合理开发和利用，推动了乡村文化传承与发展，同时也为城市居民提供了休闲娱乐的新选择。

第八章　乡村旅游综合体业态

第一节　乡村旅游综合体的定义与发展历程

一、乡村旅游综合体的定义

国内对乡村旅游综合体的研究不够深入，在这种情况下，从旅游综合体的定义出发，探寻乡村旅游综合体的定义，是比较妥善的做法。

（一）旅游综合体

旅游综合体发轫于城市，是城市化发展到一定阶段而产生的崭新业态。近些年来，伴随我国经济实力的增强和旅游业的深入发展，我国旅游业开始从以观光为主的传统大众型旅游向旅游功能多元化，尤其是具有旅游品质的深度休闲度假游转型。旅游综合体便是在适应我国旅游业转型，居民旅游需求多元化、个性化的形势下产生的一种新型旅游业态。旅游综合体通常是在一个特定的区域空间内，集成酒店业、餐饮业、商业、会展业、文化娱乐以及体育产业等各种相关产业而形成的一个多功能、高效率的综合型旅游功能区，可以有效满足旅游者在进行旅游休闲活动时的多元化需求。

到目前为止，业界对旅游综合体的定义尚未完全统一，研究者通常根据自己研究的需要界定具体项目的旅游综合体的概念。旅游综合体有城市旅游综合体与乡村旅游综合体之分。城市旅游综合体强调的是城市功能的聚集。王文君认为，旅游综合体是在特定的空间尺度中，依托相应资源，将酒店、景区、展览、餐饮、会议、商业、文娱和交通等满足游客"吃、住、行、游、购、娱"需求的功能空间进行三项以上的有机结合，达到旅游服务要素的高效复合，从而形成具有一定规模及建筑体量且各部分空间互相依存、价值互补、功能呼应的街区群体。陈雯婷等人从城市旅游的角度，将旅游综合体界定为以旅游产业为主导产业，结合多种城市功能、业态、建筑的优势力量，在集中的场地上形成的以旅游业为中心的城市节点。毛涧泽认为，旅游综合体是指以复合型旅游资源为依托，将观光、休闲、度假、娱乐、运动、商务、会展、居住、购物等不同功能的产品项目进行组合，并在各产品项目之间建立一种相互依存、互为支撑和补充的关系，从而形成一个多功能、多业态、高效率、复杂而统一的旅游集聚区。旅游综合体事实上是集群的一种类型，它是旅游业及与之密切相关的商业、房地产业、酒店业、餐饮业、文化娱乐业、会展业、体育产业等多种产业集群发展的结果。在一定的空间里，多种产业集群发展，能够共享外部规模经济，从而提高整个旅游综合体的经济效益。

（二）乡村旅游综合体

目前，乡村旅游综合体在我国还处于探索发展阶段，相关研究成果较少。

一种看法强调乡村旅游综合体的基础与导向。孙晓静、顾婷婷等认为乡村旅游综合体是以当地乡村旅游资源、土地资源以及乡村吸引物为基础，以乡村旅游休闲为导向，通过对土地的综合开发形成"吃、住、行、游、购、娱"一体化发展，具有乡村生态观光、乡村休闲度假、乡村文化体验等多功能、高品质的乡村旅游产业集聚区。

另一种看法强调乡村旅游综合体的开发。何玲玲、陈琴等从旅游房地产的角度提出，旅游综合体是指在相当大的地域范围内，基于一定的旅游资源与土地基础，以旅游休闲功能为主导，以大型旅游休闲项目和休闲地产为核心，以房产收益为支撑，以高品质、功能齐全的服务内容为根本，进行土地综合开发而形成的综合服务品质较高的泛旅游产业休闲集聚区。这种开发利用乡村旅游的经济效益来提升乡村土地的价值，激发乡村旅游市场的潜力，促进关联产业的发展，推动多元文化的交流，最终完成乡村旅游休闲的主要指标，实现城乡的可持续发展。与普通的乡村旅游不同，它充分运用了规模经济和范围经济效应，突出了旅游发展的综合性和聚集性，能够满足旅游者多方面的休闲需求。其核心功能构架是乡村旅游休闲项目、乡村配套商业项目、乡村休闲地产，整体服务品质较高。

还有一种看法是从城乡统筹的角度出发的。龚有坤、于代松等认为乡村旅游综合体的思路借鉴于城市综合体，是在总结乡村旅游与城乡统筹发展的成功经验的基础上，提出的一种全新的发展模式。乡村旅游综合体作为发展乡村旅游的新途径，是乡村旅游与城乡统筹发展的完美嫁接，是集农（牧）业观光、农事体验、教育文化、乡村度假（乡村文化体验）、生态休闲、养生养老等多种功能于一体的宜游、宜居、宜学（体验）、宜养的乡村休闲养生旅游集聚区。相对于农家乐而言，乡村旅游综合体可能是农家休闲旅游突围当下困境、获得新的可持续发展空间的一条有效出路。

也有看法是从乡村旅游策划的角度出发的。如郑志明认为，乡村旅游综合体是新农村综合体，其有别于传统的农村新型社区，更加注重设施配套、产业支撑和保障，乡村旅游策划更是其中的核心内容，它能为新农村综合体规划提供发展战略，进行功能指引和建设指引。

综上所述，本书将乡村休闲旅游综合体定义为：在一定的乡村范围内，以当地乡村旅游资源与土地资源为基础，综合开发而形成的旅游要素的一体化组合发展，是以旅游休闲功能为主导，以相关配套设施为支撑，具有较高服务品质的乡村旅游聚集区。

二、乡村旅游综合体的发展历程

乡村旅游综合体从城市旅游综合体发展而来，长期以来，城市中大部分旅游项目因开发规模小、档次低、重复性建设、缺乏规划、布局凌乱，严重制约了旅游目的地的发展。在旅游业纳入国家战略后，各地的旅游投资热情再一次被激发，旅游综合体既契合了政府改善投资环境、提升城市形象和发展旅游业的需要，也符合旅游消费升级后旅游供给必须相应升级和创新的需要，于是旅游综合体开发迅速从杭州等地向全国蔓延开来。

2008年，杭州首次提出要建设100个多功能城市综合体的计划，其中国际旅游综合体或与旅游业相关联的综合体有30多个，主要有南宋御街国际旅游综合体、湘湖国际旅游综合体、西溪国际旅游综合体、运河国际旅游综合体、杭州大厦商贸旅游综合体、杭氧杭锅国际旅游综合体、千岛湖国际旅游综合体、超山国际旅游综合体、西湖湖滨国际旅游综合体、海潮旅游综合体、建德黄饶旅游综合体、"大美丽洲"良渚文化旅游综合体、径山禅茶文化旅游综合体、杭州奥体博览城、龙坞旅游综合体、萧山中国水博览园综合体、千岛湖进贤湾国际旅游综合体、之江旅游度假区国际旅游综合体等。2008年至今，万达集团先声夺人，斥资数千亿元，迅速占领了中国旅游地产的半壁江山，开始开发旅游综合体。伴随着万达的开发，国内其他知名房地产开发商、旅游企业以及政府也加入旅游综合体建设的强大阵容中来，旅游综合体出现了蓬勃发展之势，各地掀起了旅游综合体开发的热潮。从实践进展来看，深圳、上海、香港、澳门、珠海等经济发达城市的旅游综合体发展走在全国前列，已从开发建设阶段过渡到运营发展阶段。

随着城市综合体的发展，乡村旅游综合体也开始蓬勃发展。乡村旅游综合体是破解"三农问题"的重要路径，是乡村旅游发展的创新模式。从20世纪90年代起，一些地区开始探索农家乐集中管理模式。以农家乐为主的简单乡村旅游，因为缺乏规划认可、土地长期使用保障及主管部门的正规管理认同，而出现投资经营者不敢投入，难以用心，多为临时投机性经营的问题，难以长久发展。另外，因为其产值贡献太小，税收贡献太低，令环境安全存在隐忧，所以地方政府基本没有太大的发展乡村旅游的热情，个别地方还热衷于打压、消灭乡村旅游。而城市化进程又在不断收缴周边乡村区域的高附加值土地，乡村旅游发展的主阵地——城市周边地区也就面临着被巨大的城市化浪潮驱赶甚至消灭的压力。如今，在休闲农业与乡村旅游发展的浪潮下，城市旅游综合体的示范效应显著。一些地方开始探讨既突出乡村旅游特色，又能弥补农家乐不足的新乡村旅游模式。这种新模式可以称为乡村特色旅游综合体。一批乡村旅游综合体的典型也不断涌现，如成都花舞人间、杭州良渚文化村、无锡阳山田园东方等。

自 2011 年以来，政府颁布了一系列房地产市场调控政策。"国八条""国五条"、房产税试点、央行加息、提高存款准备金率以及各地限购政策的出台，使得部分城市住宅市场成交遇冷，尤其是二三线城市，利润在萎缩。越来越多的地产商在乡村旅游综合体中找到了新一轮的发展契机。随着政府对旅游综合体建设支持力度的加大，2011 年各地产商纷纷大力投资，乡村旅游综合体进入大发展时期。据统计，国内涉足旅游综合体的公司超过 100 家，在全国布局了很多个旅游综合体项目，南至海南岛，北到长白山，西至大漠边陲新疆，东沿海岸线蔓延。

成都三圣乡五朵金花是典型的乡村旅游综合体。三圣乡旅游区隶属成都市锦江区三圣街道办事处，面积 12 平方公里，距离成都市区二环路 5 公里，是以观光休闲农业和乡村旅游为主题，集休闲度假、观光旅游、餐饮娱乐、商务会议等于一体的城市近郊生态休闲度假胜地，包括花乡农居（红砂村）、幸福梅林（幸福村）、江家菜地（江家堰村）、东篱菊园（驸马村）、荷塘月色（万福村）等五个景区。在产业布局上围绕城市反哺农村、农业反哺旅游的思路，共同做大做强观光休闲农业这一主导产业，将传统的耕种农业逐步引导向附加值更高的乡村旅游业发展，按照"一村一品、一村一果、一村一业"的移位互补和协同发展格局，创造性地打造出了各具特色、竞相开放的"五朵金花"景区，实现了"一区一景一业"移位发展的格局。其亮点在于把文化因子和产业因素注入"五朵金花"，促进了传统农业向休闲经济的发展。通过文化旅游与传统农业相结合，赋予"花乡农居"花卉文化内涵，挖掘"幸福梅林"的梅花传统文化，给以"荷塘月色"音乐、绘画艺术内涵，再现"江家菜地"农耕文化，展现"东篱菊园"的菊花韵味，变单一的农业生产为吸引市民体验、休闲的文化旅游活动。景区先后被原国家旅游局、住建部、原文化部、林业局等评为"国家 AAAA 级旅游景区""全国首批农业旅游示范点""中国人居环境范例奖""国家文化产业示范基地""市级森林公园""省、市首批干部教育培训现场教学点"。

第二节　乡村旅游综合体业态的特点与作用

一、乡村旅游综合体业态的特点

乡村旅游综合体业态具有以下六个特点。

（一）功能的复合性

基于泛旅游产业综合发展的构架，旅游综合体是一个融合观光、游乐、休闲、运动、会议、度假、体验、居住等多种旅游功能的"综合旅游休闲"的概念，其中游乐休闲是其主导功能。当然，在实际开发中的功能综合配置，不是将多种功能进行简单大糅合，而是根据具体情况，侧重打造其中某一项或某几项功能。不仅如此，乡村旅游综合体不仅具有乡村的功能，还具有城镇的功能。乡村旅游综合体不只服务于乡村居民，也服务于乡村旅游者——城镇居民，这就要求其必须具备城镇与乡村的多重复合功能。通过对功能的合规组织、趋利避害、扬长避短，使各种功能之间呈现出一种协调的状态，从而使旅游综合体的整体目标得以实现。

（二）效益的综合性

乡村旅游综合体的本质特征决定了它不仅追求经济效益，而且追求生态效益和社会效益，追求全方位的综合性效益。传统的乡村旅游主要追求的是经济效益，而乡村旅游综合体作为一个共生体，追求的是全方位的综合性效益。首先，它追求的是经济上的效益，因为只有有了经济效益的支撑，才能促进其他效益的实现。其次，由于政府、企业和社区居民的共同利益诉求，它还要满足人们对社会效益和生态效益的需求。

（三）要素的系统性

旅游综合体是旅游目的地各种构成要素在一定空间的集聚，能为游客提供"吃、住、行、游、购、娱"一站式服务。旅游综合体的构成要素主要包括：充分的旅游信息，便利与舒适的内外部交通，丰富的游览活动，丰富的娱乐与演艺活动，旅游风味餐饮，具有特色的旅游购物环境和商品，整洁、卫生与舒适的旅游住宿，夜间轻松和愉悦的康乐、文化活动。旅游综合体是"密集化"集约型旅游目的地的组织形式之一，其本身就是一个旅游吸引物，并能以自身为核心打造出一个新的目的地，满足游客休闲度假旅游的需要。

乡村旅游综合体同其他旅游综合体一样，不是旅游景区的简单整合，而是旅游要素之间构成了共生互补的能动关系，即在各要素之间形成了一个协调的系统，以提高能动性，从而达到系统的联合。如成都市锦江区三圣乡的土质系龙泉山脉酸性膨胀土，种植粮食产量不高，锦江区便创新思维，充分利用"城市通风口"背靠大城市的地缘优势，因地制宜，对邻近几个村子的资源进行整合，并根据资源的特色，最终形成了花乡农居、幸福梅林、江家菜地、荷塘月色、东篱菊园五种精品，使五个特色项目互补发展，不仅在竞争中合作，而且在合作中竞争，达到了互利共生的目的。

（四）产业的规模性

乡村农业规模化是乡村旅游综合体的重要特征之一，也是在城乡统筹发展政策下促进传统农业向现代农业成功转型的重要途径。首先，乡村旅游应以乡村的景观、环境、建筑、民俗文化、农事等旅游资源和土地资源为依托，开展各种休闲活动，并通过产业的耦合，形成各具特色的产业，达到产业聚集的规模效应。其次，乡村旅游综合体是集约化的组织形式，相对其他利用方式来说，需要在单位土地上容纳更多的旅游功能，承载更多的旅游活动，这就需要改变单一土地利用的模式和平面化的功能组织，采用混合的土地利用模式和立体化的功能组织形式。

（五）形式的美学性

旅游综合体除能满足人们的实际使用需求外，还具有一定的美学价值和原创性。它不是简单的堆积或者模仿复制，经得起美学批判。其美学价值表现在形态美、清晰美和模糊美上，可以提升空间的艺术品位，在视觉和意境上均能引起旅游者的共鸣，从而增强旅游综合体的整体吸引力。

（六）城乡的融合性

乡村旅游综合体正是形成城乡经济社会一体化新格局的重要载体。它从城乡统筹发展的视角出发，打破了城市和乡村之间的壁垒，逐步实现了城乡经济和社会生活的紧密结合与协调发展，逐步缩小城乡差距，使城市和乡村融为一体。它不仅可以吸引社会投资，还能在本质上通过旅游的搬运效应，将城市的消费力带到乡村，从而有效带动周边乡村的就业增加、产业升级、配套完善和区域综合发展，实现地方旅游资源价值的市场化利用，最终有力带动区域的新型城镇化。因此，乡村综合体的打造突破了存在于城市和乡村间的壁垒，使城乡经济与社会生活紧密相连，并形成一体化发展模式。

二、乡村旅游综合体业态的作用

乡村旅游综合体对乡村旅游的升级具有重大作用。

（一）有利于满足人们更高消费层级的休闲度假旅游需求

从居民生活方式转变的阶段来看，我国正处于城市化高潮阶段，大量居民涌入市区，步入了城市生活时代。随着城市人口压力不断增大，城市资源逐步稀缺，城市空间趋于狭窄，城市环境越发恶化，人们开始逃离城市，并迫切需要一个缓解压力、释放身心的生活空间，于是郊区生活时代到来。郊区虽然拥有了优越的环境，但城中工作、郊区生活的长距离往返局面，无形中增加了人们每日的时间成本。随着我国逐步进入后工业化时代，会议集群、休闲商业集群、文化创意集群等服务业新兴产业开始外移，未来远离城区的地方将成为环境优越、配套完善、既宜居又宜业的区域。旅居模式呼之欲出，旅居生活将成为时尚。

旅游综合体集酒店、景区、商业、房地产业等多种业态于一体，将旅游、休闲、度假、娱乐、购物、餐饮、居住等多功能休闲空间通过合理的交通连接有机组合，使其相互依存，协同促进。旅游综合体克服了传统旅游景区纯粹观光、游览所造成的发展局限，具有很好的自我成长性。而乡村旅游综合体既注重景观小品、园林格局、建筑风格、居住设施的设计，又注重教育、医疗、购物等生活功能场所的配置。相较于过去的农家乐，乡村旅游综合体是乡村旅游规模的适度壮大、功能的聚集延伸、项目的整合互配、营销的彼此联合。它能满足多功能的休闲旅游消费诉求，满足体验、养生居住甚至转换生活环境、生活方式的逆城市化需求，能对接当下城市人口的新型乡村旅游消费，较好地满足以舒适放松的生态环境为基础，注重旅游休闲度假功能的更高消费层级的乡村旅游度假需求。

（二）有利于提高农业生产收益率

农产品的生产只是发展乡村休闲综合体的基础，因为它是乡村旅游资源的核心之一，但是要想真正、有效地开发乡村休闲旅游综合体，光靠农业生产是不够的，还必须深入地整合、开发乡村旅游资源，并以其为中心吸引力，以休闲功能为引导力，进行集群式开发，构建"吃、住、行、游、购、娱"一体化的乡村休闲旅游综合体。

乡村旅游综合体实质上是农业和旅游业的产业融合，乡村旅游在相对聚集化、规模化、产业化地运行。这种融合有利于提高农业、农产品的利用率，进而提高其收益率。比如农产品的销售渠道通常由中间商控制，这种销售渠道容易造成农产品城市高价和农村贱卖同时出现的矛盾；而发展乡村休闲旅游综合体，则能改变这种销售渠道专有的现象，通过农产品的就地转化（比如转化为农家菜、土特产等）、直接销售来提高其收益。

（三）有利于社区居民发展

乡村旅游综合体下的企业能为社区居民提供大量的就业机会和商业开发机会，进而提高家庭收入，改善社区居民的生存和生活条件。为了适应发展，社区居民也会主动加入整个乡村旅游综合体的建设和管理中来，为自己谋利。社区居民为了更好地改善自己的生存和发展条件，也会主动学习基本的交流沟通方法和相应的旅游知识，提高自己的待人接物技巧，提升自己的整体素质和能力。这不仅为企业提供了大量的劳动力，还可以提升劳动力水平，帮助企业更好地成长。此外，旅游地产的发展，带来了大量的人口迁入，这也促使企业完善当地的教育、医疗等保障设施。

（四）有利于乡村旅游产业集群式发展

乡村旅游综合体有助于合理开发利用乡村旅游资源和土地资源。乡村旅游资源以农产品生产为中心，并以此向外延伸，形成包括乡村产品（比如农产品）、乡村文化（比如饮食文化和民俗文化）、乡村体验（比如农产品采摘）、乡村景观（比如田园风光）等在内的乡村旅游资源体系，在此基础上建立以乡村旅游资源为核心的旅游产品体系、旅游景区景点，以及旅游餐饮、住宿等休闲娱乐场所，从而形成乡村休闲旅游纵向一体化发展。之后，在乡村休闲旅游集聚的基础上进行产业延伸，通过融入诸如会议展览、养生养老等相关产业，最终实现泛旅游产业集群式发展。

（五）有利于实现绿色生态型城镇化

传统的工业化城镇化道路因为过度关注经济效益、忽视了环境的保护，带来了诸多环境问题，导致城镇化建设成果大打折扣。乡村旅游综合体的城镇化道路本身对生态环境的要求就比较高，为了吸引更多的旅游者，势必会更加注重环境的保护和改善，这有利于促进绿色生态型城镇化的实现。

（六）有利于改变我国"二元"经济结构，实现城乡的统筹发展

乡村旅游综合体是在一定的乡村区域范围内创建的，它不需要农民离开家乡，这较好地解决了农民的乡土情结问题，同时也避免了农民进城可能带来的各种社会矛盾。

倡导乡村旅游综合体，是以乡村旅游休闲为导向，对乡村进行土地综合开发利用，进行多功能、多业态、多效益的集聚，以发展乡村旅游来提升土地价值，引爆目标市场，推动衍生产业发展，促进多元文化互动，最终实现城乡的可持续发展。

乡村旅游综合体成为连接城市和乡村的纽带，城市旅游者的大量涌入，不仅可以提高农民的收入，还可以改变后者的价值观念、行为方式、生活方式，即利于在经济收入等外在方面，以及价值观念、生活方式等内在方面均实现城乡一体化，最终改变我国的"二元"经济结构，实现城乡的统筹发展。

第三节　乡村旅游综合体业态的类型

一、旅游综合体的类型

旅游综合体可以按规模、性质划分为不同类型。

（一）按规模划分

1.小型旅游综合体

小型旅游综合体是指投资规模和占地规模较小，依托单一旅游资源开发的旅游投资项目。这是我国旅游综合体业态发展的第一个阶段。20世纪80年代中期以前的游乐场、游乐公园大多是小型旅游综合体。小型的民营企业是投资与开发小型旅游综合体的主力军，投资主要集中在旅游景区开发以及附属的餐饮和娱乐设施方面，盈利方式以门票收入为主，如广州的东方乐园、南湖游乐园、太阳岛乐园等。

2.中型旅游综合体

中型旅游综合体是指具备了一定的投资规模和占地规模，依托旅游资源进行开发并配套了相关设施的旅游投资项目。我国旅游综合体业态发展的第二个阶段从20世纪80年代中后期开始。深圳世界之窗、锦绣中华开创了以特定景象为主题的景区开发模式。主题公园除了能满足游客动感娱乐的需求，还增添了旅游观光的功能。随后，更多的主题公园通过借助一定的文化资源，人工打造文化景观，发展出了我国第二代主题公园——"资源文化导向型主题公园"，又称主题景区。2007年深圳华侨城的建立，成为我国旅游综合体发展的里程碑事件，开创了我国典型的旅游综合体开发模式。

华侨城是最早被列为国务院国资委大力扶持发展的房地产业的全国五大中央企业之一。华侨城度假区率先倡导"花园中建城市""规划就是财富""环境就是优势"等现代发展理念，形成了"以旅游主题地产为特色的成片综合开发和运营"模式。华侨城开发了一系列旅游产品，业态覆盖文化主题景区、连锁文化主题公园、旅游度假区、旅游综合体、当代艺术馆群、公众开放空间、创意文化园、儿童职业体验园、星级酒店、经济型连锁酒店等。

如深圳的"锦绣中华"占地450亩，坐落在风光绮丽的深圳湾畔。它是目前世界上面积最大、内容最丰富的实景微缩景区。园中的82个景点均按在中国版图中的实际位置分布，依照1：15的比例复制，5万多个栩栩如生的陶艺小人和动物点缀在各景点间，生动再现了我国的历史文化及民俗风情。景区内还有一个综合服务区苏州街，该街区有各地风味小吃，民间手工艺制作表演以及琳琅满目的手工艺品、古茶、滋补药品等名优特产，还有富有特色的旅游纪念品。这类以民族文化、世界文化、仿古文化为主题的主题公园大多属于中型旅游综合体。

3. 大型旅游综合体

大型旅游综合体是指具备了较大的投资规模和占地规模，对旅游资源和地产配套设施进行综合开发的大型旅游项目。我国旅游综合体业态发展的第三个阶段从 2000 年开始。著名的深圳欢乐谷、珠海海泉湾等已经成为旅游综合体建设的样板。由大型企业投资开发的"旅游房地产""华侨城""欢乐谷"等系列项目大多是大型旅游综合体。在这些大项目中，地产商无疑已经成为开展旅游综合体的一支生力军。他们从做地产的视角打造旅游综合体，以旅游产品撬动旅游地产的开发。

4. 城市型旅游综合体

城市型旅游综合体是指建立以城市发展为导向的、旅游要素高度聚集的大型旅游综合体的发展方式，其发展的结果是最终形成综合了旅游功能、居住功能、社会功能的旅游城市。

（二）按性质划分

1. 都市娱乐类旅游综合体

都市娱乐类旅游综合体是指建立在城市周边，依托都市固有的消费市场，以本地市场和周边市民为主要服务对象而开发建设的以都市娱乐为特色的旅游综合体，其发展的结果是最终形成综合了旅游功能、居住功能、社会功能的都市游憩区。其主要特点是：紧邻人口聚集、消费能力突出的大型城市，利用都市娱乐、交通设施便利的特点，建设有较大规模、较大投资的旅游综合体。该模式对传统旅游资源依附性很低，不受特定资源、文化或者不同类型游乐项目的束缚，但对环境、配套设施和服务有较高的要求，开发上具有高投资、高风险、高收益和成片占用土地的特点，需要庞大的客流量来维持正常运营和收益。

都市娱乐类旅游综合体的典型代表是迪士尼乐园。迪士尼乐园其实是迪士尼度假区的一个部分。除了乐园外，在通常情况下，迪士尼度假区一般还包括主题酒店、迪士尼小镇和一系列休闲娱乐设施。迪士尼大家庭拥有世界顶级的家庭度假目的地，分别是加州迪士尼乐园度假区、奥兰多华特迪士尼世界度假区、东京迪士尼乐园度假区、巴黎迪士尼乐园度假区、香港迪士尼乐园度假区、上海迪士尼度假区等。上海迪士尼乐园包含六个主题园区：米奇大街、奇想花园、探险岛、宝藏湾、明日世界、梦幻世界。每个园区都有郁郁葱葱的花园、使人身临其境的舞台表演、惊险刺激的游乐项目。

2. 休闲度假类旅游综合体

休闲度假类旅游综合体是指依托一定的自然资源，以休闲度假为核心旅游吸引物，建立其他配套旅游要素设施的旅游综合体发展方式。

长白山国际度假区是典型的休闲度假类旅游综合体，位于吉林省白山市抚松县松江河镇，由大连万达集团、中国泛海集团、内蒙古亿利资源集团、辽宁一方集团等四家民营企业投资 230 亿元联合打造。度假区分南北两区，北区规划为旅游新城，将建学校、医院、住宅区、文化中心、购物中心等生活设施；南区为旅游度假区，由漂流、森林别墅、度假酒店群、滑雪场、狩猎场、运动场、国际会议中心等组成。该综合体有亚洲最好的滑雪场、六星级酒店、世界顶级雪上运动设施、度假小镇、萨满文化馆、长白山大剧院、雪域温泉等多种休闲设施。

3. 历史文化类旅游综合体

历史文化类旅游综合体是指以历史文化为核心旅游吸引物，建立其他配套旅游要素设施的旅游综合体的发展方式。

如河南开封清明上河园坐落在开封市龙亭湖西岸。它是由河南省开封市人民政府与海南置地集团公司合作建设的一座大型宋代文化实景主题公园。它是将画家张择端的写实画作《清明上河图》复原再现的大型宋代历史文化主题公园。清明上河园占地 600 余亩，其中水面 180 亩，大小古船 50 多艘，房屋 400 余间，景观建筑面积 30000 多平方米，形成了中原地区最大的宋代复原建筑。清明上河园是集中再现原图风物景观的大型宋代民俗风情游乐园，展现了古都汴京繁华的胜景。

2009 年，清明上河园荣膺世界纪录协会中国第一座以绘画作品为原型的仿古主题公园，是中原大黄河郑、汴、洛黄金旅游线上的一个重要景区。清明上河园作为集历史文化旅游、民俗风情旅游、休闲度假旅游、趣味娱乐旅游和生态环境旅游于一体的主题文化公园，突出体现了观赏性、知识性、娱乐性、参与性和情趣性等特点。

二、乡村旅游综合体的类型

乡村旅游综合体可以按创建主体、开发类型及引擎进行划分。

（一）按创建主体划分

于代松等人针对四川乡村地区的特点和条件，提出了单体型、区域型、异地平台型三种乡村旅游综合体类型。他们认为，四川的乡村旅游仍然以农家乐为主要形式，这样的乡村旅游发展面临着服务功能同质化、管理粗劣、服务水平低下、环境破坏严重、难以满足各种游客不同层次需求等困境。因此，四川亟须使乡村旅游优化升级，打造乡村旅游综合体，突出地方特色，完善产业链。针对并根据发达地区建设乡村旅游综合体的经验，他们指出了发展乡村旅游综合体过程中常见的误区，归纳了乡村旅游发展的不同模式。

1. 单体型乡村旅游综合体

以当地单个较大规模的乡村旅游接待点（户）为创建主体，围绕主体资源派生出特定的经营主题，通过延伸产业链、拓展功能区、布局新空间、打造新项目等措施，将其建成集农业观光、农事体验、教育文化、乡村度假等多种功能于一体的旅游项目。

2. 区域型乡村旅游综合体

以农家乐精品区块、特色村（点）为核心区，由多个区块（村、社）依托其良好的自然生态环境和丰富的乡土人文资源，通过布局功能区块、发挥特色优势、拓展农业功能、建设配套设施、打造乡村景点等措施，建成乡村休闲旅游集聚区。

3. 异地平台型乡村旅游综合体

由不同区域的单体型乡村旅游综合体或者相关乡村旅游资源通过电商平台、行业商协会平台连接构成。其特点是异地乡村旅游之间的市场（客源）、产品、服务能跨区组合和互补，通过电子商务和协会互通有无、信息共享，对同一客户群体共同提供服务产品，以最大限度地满足游客需要。

（二）按开发类型划分

李其涛等人结合国内外先进而具有典型性的旅游综合体开发案例，对八种旅游综合体的开发操作模式进行了系统而全面的阐释。他们主要针对旅游地产同步开发等模式的各个开发阶段，探索多样化而非单一化、创新型而非传统型的旅游地产开发经营模式。其中对于乡村旅游开发类型的细分，很有启发意义。

1. 基础 + 资源点——乡村旅游资源和土地

乡村旅游资源（这里是泛指，包括人工打造的乡村旅游资源）决定了项目地的乡村旅游产品开发的核心导向。土地资源决定了乡村旅游综合体的规模，影响着乡村旅游产品的配比结构。乡村旅游综合体的开发模式，以乡村旅游资源和乡村土地为最外围圈层，通过运用合理的综合开发手段，以农业深层次开发（如高效农业、创意农业、生态农业）和农业规模化发展为主，辅以农产品加工销售、科研、教育、医疗、培训等其他产业，并形成产业间的联动。此外，项目地在发展农业的同时，还可以发展以当地农作物为主的大地景观，并适时开展农业观光、体验、休闲、度假等乡村旅游项目。

2. 主导脉络 + 吸引点——乡村旅游休闲

乡村旅游休闲功能是乡村旅游综合体开发的主导脉络，在其主导下，应合理地开发与之相适应的不同类型、不同层次、不同规模的乡村旅游产品，使其成为整个乡村旅游综合体的重要吸引点，撬动乡村旅游市场的发展。同时，各个乡村旅游休闲项目有机组合而成的若干条旅游路线，扮演着重要的连接线角色，串联起了乡村旅游综合体的各个圈层。

乡村旅游休闲项目可融合乡村观光、游乐、休闲、运动、体验、度假、会议、养老、居住等多种功能，打造特有的乡村综合旅游休闲项目，如开设休闲垂钓、农场动物园、采摘、农事体验等乡村旅游项目。在具体开发中，可根据各自地脉、文脉等情况，侧重打造其中某一项或几项功能，形成各具特色的乡村旅游休闲项目，从而带动整个区域的发展。

3. 配套＋支撑点——休闲商业项目

结合乡村生态环境、生态景观等生态优势，可分期、分步、合理地建设生态化乡村休闲度假酒店、乡村特色商业街等商业设施，将其作为乡村旅游综合体的商业配套板块，综合性地体现生活、休闲、购物、娱乐等多项功能，为整个区域提供较高品质的服务。

从目前初具规模的乡村旅游综合体来看，相应的商业配套设施或多或少都存在品质不够高等问题，成为乡村旅游综合体发展的短板。在徽州唐模村，中法合作打造国际标准化乡村旅馆的手法，或许可以带给我们一些发展乡村旅馆的启示。

4. 核心＋盈利点——乡村休闲地产

乡村休闲地产的打造以生态化的乡村环境为导向，主要指以居住功能为主体的传统地产、居住小区、产权式酒店等乡村居所型地产。适合开发的乡村休闲地产可大致分为乡村景观地产、乡村度假地产、乡村养老地产、乡村主题地产（如创意地产、民俗地产、酒庄）等多种类型，并可融入低碳、环保、节能、科学、高效益等现代化理念。乡村休闲地产是乡村旅游综合体开发的最核心板块，是盈利的核心所在。

（三）按引擎划分

董双兵等人对生态旅游综合体进行分析时认为，生态旅游综合体适合的选址，往往是那些具有原生态特性的山地、乡村、森林和滨海地区。他们所研究的这个分类同样适合于乡村旅游综合体。不同综合体之间最大的区别，就在于具有核心竞争力的原生态资源不同。生态旅游综合体与城市综合体、商业综合体最大的不同点是，它是以自然的、文化的原生态资源为吸引物的。

1. 滨海（水）度假综合体

"无水不休闲"，高质量的旅游产品都是围绕"水"展开的。西方国家的滨海度假综合体发展历史较长，因此也最为成熟，甚至有一些已经成为度假目的地。某些滨海旅游小城就是围绕滨海度假综合体发展起来的，加勒比海、地中海、库塔海滩、皮皮岛等都是典型代表。国内也有一些比较成熟的开发案例，比如珠海的海泉湾温泉度假区主打滨水温泉，亚龙湾、海棠湾等区域也形成了具有较大规模的度假综合体。有的产品已经延伸至海上，一些大型水上俱乐部从非地空间衍变为滨水度假综合体。

2. 古（小）镇旅游综合体

小镇不是单纯的古建筑、老街，而是以山水、园林为背景，着重体现原生态的生存、生活方式。小镇模式通常有几种类型：以森林、草原、山水为资源依托的"绿色小镇"，以海洋、湖泊为依托的"蓝色小镇"，由注重原生态生活方式的古镇、老街发展起来的"灰色小镇"。这种模式的特点就是以古镇为引擎，崇尚生态与文化的融合。如意大利托斯卡纳地区的蒙泰利焦尼，瑞士的维拉，我国台湾的鹿港小镇、重庆的蔺市古镇及仁寿古镇、云南楚雄的彝人古镇、四川洪雅的柳江古镇等，走的就是这条发展道路。换句话说，古镇模块解决的是"聚集"问题，小镇模块解决的是"发散"问题。这种模式的核心是"度假"而不是"地产"，其主要吸引力是房屋的"生态位"，而非房屋本身。

3. 生态农业旅游综合体（农业型生态旅游综合体）

主要是以第三阶段的乡村旅游产品即田园度假为特征的旅游综合体，如以薰衣草著名的日本富田花园农场、法国的普罗旺斯等，还有一些是以生态农业、科技农业的精致化应用为特点的旅游综合体。实际上，生态农业旅游综合体的特殊之处主要体现在它把乡村旅游的几个发展阶段的具体形态，通过一种综合性的方式融合在一起，将乡村旅游的观光旅游产品、乡村休闲方式以及现代服务设施引入田园。

4. 山地度假综合体

山地在海洋、湖泊、森林、草甸、温泉等各类资源当中居于核心位置。地球表面多山，山体差异化程度较高，各种山地资源形成了极富特色的山地度假旅游产品。围绕山地，产生了影响力极大的滑雪胜地、温泉度假胜地，如瑞士的达沃斯。

应当指出的是，这里仅列出了特征较明显的几类旅游综合体，同时，这几种类型的划分也并不严格。比如随着养生度假旅游的兴起，一些宗教文化旅游区已经向宗教文化旅游综合体方向发展，但因为其文化的原生性，也可归入生态旅游综合体的范围。

第四节　乡村旅游综合体的未来发展

一、符合新型城镇化建设的目标

旅游综合体本身就是旅游与城镇化的结合，是旅游区与城镇村的开发全面融合而形成的典型旅游开发新模式。从城镇化角度看，旅游综合体是一种特殊的新型城镇化形态，既不是传统的旅游景区，又不是纯粹的住宅社区，也不是建制型城镇，更不是新型农村社区，而是以旅游为导向进行土地综合开发，实现泛旅游产业聚集、旅游人口聚集和相关配套设施发展，形成非建制就地城镇化的典范，极具推广价值。

现有的旅游综合体开发思路，主要是从旅游需求和供给的角度，利用旅游产业的集聚效应进行整合开发，这种开发重点关注的是旅游综合体的整体经济效益，对于综合体内个体的福利水平并没有给予足够的关注，这种开发思路符合商业型的旅游综合体开发模式，但是却不符合新型城镇化建设的目标。新型城镇化建设的最终目标是实现农村、农民的城镇化，即它更为关注的是农民的福利问题，因此对乡村休闲旅游综合体的开发不能从传统的需求供给的角度思考，而需要从新的角度，从更关心农村、农民、农业的角度出发。成都三圣乡的"五朵金花"就是一个典型。在三圣乡，有的村庄动员村民将土地入股分红，政府将整个村庄进行统一规划，投资建设道路等基础设施，并采取政府补贴等方式，对村容和民居风格进行统一改造，采取优惠政策吸引投资对村庄进行景观开发。有的村庄将土地集中出租给外来企业，由企业集约经营，并划分为若干小块，租给成都市民耕种以体验农家生活，这样市民在周末、节假日就有了体验农家生活的平台，村民作为入股者和代种者，也有了稳定的收入，且收入远大于农民自己耕种时的收入。

构建更好地实现新型城镇化的目标模式时应该考虑到：第一，整合土地资源，根据乡村休闲旅游综合体的要求重新规划农用、民用和商用；第二，整合农业资源，选择合适的规模经济发展方式，提高农民经济收入；第三，整合乡村旅游资源，实现产业集群式发展，扩大就业空间，提高社会保障。

二、合理规划并营造良好环境

首先，地方政府要站在发展旅游业、服务业的高度，科学、合理地规划乡村旅游综合体。要给乡村旅游综合体发展空间、点位、项目，给予其规划上的合法地位、土地使用上的稳定保障。这样既能让投资经营者放下顾虑、增强信心、着眼长远、稳健发展，使乡村旅游走出长期以来的临时、灰色形象，在管理、服务、环境、规范等方面符合相关法规要求，又能让相关部门依法对其进行监管、服务，还能让其合法纳税，从而真正培养出乡村旅游产业。

其次，当地政府应制定一系列规章制度和符合区域条件的乡村旅游产业政策与措施，创造良好的投资环境。可为乡村旅游综合体的发展提供直接或间接的资金援助。直接的资金援助包括旅游基础设施及旅游配套服务设施的资金支持；间接的资金援助包括对企业集团提供税收、土地优惠政策，放宽土地审批限制，吸引大集团乡村旅游地产的进驻，降低各项收费，协助企业拓宽融资方式和渠道等，以减轻企业集团的负担。

三、重视环境保护

良好的环境既是吸引旅游者的一个重要因素，又是保证当地居民生活质量的重要因素。乡村不仅有着丰富的土地资源，还有着以乡村景观为代表的自然资源，以建筑、文化、民族等为代表的人文资源，以及以人与人交往、乡村生活方式为代表的社会资源，这些资源都构成了乡村旅游综合体的本底资源。然而，旅游者的到来可能会造成对环境的破坏，这种破坏不仅体现在自然环境方面，比如空气污染、噪声污染等，还可能体现在社会环境方面，比如对传统文化的破坏、不文明的行为和语言等，这些破坏不仅会影响旅游资源的价值，还会影响当地村民的生活质量。乡村旅游综合体必须充分重视环境的保护，对破坏环境的不文明行为进行抵制，保持综合体内的和谐、稳定和绿色发展，这不仅可以提升综合体的旅游价值，也可以改善综合体内居民的居住条件。

四、多元化整合乡村旅游资源

旅游综合体本身就是旅游综合开发的一大突破。旅游服务产业与文化、教育、会议会展、养生养老、医疗、体育、农业、房地产等产业的全面融合，形成了旅游产业主导下的泛旅游产业的聚集与整合，出现了泛旅游产业集群。

应注重以资源为依托，以交通为纽带，整合综合体所涉及的几个乡村间同类的旅游产品，按类型进行多元化的整合，并根据各自资源的特色，发展精品特色项目，让不同的功能定位进行互补发展。应鼓励、扶持区域内已有的成型乡村旅游，要么靠单个经营户适度扩大规模、增加服务功能而成为单体综合体，要么让相关的多个经营户有效对接、组合、培育、连接成有一定规模、影响的区域型综合体，要么成立区域乡村旅游商协会，在整个区域内甚至与其他区域开展协作，在现有条件下进行各种形式的配套、组合，在不需要大的投入、无须大动干戈的情况下探讨组建乡村旅游综合体的方式，实现客户共享、资源互补、产品联动。

旅游综合体要想实现新型城镇化的目标，最主要的是要有产业支撑，这个产业就是泛旅游产业的整合，即以旅游为核心，将观光农业、会议展览、运动康体、养生养老、文化创意、休闲商业和旅游地产等相关产业充分整合在一起，超越一般的旅游景区与住宅社区，形成泛旅游产业构架，最终实现业态模式的创新。

五、注重营销策划

乡村旅游策划是指依据乡村旅游市场的现实需求和潜在需求，借助乡村地区独有的资源优势，对该区域旅游项目进行定向、定位、定点的过程，也就是对旅游产品进行研制、优化的过程。其重点是确定旅游的核心吸引力，明确旅游产品体系，并针对旅游观赏，进行旅游景点创意设计。可见乡村旅游策划不但是新农村综合体规划的重要组成部分，而且是新农村综合体规划的第一步，它决定着新农村综合体的发展思路、功能构成、规模大小，并指导着规划具体的功能布局、空间组织、建筑布局、景观环境设计。

在新农村综合体的规划中，乡村旅游策划的思路主要有两种。一种是以资源为导向，重点分析现有资源的禀赋，明确现有资源特色，以核心资源打造旅游核心产品。比如水产养殖比较密集的村镇可以开发亲水系列旅游产品、观光农业；远离工业、自然风光较好的村镇可以发展休闲观光、旅居养老等旅游产品；革命老区可以利用战斗遗址、烈士纪念馆等组合开发红色旅游线路；历史悠久、具有文化遗产资源的县镇可以对文化遗产资源进行挖掘、整理、宣传，对历史古迹进行修缮，开发寻根历史之旅。另一种是以市场为导向，分析市场特征，构建针对市场需求的旅游产品体系。中国的乡村旅游已经进入市场需求导向时期，要认真研究、分析细分市场的标准与方法，进行精确的市场定位，再通过特色项目、特色活动、特色餐饮、特色商品来吸引游客。精准的市场定位是发展乡村旅游的关键。要尽量避免出现遍地开花、相邻区域雷同和重复建设的现象。要开发形成乡村旅游景点、休闲观光农业园区、特色农家乐等多层次多元化的乡村旅游产品体系。此外，将众多产品、项目整合的创意活动同样重要，它是项目具有吸引力和生命力的保证。郑志明整理出的乡村旅游中的一些创意旅游活动策划，对乡村旅游综合体营销策划的开展具有一定指导作用。

无锡市惠山区阳山镇的田园综合体

无锡位于包括上海、南京、常州、苏州等城市的中国经济最为发达的长三角都市圈内，素有"小上海"之称，周边城市客群庞大。无锡市惠山区阳山镇，以水蜜桃闻名于世，地处城乡经济结合最紧密的长三角城市群。镇内拥有亿年火山、万亩桃园、千年古刹、百年书院，生态自然景观基底优良，以大小阳山为核心的旅游度假产业方兴未艾。在东方园林的策划与引导下，田园综合体的发展模式和空间结构开始在其镇域空间发展格局中延展。2017 年，中央一号文件《关于深入推进农业供给侧结构性改革 加快培育农业农村发展新动能的若干意见》，将"田园综合体"作为乡村新兴产业发展的亮点措施，并提出："支持有条件的新农村建设以农民合作社为主要载体、让农民充分参与和受益、集循环农业、创意农业、农事体验于一体的田园综合体，通过农业综合开发、农村综合改革、转移支付等渠道开展试点示范。"田园小镇因此成为江苏省知名旅游资源、无锡市休闲旅游新名片，被誉为"国内新型城镇化、城乡一体化示范区和乡村旅游新标杆"。

田园综合体选址于阳山镇北部、东南部与西南部，分别与阳山镇老镇区和新镇区相接，新长铁路穿过其南部，总面积约 416 公顷（6246 亩），约占镇区总面积的 1/10。田园综合体模式体现出这一种新兴产业的综合价值，包括农业生产交易、乡村旅游休闲度假、田园娱乐体验、田园生态享乐居住等复合功能。

　　该项目结合当地大面积高品质桃林，利用原址风貌，有选择地对现有老建筑进行改造加建，并充分融合大阳山、小阳山、长腰山等景观资源，将生态设计理念融入"田园综合体"项目中，利用食物链、生态循环、垃圾回收利用、沼气等，实现农业的生态化可持续发展。该项目突出发扬当地特色"桃"文化，营造"桃花坞里桃花庵，桃花庵下桃花仙"的人间胜境。

　　在田园综合体里农业、文旅、地产三个产业是相融合的，文旅产业要打造符合自然生态型的"旅游产品＋度假产品"的组合，组合中需要考虑功能搭配、规模搭配、空间搭配，此外还要加上丰富的文化生活内容，以多样化的业态规划打造旅游度假目的地。例如，在田园小镇主题餐厅中有个食材花园，其品种搭配丰富，足以开设一堂厨房食材的课程。花园的植物具备观赏和食用两个功能。迷人的香草类植物、美丽的蔬菜类植物，还有各类观花观叶植物点缀其中。它们经过类型搭配和高矮设计被种植，从选苗到栽植经过几轮筛选。当沉浸于这花香四溢的氛围中时，客人还可随心选择食材，并把它们带到餐厅让大厨烹饪制作。

　　田园综合体要走"现代农业生产型产业园＋休闲农业＋社区支持农业"的发展路径。将农田及种植、水域及灌溉、池塘及养殖、村庄及居住、道路及交通五大部分田园基底要素，与未来发展需要的乡村空间、田园小镇空间、有机高效农业生产展示空间的布局相结合，探索城市的经济要素、文化要素向乡村空间渗透过程中的田园空间发展方案。对于地产及社区建设，无论改建还是新建，都需要按照村落肌理打造，进行尊重乡村本来面貌的开发，更重要的是要附着管理和服务，营造新社区。田园综合体是面向城市人群打造的具有浪漫主义的田园生活消费方式，这一产业模式将农业与服务业相结合，以工促农、以城带乡，推动了城乡统筹发展。

第九章 生态旅游与农村旅游资源概述

第一节 乡村生态旅游资源的内涵

在中国的旅游业中，乡村是构成整个旅游业发展的宏大地理背景，也是旅游业发展的一个重要组成部分，它使中国旅游更具魅力。在出现"建设美丽乡村""人民呼唤绿水青山""乡愁"等关键词的时代背景下，对于乡村旅游的研究离不开对关于乡村生态旅游资源诸多问题的探讨。但是，脱离了旅游资源的范畴去研究乡村生态旅游资源是不科学的，撒开乡村地域的概念来谈乡村生态旅游资源也是不客观的。因此，探讨乡村生态旅游资源的相关问题时，在立足乡村本身的同时，还应结合旅游资源的内涵。

一、旅游资源的概念与内涵

旅游资源作为现代旅游业得以发展的重要条件，是旅游业的基础要素，是旅游活动的客体。一般来说，旅游资源可以是具有具体形态的物质单体或复合体，如历史文化古迹、地形地貌、野生动植物等，也可以是不具有物质形态的社会因素，如风俗民情、文化传统、人文景物、非物质文化遗产等。对于旅游资源的定义，国内外相关学者及机构给出了众多释义，西方国家的学者多将旅游资源称作旅游吸引物，与中国不同的是，它不仅包括旅游地的旅游资源，还包括接待设施和优良的服务因素，甚至还包括舒适快捷的交通条件，是一个内涵极为广泛的概念。

1992 年，国家旅游局和中国科学院地理研究所制定的《中国旅游资源普查规范（试行稿）》将旅游资源定义为："自然界和人类社会，凡能对旅游者有吸引力，能激发旅游者的旅游动机，具备一定旅游功能和价值，可以为旅游业开发利用，并能产生经济效益、社会效益和环境效益的事物和因素。"2003 年 2 月 24 日，国家标准部门颁布了中华人民共和国国家标准 GB/T18972—2017《旅游资源分类、调查与评价》。此标准将旅游资源定义为："自然界和人类社会凡能对旅游者产生吸引力，可以为旅游业开发利用，并可产生经济效益、社会效益和环境效益的各种事物和因素。"在本书中，我们采用了这一定义，因为它肯定了旅游资源对旅游者存在吸引力，明确了旅游资源是旅游业的开发对象，是旅游产品的来源，同时确定了经济效益、社会效益和环境效益是旅游资源为旅游业开发利用的限制条件。

据此，我们将旅游资源的内涵概括为以下三点：一是旅游资源能够对旅游者产生吸引力，激发旅游者的旅游动机；二是旅游资源是旅游业的开发对象，是旅游产品的来源；三是旅游资源是旅游区开发的基础前提和条件，旅游资源数量的多寡、类型的多样性、特色的独立性和空间分布与组合的合理程度等，会对旅游区的发展产生重要的影响。

二、乡村生态旅游资源的概念与内涵

（一）关于乡村生态旅游资源的基本认识

对于乡村生态旅游资源，国内外很多学者都进行了研究，并从不同角度进行了解释。

1. 从产品的角度认识乡村生态旅游资源

从产品的角度来看，人们把乡村生态旅游资源作为旅游开发的"原材料"，认为旅游就像其他的经济活动一样，是一个生产过程，是从原材料到开发再到形成最终产品，然后卖给消费者的过程。当旅游经营者认识到这些乡村生态旅游资源是有价值的、能被开发利用的"原材料"时，就会把它们投入乡村旅游产品的生产过程中，从而发挥这些原材料的价值。

乡村旅游的"原材料"实际上就是存在于乡村之中的、能够被开发者利用的各种丰富的、天然的、人文的乡村生态旅游资源，诸如农事活动、农村聚落、农民生活、农业生态、农业收获物、乡村自然地域风貌、地方土特产品、乡村艺术工艺品，以及多民族的风俗人情和历史古迹等要素。如此看来，乡村生态旅游资源是在现实条件下，能够吸引人们产生旅游动机并进行旅游活动的各种有一定内涵和特色的自然、人文、物质及精神的乡村旅游景观。这些景观能为旅游者提供游览、观赏、知识、乐趣、度假、疗养、娱乐、休息、探险猎奇、考察研究、社会交往等功能和服务。也就是说，乡村生态旅游资源是指那些能够吸引旅游者前来进行旅游活动，能够为旅游业所利用，并能产生经济、社会、文化、生态等综合效益的各种因素。它是乡村独特的生产形态和乡村特殊的环境所产生的农业生产、农村生活、农村风情等客观体的综合体。

2. 从乡村景观的角度认识乡村生态旅游资源

景观一词源于人们对自然景物的感知和认识，是一种视觉美学意义上的体验。可以被看见的风景皆可称为景观。一般来说，乡村景观是乡村地区范围内经济、人文、社会、自然等多种现象的综合表现。乡村景观是相对于城市景观而言的，两者的区别在于地域划分和景观主体的不同。虽然城市化速度的加快，使得乡村在地域范围内成了一个不稳定概念，但究其本质来说，乡村景观依旧是人与自然环境相互作用的产物。因此，首先，乡村景观所涉及的对象是指在乡村地域范围内与人类聚居活动有关的景观空间，包含了乡村的生活、生产和生态三个层面，即乡村聚落景观、生产性景观和自然生态景观，并且与乡村的社会、经济、文化、习俗、精神、审美密不可分；其次，乡村景观是乡村资源体系中具有宜人价值的特殊类型，是一种可以开发利用的综合资源，是乡村经济、社会发展与景观环境保护所依赖的宝贵资产。

景观与乡村景观的异同

在景观学的语境下，我们通常认为，乡村景观是景观这个大范畴下的一类分支，但乡村景观与景观相比较，不仅有千百年来形成的农耕文化凝结在其中，其本身的形态构成也有着不同于一般园林景观的特点：①乡村景观是以生产、生活为主而形成的大地景观形态，它具有实用性，其美在于生活场景、田园风光、聚落形态的朴实和富有生机；②它的尺度范围较大，从村落旁边小的林地、溪流到大尺度的农田、河网、道路、聚落，都属于农业景观的范畴；③乡村景观融合了社会的发展和生产力的变化；④乡村景观具有显著的地域特征，与自然地貌、气候特征密不可分。

从乡村景观的角度来说，乡村生态旅游资源是在人与自然环境的长期作用下形成的统一和谐的乡村景观，是指在乡村地域范围内能够被利用的景观及景观资源，是对乡村居民和城市居民都能够产生吸引力的，并满足旅游者需求的乡村事物、事件、过程、活动、人物、乡村文化、乡村民俗、口头传说、民间艺术、乡土教育等资源。它是由自然环境、物质要素和非物质要素共同组成的有机整体。因此，乡村生态旅游资源的数量、类型、品位、地方性组合特征和乡村居民的友善好客等态度能够构成乡村生态旅游资源的主要特征，而乡村生态旅游资源的开发程度、当地的基础设施建设和经济条件等能够为乡村生态旅游资源开发所利用。

3. 从旅游学的角度认识乡村生态旅游资源

一般来说，乡村生态旅游资源之所以得到更多关注，是因为在现代社会演进过程中，人们在旅游方面的意识出现了新的动态变化。现代人对旅游资源的类型和内容的认识有了新发展，现代旅游需求出现多样化的变化，都使得乡村生态旅游资源的被关注度提升，并需要人们进行重新的认知。总体来说，现代乡村生态旅游资源的内涵范围在不断扩充，种类日益丰富。

总体而言，我国旅游领域的热点在不断变化，从初期以观光游览历史名城、名山大川为重点，逐渐转换到了田园生活这一中心上。正是由于现代旅游的内涵趋于丰富和更加成熟，旅游资源的内涵和外延才会明显增加，这种发展趋势在现代乡村旅游领域里，表现为在传统意义上不属于"旅游资源"的事物、一些特征模糊的资源以及在以往不属于人们观念中的事物都发展成为有价值的对象，甚至成为现代乡村生态旅游资源的重要组成部分。举例来说，乡村领域的传统模式娱乐活动、中国南北方特色民居，包括北方的土炕和南方的花雕小床等，都成了现代乡村生态旅游资源。因此，从现代旅游领域来看，只要是可以在一定程度上满足现代旅游者需求的事物就是有价值的旅游资源。在乡村领域，农家民居清幽闲适的氛围、田园风光的自然清新、乡村食品的天然绿色以及乡里乡亲的淳朴热情，对希望接触自然、回归自然的城市居民来说，都属于有很大价值的旅游资源。范围广阔的农村区域和收入水平不断提升的工薪阶层，分别构成了客观存在的而不是虚构的广大的卖方和买方市场，这一观念的悄然变化引起了"旅游资源"概念的巨大变化。所以，随着旅游者需求的不断变化，并非名山大川、名胜古迹才能成为乡村生态旅游资源，乡村中一切生产、生活条件及其过程均可成为乡村生态旅游资源。

从旅游资源的基本要点出发，可知乡村生态旅游资源应该对旅游者具有吸引力，被旅游业利用后可产生经济、社会、生态等综合效益，而且具有作为现代旅游活动客体的基本属性。因此，相关学者认为，乡村生态旅游资源是指能吸引旅游者前来进行旅游活动，为旅游业所利用，并能产生经济、社会、生态等综合效益的乡村景观客体。作为乡村生态旅游资源的乡村景观，应该同时具有吸引功能和综合效益功能，应该是生态环境保护较好的、给人以美的享受的旅游活动的客体。

（二）乡村生态旅游资源的内涵

乡村生态旅游资源作为乡村地域内能为旅游业所利用的原材料，是能够吸引旅游者，并能产生经济、社会、生态等综合效益的物质和非物质的吸引物。因此，我们可以认为乡村生态旅游资源，就是指那些具有吸引力的、能够吸引人们离开常住地进行乡村旅游的一切具有乡村特性的事物，可以是有形的客观存在物或自然环境，也可以是无形的文化或社会环境。而此处所提及的吸引物，指的是生态环境保护较好的、给人以美的享受的旅游活动的客体，包括农村的自然风光、人文遗迹、民俗风情、饮食起居、农业生产、农民生活等资源。乡村旅游的内涵具有以下要点。

1. 乡村生态旅游资源必须具有旅游吸引力

乡村生态旅游资源必须具备"旅游吸引力"，而不是"文学吸引力"或者其他类型的吸引力，这种吸引力是足以吸引旅游者离开常住地进行空间移动的吸引力，这种吸引力是乡村生态旅游资源的核心。

2. 乡村生态旅游资源必须具有乡村特性

乡村特性指的是乡村特有的、有别于城市的那些因素，乡村特性是乡村生态旅游资源吸引力的核心和独特卖点。需要指出的是，并不是所有在乡村地区的旅游资源都具有"乡村特性"，例如建在乡村的主题公园、在乡村地区新建的吸引旅游者参观的现代化高楼和生产线等都不是本书界定的乡村生态旅游资源。至于那些供乡村旅游者住宿的乡村别墅，就更不是乡村生态旅游资源了，只是乡村旅游接待设施而已。

3. 乡村生态旅游资源必须要具备有形载体

乡村生态旅游资源可以是有形的，也可以是无形的，但无形的乡村生态旅游资源必须要有一个有形的外壳或载体才行，否则难以吸引人们进行乡村旅游。比如"乡村文化"必须要以服饰、音乐、歌舞、建筑等有形物质为载体展现或表达出来，这样才能被称为乡村生态旅游资源。若它们不能通过某种有形的外壳或载体来让旅游者感知到，则不能算作乡村生态旅游资源。

实际上，在特定的时空范围内，传统与现代的、自然与人文的、开发和未经开发的乡村生态旅游资源往往相互融合，难以被具体的区分，一个乡村旅游目的地的资源类型可能既是传统的，也是现代的。因此，乡村生态旅游资源的相融性在一定层面上也决定了其内涵的复杂性，但无论从哪个层面来看，乡村生态旅游资源的内涵都应该在一定程度上存在能够吸引旅游者、能够被开发者利用、能够产生相对的经济效益这三方面的共性，并且有与旅游资源的内涵相互融通的特征。

（三）乡村生态旅游资源的特征

1. 人与自然的和谐性

乡村生态旅游资源相对于其他旅游资源来说，更多地表现着人和自然的和谐性，它是在长期发展过程中，在乡村区域居民和周边自然环境的相互作用和影响下形成的乡村旅游元素。成为旅游资源的乡村景观的形成过程，就是当地人和地理环境不断磨合和协调的过程。在这一过程中，如果人们顺应了自然发展规律，遵循了生态发展的需要，实现了人和自然的协调一致，该区域就会受惠于自然，社会经济更加和谐；如果人的活动违反了自然规律，即对乡村生态旅游资源的开发利用和研究破坏了生态环境，该区域就要受制于自然，环境变得恶劣。就是这种人与自然环境之间长期的反复磨合，使得当地的景观发展和自然规律逐渐协调，使得农村区域的旅游资源成为当地人和自然和谐共生的产物。相应的，乡村区域的人在漫长的历史过程中，通过对自然环境的改造和适应最终塑造出来的乡村景观，就是人和自然和谐共生的表现形式。

2. 乡土性

我国乡村地域辽阔多样，多数地区仍保持着原始自然风貌，及风格各异的风土人情、乡风民俗。古朴的村庄作坊、原始的劳作形态、真实的民风民俗、土生的农副产品，这种在特定地域形成的"古、始、真、土"，具有城市无可比拟的贴近自然的乡土优势，为游客回归自然、返璞归真提供了优越条件。

3. 广泛性

在全球范围内，除了高山、沙漠以及极寒地区等不适合人类生存的地域，几乎每一个自然条件较好的地方都有人类居住。这些不同地域的居民在农、林、牧、渔等产业领域广泛开展改造自然的实践活动。立足于不同地区的自然条件，人类经过长期的不懈努力，在自己的居住地创造出了多种多样的乡村景观。这些景观遍布于世界各个角落，其中大部分都成为现代乡村的旅游资源，为当地乡村旅游业的发展提供了基础。可以说，在空间分布上的广泛性是乡村生态旅游资源的基本特性之一。

4. 多样性

组成乡村生态旅游资源的成分多种多样，不仅包括自然环境因素，也包括客观存在的物质成分，还包括精神文化等非物质成分。因此，构成旅游资源的元素和元素组合的复杂性，形成了乡村生态旅游资源内在丰富、外在类型多样的本质特点。从形态上看，乡村生态旅游资源既表现为农村、牧村、渔村以及林区等不同农业类型的景观，也表现为集镇、村落等不同的人类聚落类型，此外还显示出各地区五彩缤纷的地域民族风情。故而，多样性也是其本质特点之一。

5. 地域性

从乡村生态旅游资源的基本组成可知，这种资源和当地的自然环境以及社会环境因素是紧密相连的。由于这些环境因素的不同，乡村生态旅游资源显示出差异性的景观类型。以气候的影响为例，不同的气候带造就了不同区域相应的农业带，组成了不同的乡村生态旅游资源。事实上，政治、宗教、民族、文化、人口、经济以及历史等基本要素所共同决定的不同地区社会环境之间的差异性，成为乡村民俗文化的基本立足点。如民族服饰、信仰、礼仪、节日庆典等元素，使得乡村民俗文化表现出不同的地域性特点，也就使这类乡村生态旅游资源在深层次上表现出了地域性。因此，各地自然环境和社会环境的不同，决定了乡村生态旅游资源的地域性特点，而且这个特点非常突出。

6. 相融性

乡村生态旅游资源的相融性主要是指人和自然环境长期以来相互作用所形成的乡村生态旅游资源，可以被看作自然环境和历史人文环境各要素融合在一起所形成的复杂却和谐相融的综合体。对于组成该资源的任何一个要素来说，自身所发生的变化都会引发相应的乡村景观发生改变。因此，乡村景观必须要遵循自然规律，受到社会规律的支配性影响。乡村生态旅游资源实质上就是一个庞大而复杂的资源系统。所以，整体性和相融性是不同地区的乡村生态旅游资源的共性。

7. 生产性

乡村是农业生产的空间和直接载体，因此乡村生态旅游资源不但应具有旅游功能，还应具有生产功能，不能丧失生产性。同时，乡村生态旅游资源的开发改变了农村的生产方式，增加了农产品的商品量和农业的附加值，提高了农村的经济效益；此外，还带动了农产品加工、手工艺品加工等加工工业的发展，促进了农村多元化产业结构的形成，为农村经济的发展注入了新的活力。

8. 季节性

乡村生态旅游资源的季节性一方面和资源的社会性有关——人类在一年内的生产、生活、社会实践中均遵循季节运行规律决定了乡村生态旅游资源的季节性，另一方面和资源的自然属性紧密相关，主要表现为对乡村生态旅游资源的开发利用和研究促使乡村的自然环境、农业生产内容和当地的生活形态都随着季节的演变而表现出一种明显的周期性。自然和人文两方面造成的乡村生态旅游资源随着季节而变化的规律，就是这种资源的季节性特征。

9. 民族性

民族文化是构成乡村生态旅游资源的重要元素，也体现着乡村生态旅游资源的灵魂。不同民族都在长期发展中演化出了各自独特的文化。随着现代城市区域的信息交流日益频繁，不同城市地域的民族文化或多或少地融合了其他民族的元素，从而使得现代的城市区域更多地体现了多民族文化交融的发展趋势，使原有的民族文化发生了变异。而在我国广大的乡村区域，因为地理区位的偏远、交通和信息的不畅通，民族文化传统得到了较好的传承，具有原有的独立性和传统性。这些保持良好的原汁原味的民族文化，赋予了乡村生态旅游资源独特的魅力，所以乡村生态旅游资源的民族性特点较为突出。在一定程度上，民族性和当地旅游资源的吸引力之间有着明显的正相关性。这一特点在我国一些边远地区的少数民族乡村所表现出来的浓郁民俗文化中得到了体现。

10. 生态性

高度工业化的城市地区的生态环境破坏严重，而乡村地区由于地理、交通的限制，较少被外界干扰，因此依然保存着较好的自然环境基底，维持着生态的平衡，这些都赋予了乡村生态旅游资源以生态特性，乡村旅游的独特之处就在于游客能在原生态的环境下体验各种活动。

（四）乡村生态旅游资源的基本构成

乡村生态旅游资源由自然环境、物质要素和非物质要素三部分共同组成，形成了立体、生动的有机复合整体。

1. 自然环境

自然环境就是包括一个地区的地质、地貌、气候、水文以及生物等在内的一种自然综合体，可以将其看作乡村生态旅游资源最基本的素材和背景。人的社会实践活动正是基于自然环境这一对象，创造出和当地的自然环境保持一致并突出地方特色的乡村景观。一般来说，乡村生态旅游资源无论是在外部特征表象上，还是在内部结构组成上，都反映出当地自然环境的特征。

自然环境的基本组成都表现出了地域性的分布规律，在这一因素的决定作用下，乡村景观所表现出来的农业类型、居民住房等，也都显示出这种地带性的分布规律。总体来看，自然环境中不同的要素对农村景观的形成所产生的影响和作用也是多样化的。首先，当地的地质地貌的特点决定了该地区的乡村景观的宏观外貌特征。例如不同的海拔和地形会直接使农村景观表现出不同的类型，在江南平原会形成水乡景观，但是不会显示梯田景观，因为后者这种乡村生态旅游资源属于山区。同时，各地地质地貌的不同，也在一定程度上影响不同地区乡村生态旅游资源的利用方式和开发程度，进而会对各地乡村居民的生产生活行为产生影响，导致不同地区乡村的社会经济发展和人们的现实生活会有不同的形态，决定了不同的乡村景观具有不同的特性。其次，气候状况也会对各地的乡村景观产生重要作用。这一方面的影响主要在于当地的动植物种群、土地、乡村生态旅游资源开发利用的方式，以及当地居民生活习惯的独特状况。再次，水文状况也会对乡村地区的农业、交通布局以及居住聚落等产生明显的影响，从而对乡村景观起到一定的作用；乡村土壤条件也和农业生产组成有着紧密的联系。最后，生物类型，特别是植物类型是乡村景观的重要组成部分，诸如森林景观、农田景观、草原景观等就是决定于这一因素。同样，各地各具特色的动物种群也对当地乡村景观有着类似的影响，例如牧场、渔场等乡村景观中的动物对当地的景观特点有着决定性的影响。

2. 物质要素

物质要素对于乡村生态旅游资源来说，可以具体为游客到某一地区进行乡村旅游消费时亲身接触和感受到的具体事项，可以是地形、土壤、森林，也可以是农业表象，或者是当地的民族特征、住宅聚落和房屋建筑形态等有形的对象，并且这些物质要素会由于不同的组合，构成不同地区、不同乡村景观的各种外部特征。以傣族乡村为例，标志性的竹楼、地区性的榕树、南方的水稻田、适应气候的对襟短袖衫、宽肥长裤的男子穿着及浅色窄袖大襟短衫加长筒裙的女子装扮，还有那反映当地信仰的小乘佛教寺庙，共同形成了这一地区特有的景观。乡村区域的人们所开展的物质生产活动在乡村生态旅游资源中属于最基本的要素，可以由此衍生出多样化的乡村生态旅游资源，简单来说，田园、草原、渔区、林区等不同农业景观都来自于农村区域的多样化的生产活动。就不同地区的建筑来说，它们的建筑材料、房屋结构、规模和布局以及所能发挥的功能等，都会因为地区的差异性而有所不同。物质要素是对本地区的地域地貌、气候特点、水文环境、生物物种等自然条件特点的集中体现，也是对本地区的经济发展、民俗文化、人口结构以及生活习惯等独特社会经济条件的一种反映。此外，一些地区的民族服饰等所汇集的民族文化元素也是乡村生态旅游资源的物质要素。

3. 非物质要素

乡村生态旅游资源的组成除了物质要素，还有人不能够通过感官直接感知到的无形的非物质要素。这类要素包括乡村相关的思想潮流、道德认知、价值认同、思维特点、民族风俗以及宗教信仰等。虽然这些要素是无形的，但是旅游者在乡村旅游环境中可以非常明显地被这些因素的魅力吸引，因此，这类元素不只是乡村生态旅游资源的组成之一，而且是组成乡村生态旅游资源的核心要素，是乡村生态旅游资源的灵魂所在，也是体现乡村旅游的精髓的主要载体。欣赏乡村生态旅游资源所直接表现出来的外貌特征，固然是前往乡村旅游的消费者所追寻的旅游价值所在，而用心品味乡村生态旅游资源内部包含的文化元素等无形价值，更是旅游者所追寻的旅游意义所在。只有乡村生态旅游资源的外貌特征和内在价值同时被旅游者感受到趣味和滋味，旅游者才能够真正被情景交融的乡村景观吸引，并自愿成为乡村旅游的口碑宣传载体。实际上，这类乡村生态旅游资源的非物质元素的具体表现很容易被理解。例如乡村地区的居民所具有的文化气质、乡村的精神面貌以及当地的生活习惯能够共同烘托出一种特有的乡村"气氛"，很容易感染前往的人们，使他们感受到愉悦的乡村旅游气氛。

第二节　乡村生态旅游资源的分类

在近 30 年的旅游开发实践和学术研究中，我国对于旅游资源的分类，主要形成了三大分类系统，即 1992 年形成的《中国旅游资源普查规范（试行稿）》、1997 版旅游资源分类系统和 2003 年 2 月 24 日国家旅游局颁布的 GB/T18972—2017 旅游资源分类系统。GB/T18972—2017 旅游资源分类系统是在总结 1992 版《中国旅游资源普查规范（试行稿）》的实践应用经验，综合最新理论研究成果的基础上确定的新标准。新标准分类体系的依据主要是旅游资源的性质，即现存状况、形态、特性等。据此，将旅游资源的分类结构确定为"主类""亚类""基本类型"三个层次，共分为 8 个主类、31 个亚类和 155 个基本类型。

不同的学者从不同的专业领域入手，对乡村生态旅游资源的分类做出了相应的阐述，但在实际开发过程中，在大多数情况下，乡村生态旅游资源被划分为潜在资源和已开发资源两大类型。已开发的乡村生态旅游资源是指经过一定的市场化开发，被市场认可而形成旅游线路类的综合性产品，比较有代表性的是卢云亭（2006）提出的传统与现代两种乡村旅游的类型。也有学者提出，只要是人类介入、改造过的自然都被赋予了特定的精神和物质层面的文化内涵和功能价值；从内涵上来说，乡村生态旅游资源包含了自然要素和文化要素，二者之间不是截然分离的，而是一种动态渐变和可逆的过程，因此，采用自然要素和人文要素的分类，能够更加明确地表达人类通过农业生产对自然的改造，和景观中以物质形态为载体的精神文化的价值。

本书中我们采用了乡村自然旅游资源和乡村人文旅游资源这种分类方式。

一、乡村自然旅游资源

（一）地文景观

在旅游资源学中，地文景观是指地球内、外营力综合作用于地球岩石圈而形成的各种现象与事物的总称。它以雄、奇、险、幽、旷等形态美和多样的色彩美而展示出特有的美感，成为旅游中重要的审美对象。而在我国广袤的农村地域环境中，有着山地、高原、丘陵、平原和盆地五大基本地貌类型，各种地貌类型都具备独特的旅游价值，但又各有不同的特点。并且，我国是一个多山国家，山区占全国总面积的 2/3，单纯从自然的因素看，地文景观类的乡村生态旅游资源也具有极高的旅游价值。特别是地处山地景观、峡谷景观、岩溶景观、丹霞地貌景观、喀斯特地貌景观的乡村，可以借助这一类型的乡村生态旅游资源优势，发展当地的乡村旅游。

值得注意的是，这类乡村生态旅游资源还能够体现乡村区域的自然山水的特征，蕴含了传统农业社会中独特的"天人合一"的境界，成为乡村景观最主要的构成部分，是乡村生态旅游资源开发建设的基础，是我国最常见和典型的乡村生态旅游资源。如果生产条件允许，将地文景观类的乡村生态旅游资源与生物等其他资源相结合，能够发展大规模或连片的农田带、多种类的经济果林、蔬菜园区、花田花海等。而且，我国本身就是农业为主的国家，可以将农产品开发成旅游产品，例如云南曲靖罗平油菜花田园风光、昆明呈贡斗南镇花卉大棚、花街、花市等，都是科技含量高、观赏性强的田园型乡村生态旅游资源。因此，地文景区类乡村生态旅游资源是现代乡村旅游业的根本基础和发展背景。

（二）水域风光

在旅游资源学中，水域风光指的是水体及其所依存的地表环境构成的景观或现象。凡能吸引旅游者进行观光游览、度假健身、参与体验等活动的各种水体资源，都是水域风光旅游资源。水是生命形成和发展的最基本条件之一，也是构成旅游资源的重要物质基础，同时，也是农业发展的重要条件之一。水域风光旅游资源包括河流、湖泊、瀑布、泉水、海洋、冰雪等。从功能上来说，第一，水具有审美功能，人类能够利用水开展欣赏旅游；第二，水具有疗养功能，可用来开展休闲健体旅游；第三，水具有品茗功能，可用来开展茶文化旅游；第四，水具有娱乐功能，可用来开展水上游乐旅游；第五，水含有文化内涵，可以用来开展水文化旅游。例如，风景优美的长江、桂林山水、漓江，或历史悠久的黄河、京杭大运河等。

在乡村旅游中，这种类型的旅游资源可以是滩涂、湖面、水库、池塘、灌溉的河渠等水体，也可以是农家后院的鱼塘，这些资源只需要经过简单包装即可成为旅游产品，让游客广泛体验渔家生活的乐趣。例如在昆明北部的松华坝水库以南一线，以鱼塘为特色的农家乐已经具有一定的知名度，成为市民乡村旅游的重要选择。

（三）生物景观

生物是地球表面所有生命物体的总称，是自然界最具活力的群落，它由动物、植物和微生物组成。在旅游资源学中，作为旅游资源的生物主要是指由动植物及其相关生存环境所构成的各种过程与现象。它具有观赏价值、医疗健身价值、科普教育与文化旅游价值。按照旅游功能，可以将生物旅游资源分为森林景观、草原景观、古树名木、奇花异卉、佳果名茶、珍奇动物六种类型。

这一类型的乡村生态旅游资源可以是在乡村地域环境中具有旅游吸引力的人工林场、林地、森林公园等，可以开发成休闲、度假、野营、探险、科考和森林浴等多种旅游产品，这一类型的资源在乡村旅游发展初期占重要地位。例如，鄂伦春乡村的林海雪原风光，海南黎寨的热带雨林风光，昆明西山区的棋盘山国家森林公园、卧云山等均在当地乡村旅游发展初期扮演了重要角色。另外，乡村中众多的牧场、养殖场等动物类的旅游资源也都具有旅游吸引力，由于这些资源开发投入低、产出大，而且旅游者不仅对旅游购物的需求大，还对企业产品有一定的广告效应，开发这样的旅游资源可谓"一举三得"。

（四）天象与气候景观

在旅游资源学中，天象与气候景观指的是那些可以造景（风景气候与风景气象可以直接形成不同的自然景观和旅游环境）、育景（通过影响风景地貌、风景水体、风景动植物以及各种人文景观而间接作用于旅游资源），并有观赏功能的大气的物理现象和过程。

若将千变万化的气象景观、天气现象以及不同地区的气候资源与岩石圈、水圈、生物圈的乡村生态旅游资源相结合，加上人文景观旅游资源的点缀，便可构成更加丰富多彩的天象气候类旅游资源。包括可用来避暑或避寒并能满足身心需要，使游客心情愉悦、身体健康的宜人气候资源；由大气降水形成的雨景、雾景、冰雪等大气降水景观；具有偶然性、神秘性、独特性等特征的极光、佛光、蜃景、奇特日月景观等天象奇观资源。值得注意的是，天象与气候景观并不是单一存在的旅游资源，它的价值更多地体现在与其他乡村生态旅游资源的相互作用当中。

二、乡村人文旅游资源

（一）遗址遗迹

遗址遗迹类旅游资源被称为"无声的纪录片"。无论是站在建筑学、艺术学还是旅游学的角度，它一直是学术界讨论的热点问题。在旅游资源学中，遗址遗迹指的是形成于不同的历史发展阶段的人类活动的产物，它真实地记录了人类各时期的历史，凝聚着人类智慧，昭示着特定的历史特征，是当地历史文化的反映。遗址遗迹也是历史文化的精华综合体，具有丰富的文化内涵，它们既是历史的见证、美的观赏对象，又是民族科学历程的展现。

在这类资源当中，古村落和聚落的遗址遗迹是乡村旅游开发的重要一块，目前关于古村落保护和开发的乡村旅游项目非常的普遍。虽然学术界对于古村落这一概念还存在很多分歧，但大多数学者都认为，民国以前建村且保留了较大的历史沿革，即建筑环境、建筑风貌、村落选址未有大的变动，具有独特民俗民风，虽经历久远年代，但至今仍为人们服务的村落被称为古村落。例如，皖南古村落是位于安徽省长江以南山区地域范围内，以西递和宏村为代表的古村落。皖南古村落是具有共同地域文化背景的历史传统村落，有强烈的徽州文化特色。该古村落不仅与地形、地貌、山水巧妙结合，还因得益于明清时期经济实力雄厚的徽商对家乡的支持，文化教育日益兴旺发达。这些徽商还乡后以雅、文、清高、超脱的心态构思和营建住宅，使得古村落的文化环境更为丰富，村落景观更为突出。皖南古村落与其他村落形态最大的不同之处是，它的建设和发展在相当程度上脱离了对农业的依赖。古村落居民在意识、生活方式及情趣方面，大大超越了农民思想意识和一般市民阶层，而是追求与文人、官宦阶层相一致，因此具有浓郁的文化气息。皖南古村落民居在有基本定式的基础上，采用不同的装饰手法，建小庭院、开凿水池、安置漏窗、巧设盆景、雕梁画栋、题名匾额，以创造优雅的生活环境，这些均体现了当地居民极高的文化素质和艺术修养。皖南古村落的选址、建设遵循的是有着2000多年历史的周易风水理论，强调天人合一的理想境界和对自然环境的充分尊重，注重物质和精神的双重需求，有科学的基础和很高的审美观念。皖南古村落所代表的徽派民居的建筑特色，是随着明清时期徽商的兴盛而发展起来的，能够在有限的建筑空间内最大限度地体现其构思的精巧以及工艺的高超，实为别具匠心的建筑形式。后来徽商逐渐衰败没落，而这种徽派民居的建筑特色却依附在民居村落里保留下来，因此具有重要的历史价值和建筑价值。

值得注意的是，古村落与乡村生态旅游资源中的建筑设施不同。古村落这一类型的遗址遗迹虽然形态上是建筑，但因为其在时间节点上是民国以前兴建的村落，所以与乡村生态旅游资源中的建筑与设施并不完全等同。

（二）建筑与设施

在旅游资源学中，建筑与设施类旅游资源指的是融入旅游的某些基础设施或专门为旅游开发而建设的建筑物和场所。

而在乡村生态旅游资源中，建筑是"乡村性"的一个很重要的方面，乡村建筑属于"没有建筑师的建筑"，是土生土长的乡村文化与精湛技艺融合的结晶，人伦之美、人文之美在其中表现得淋漓尽致。乡村建筑包括乡村民居、乡村宗祠建筑以及其他建筑形式，不同地域的乡村民居均代表一定的地方特色，其风格独特迥异，给游客以不同的感受。如东北地区的口袋式民居，青藏高原的碉房，华北地区的四合院式民居，南方的天井院、客家五凤楼、围垄及土楼，内蒙古草原的毡包，喀什乡村的"阿以旺"，云南农村的"干阑"，苗乡的寨子，黄土高原的窑洞，东北林区的板屋等，千姿百态，具有浓郁的乡土风情，尤其是乡村宗祠建筑，如气派恢宏的祠堂、高大挺拔的文笔塔、装饰华美的寺庙等，无一不反映出乡村文化的某一侧面。

（三）民间习俗

在旅游资源学中，民俗旅游资源是促进旅游者从客源地到旅游目的地参加民俗旅游的重要因素，是能为旅游企业所利用，具有一定的旅游功能和旅游价值，并可产生经济效益、社会效益的各类民俗事项的总和。长期存在于我国乡村中的民间习俗大都以农耕文化为根源，我国的农耕文化源远流长，以商鞅"垦草令"为代表的农耕思想，以及"重农抑商""耕读为本"的儒家思想代代相传，历经数千年的浸润，形成了中华文明和文化的重要组成部分——农耕文化。乡村有"天人合一"的环境，如田畴、农舍、篱笆、鱼塘，窗含新绿、户对鹅塘；有宁静舒缓的生活节奏，"日出而作，日入而息"，如炊烟轻袅、闲云舒卷；有刀耕火种、水车灌溉、围湖造田、鱼鹰捕鱼、采藕摘茶等农事活动，充满着浓郁的乡土气息，构成一幅幅田园韵味极浓的农耕画面。乡村农耕文化的形式载体越古老，其派生的乡村性就越独特、鲜明，对于城市居民、外国游客就越具有吸引力。

另外，"靠山吃山，靠水吃水""就地取材，就地施烹"是乡村饮食文化民俗的主要特色。朴实无华的农家风味、自然本味，由于鲜美、味真、朴素、淡雅，成为当今人们追逐的时尚。风鸡、醉蟹、咸鱼、糟鱼、腌菜、酸菜、豆酱、豆荚、窝窝头、玉米饼、山野菜……都能够满足现代人的"尝鲜"心理。人们在品尝乡野美味时，闻到了乡村的清香，吃到了山野的滋味，给平常生活增添了不平常的感觉。另外，乡村饮食独特的制作风格、饮食习俗中"相与而共食"的人生境界、追求诗意的宴饮情趣等，都吸引着城市游客去参与和体验。

（四）现代节庆

乡村节庆反映出乡村特定地域的生活习惯和风土人情，是乡村文化长期积淀的结果。乡村节庆可分为生产节庆、纪念节庆、时令节庆等，五彩纷呈，例如盛行于乡村的汉族传统节日有春节、元宵节、清明节、端午节、中秋节、重阳节、中元节、腊八节以及各种农事节日等，藏族有浴佛节、雪顿节，彝族有火把节，傣族有泼水节等，并且在不同的节日里有不同的民俗活动，如春节贴春联、贴年画、贴福字、包饺子，端午节挂艾叶和菖蒲、赛龙舟、吃粽子，中秋节团聚、赏月、吃月饼，重阳节插茱萸、登高、饮菊花酒等。

近年来，我国的节庆旅游发展迅速，在全国已是遍地开花。节庆旅游可以在短时间内聚集大量的人气，提升所在地的知名度，为其他产业的发展搭起平台，具有强大的产业联动效应。随着社会经济的发展和人们生活水平的提高，越来越多的人加入到旅游的行列中来，并且旅游的方式和内容也越来越多。各地针对人们新的旅游需求举办了丰富多彩的节庆旅游活动，收到了良好效果，既提高了知名度，树立了良好的形象，也提高了当地人们的收入，给当地经济带来了新的活力。

（五）旅游商品

旅游商品是指旅游地区和城市特有的、具有当地特色的商品。旅游商品的开发是与旅游业的繁荣相伴而生的。旅行社、交通、饭店、旅游商品被称为旅游业的四大支柱行业。旅游商品行业的主要类别有工艺美术品、文物及仿制品、风味土特产、旅游纪念品、旅游日用品、有地方特色的轻工业产品及其他旅游商品。

在乡村生态旅游资源的分类当中，旅游商品是指和农业、农村、农民、农俗相关的，具有地方特色的工艺品、土特产、食品及其加工制作过程。乡村手工艺与乡村生活紧密相连，具有一定的地域性、时代性、民族性特点，直接反映出乡村地区的文化特性和审美情趣，因而具有很大的旅游吸引力。例如，印染、陶瓷、绘画、刺绣、雕塑、彩灯、剪纸、手编花篮、皮影、风筝等工艺制作过程和制成品都是很好的旅游资源，其中，乡村服饰和乡村工艺品在乡村手工艺文化中占有重要地位，应当成为我国乡村旅游商品的主角。乡村服饰是乡村人审美意识的外在显现，如土家村落的土家织锦、壮族村落的蜡染布等。乡村工艺品是乡土艺人所创，反映了乡村人心灵手巧的一面，如蒙古村落的鼻烟壶、黄江县农村的版画、潍坊年画、贵州蜡染、南通孔染、青田石刻以及各种刺绣、草编、泥人、面人等。

第三节 乡村生态旅游资源的开发

一、乡村生态旅游资源开发的内涵

所谓旅游资源的开发，就是运用适当的资金和技术手段，使尚未被利用的资源能为旅游业所用，并因此产生经济价值及其他的多种价值，或使利用的广度和深度得到加强，并因此提高综合价值。乡村生态旅游资源的开发就是运用一定的资金和技术，对乡村的自然旅游资源和社会文化旅游资源进行开发利用，使其产生经济价值及其他多种价值，或加强利用的广度和深度，从而提高其综合价值。对乡村生态旅游资源的开发不能盲目进行，首先要对其进行评价，然后遵循一定的原则，在总体规划的基础上对其有的放矢地进行开发。这样，乡村生态旅游资源的开发才能取得积极的成效，才能达到我们对其进行开发的目的，才能做到既对其进行充分的利用，又对其进行有效的保护。

2013 年 12 月，中央城镇化工作会议强调指出："城镇建设，要实事求是地确定城市定位，科学规划和务实行动，避免走弯路；要体现尊重自然、顺应自然、天人合一的理念，依托现有山水脉络等独特风光，让城市融入大自然，让居民望得见山、看得见水、记得住乡愁；要融入现代元素，更要保护和弘扬优秀传统文化，延续城市历史文脉；要融入让群众生活更舒适的理念，体现在每一个细节中。在促进城乡一体化发展中，要注意保留村庄原始风貌，慎砍树、不填湖、少拆房，尽可能在原有村庄形态上改善居民生活条件。"这次会议给当前的乡村生态旅游资源开发提出了要求。如何使人"记得住乡愁"，如何"融入现代元素"，如何"保留村庄原始风貌"，如何"少拆房"而又达到开发的效果呢？要解决这些问题，乡村旅游的规划设计者就要转变惯常思路，在开发方式上做文章，进行嵌入式开发。

嵌入式开发是什么？

"嵌入式开发"这一理念最早应用在计算机的编程开发领域，而在规划设计领域，"嵌入式开发"在 21 世纪才被学者提出。具体来说，"嵌入式开发"是指在保证和谐的前提下，将某一事物嵌入已经存在的另一事物中，在发展中形成一种共生现象，营造出一种特殊的氛围。例如，在旅游开发中，可将旅游休闲业态嵌入村庄、沙漠、山地、森林中。

为达到"嵌入"的效果，新开发的建筑物、乡村景观，甚至一些标识体系等都要与本土的环境融为一体，做到不突兀，不张扬，建筑物所使用的材料及建筑物的外观造型、色彩都要讲究。如此一来，"嵌入式开发"既保留了村庄的原始肌理，又将时尚生活融入了乡村，不同时期的建筑、不同特色的建筑被完美地衔接起来。而且，嵌入式开发并不干扰居民生活，反而会给当地带去生机。例如，斯里兰卡哈伯勒内湖地区的索洛瓦度假村位于一个风光秀丽的村庄里，酒店与村庄和谐共生。村庄是酒店的大背景，基本上没有做环境的改动，而融入村庄的酒店则给村庄带来了生机，犹如画龙点睛。游客与村民们很自然地混居在一个区域里，相互成为对方的景观和背景，当地人的日常生活场景就是外来游客们想要体验的实景演出，同时，酒店的出现带动了村民致富，很多村民因为游客的到来可以做些日常小生意。

目前，国内的乡村旅游并不缺少自然景观，而是缺少休闲业态。我们也可以在不干扰当地人生活的前提下，在村庄边缘、农田等边角地植入酒店、度假村、乡村酒吧、茶吧等业态，供游客吃、住、娱。这些植入的酒店或者度假村等一定要秉持与村庄、村民和谐共生的原则，要具有亲民性。一般当乡村旅游发展进入正轨，会有一些村民自发地开展民宿、餐饮等服务，此时，则可以指导村民如何去开发、经营——授之以渔，而不是横加阻止，从而达到多赢局面。我国的乡村旅游应该摒弃不切实际的流于概念的乡村改造模式，在专业化的指导下，嵌入最地道的乡村旅游休闲业态，让乡村旅游走向观光与体验并存、深度旅游和休闲度假并重的可持续发展之路。

二、乡村生态旅游资源开发的原则

乡村生态旅游资源的开发应遵循以下原则。

（一）乡土特色原则

乡村旅游对于都市人群来说，吸引点在于乡村的特有魅力，因此开展乡村生态旅游时，既要保持乡村特有的"土"味和"野"味，也要保持乡村生态旅游资源的原汁原味，展示乡村本土的特有民俗民风，让游客体验到其独特之处。

（二）自然美和人工美的协调发展

对乡村生态旅游资源的开发是在其原有的自然风景的基础上进行的加工改造，因而要使自然美和人工美有机地结合起来，协调二者的发展，不能单纯地强调某一个方面。如果在原有的自然美的基础上进行合理的人为加工改造，则会使其变得更加"山清水秀"。

（三）保护性开发原则

对乡村生态旅游资源的开发还要遵循保护性的开发原则，要维护好当地的生态资源，防止人为的破坏和污染。开发是目的，保护是前提，如果不善加保护乡村生态旅游资源，乡村生态旅游开发和经营赖以存在的基础就会丧失。

（四）经济效益和社会效益相结合的原则

乡村生态旅游资源的开发要以取得最大经济效益为目的，因此在开发前和开发中要注意投入、产出的测算，不能盲目地开发、建设。同时，要注意社会效益，不能只单纯追求经济效益，要考虑旅游者的身心健康，使其获得更多的知识。朴实无华的大自然给人以返璞归真的感受，能使人得到充分的休息，健康长寿。

三、我国乡村生态旅游资源开发出现的问题

近些年，我国多个地区都在进行乡村旅游开发，有些地区自然风光非常好，村落的原始状态也保持得不错，但在被开发时，却产生了很多问题，体现出我国当下乡村旅游开发的诸多弊端。

（一）盲目追求高大上

在一个自然条件非常优越的地区，某当代著名建筑师设计了会展中心和五星级酒店，其中会展中心的面积超过两万平方米，而国际酒店规划设计的规模则达三万平方米。它们都是解构主义的设计风格，外墙采用黑灰色的石头做表面材质。大师们对此的评价很高，但当地村民却以"大黑箱子"来形容这些建筑。因为这组棱角鲜明的大体量建筑与周围的山水并不和谐，内部空间的设计也过于"高大上"，并不能同整个乡村的语境相融合，违反了乡村生态旅游资源所需要具备的"乡村性"。这类事件的发生率在国内很高，究其原因在于：其一，开发商和政府喜欢大手笔，导致这组建筑跟周边自然景观完全没有对话关系，只有对抗关系；其二，盲目崇尚大师、名人，殊不知大师有自己固定的风格，其设计不是放在哪里都合适；其三，盲目追求"高大上"，导致日后运营成本太高，而实际使用率低，得不偿失。

（二）缺少专业指导下的开发

最典型的案例莫过于我国的一个少数民族村庄。该村的自然旅游资源十分丰富，在这样的背景下，倘若能够在此地开发乡村生态旅游资源、植入酒店，应该有非常好的前景。但当地私搭乱建的现象非常严重，且根本无法管理。此外，当地虽然有非常厚重的民族文化，如村子里有全国罕有的古法造纸作坊，但由于所造出的是土纸，也就是冥纸，无法成为旅游商品。好在这个村庄最核心的吸引物是风光，村子的全景很美，聚落基础不错，有几间布依族传统老屋，这些颇具风情的乡村人文旅游资源足以吸引外来的游客。但该村一直缺少专业的开发指导，没有策划、没有规划，村民自发开展的乡村旅游非常初级，几乎没有业态，游客来了之后连吃的、喝的、住的都没有。倘若一直没有专业的开发指导，这里仍旧只能是一个普通的少数民族村寨。

［案例解析］

"美丽乡村"建设下的浙江省乡村生态旅游资源开发

浙江省乡村旅游始于 20 世纪 90 年代，20 多年来，乡村旅游业呈现稳步上升趋势，迅速发展成为浙江省主导产业之一。2005 年底，全省有乡村旅游特色村（点）2022 个，经营农户 11596 余户，接待游客 1962.38 万人次，年营业收入 12.03 亿元。2006 年，随着中国乡村旅游年的确立，浙江省的乡村之旅也拉开了序幕，并确立了"游览浙江山水，体验乡村新貌"的活动年主题。至 2007 年底，全省有乡村旅游特色村（点）2700 多个，经营农户 14560 余户，年营业收入超过 30.4 亿元。2008 年，为全面反映浙江乡村旅游发展成果，浙江省旅游局结合全省旅游"十百千"工程和"旅游惠农送服务"活动，在众多乡村旅游村中整理出了乡村旅游精品 100 村，它们分布于各个地市，其中有梅家坞茶文化村、桐庐芦茨村、象山东门渔村、宁波滕头村、东阳花园村等，一村一景，充分展示出浙江乡村旅游的新风貌。

近年来，浙江省依托丰富的乡村生态旅游资源，结合各地资源特色与区域旅游产业发展的定位、主题形象，通过资源整合，充分发挥乡村特色资源、城镇依托和景区依托三大优势，在全省范围内形成了"三圈、三带、十区、多点"的乡村旅游发展格局。其中"三圈"指分别围绕杭州、宁波与温州的三个环城游憩圈；"三带"指环杭州湾运河—水乡—古镇乡村旅游带，浙东沿海的海岛—沙滩—渔情乡村旅游带，西南山区—秀山—山乡—丽水乡村旅游带；"十区"分别为杭州乡村休闲区、浙北运河古镇旅游区、绍兴古越文化旅游区、宁波东钱湖—河姆渡乡村旅游区、台州神仙居—天台山旅游区、温州雁荡山—楠溪江乡村旅游区、丽水绿谷乡村旅游区、衢州孔庙—石窟文化旅游区、金华商贸文化旅游区、滨海乡村旅游区；"多点"指在全省范围内重点配置约 200 个乡村旅游特色示范点。通过深入挖掘乡村生态旅游资源，开发乡村旅游，浙江省形成了乡村旅游发展空间格局，更好地实现了资源的有效利用，保留了乡村的自然和历史传承，加深了乡村居民的地方认同感和自豪感，增强了历史人文景观的可持续性与观赏性。

第十章 生态旅游下乡村旅游发展模式

第一节 乡村旅游发展模式概述

乡村旅游在国外可追溯到 19 世纪工业革命时期，但乡村旅游的大规模开展却是在 20 世纪 80 年代以后，目前欧美国家的乡村旅游已具有相当规模，开发模式多样化，显示出现代乡村旅游文化的极强生命力和发展潜力。我国的乡村旅游由于政府的推动，萌芽于 20 世纪 50 年代，以河北省因外事活动的需要而开展的乡村旅游为典型代表。20 世纪 80 年代初，国内乡村旅游开始普遍发展，主要推动力由政府转为市场，在城市周边和景区周围形成了依托型乡村旅游，以农户独自经营为主要模式。从 20 世纪 90 年代开始，由于受到政府和市场的双重推动，国内乡村旅游进入快速发展阶段，依托于景区、城市、高科技农业、度假、休闲、科普等条件和需求，形成了多种经营模式并存的发展局面。随着乡村旅游在全国范围的迅速开展，国内学者对乡村旅游的研究越来越多，并且取得了较多成果，特别是在乡村旅游发展模式方面，但是很多学者只针对该研究领域的某一方面进行研究，至今未有学者对乡村旅游的发展模式进行全面总结。鉴于此，本章从不同方面对乡村旅游的发展模式进行概述，旨在推广先进的、成功的发展模式经验，以促进中国乡村旅游的全面、快速、可持续发展。关于乡村旅游发展，国外有许多成功模式，如欧美的"度假农庄"模式、新加坡的"复合农业园区"模式、日本的"绿色旅游"模式等，都有一定的借鉴意义，但是国内明显不同的旅游消费特色，督促我们必须探索出适合中国乡村旅游发展的本土模式。根据不同类型景区的发展特点，本章节分析归纳了国内乡村旅游发展的七大模式，并对各种模式在实际操作中的指导意义进行了深入探讨。

第二节 民俗风情型发展模式

一、发展背景

民俗风情乡村旅游具有文化的原生性、参与性、质朴性及浓郁的民俗风情的特点，独具一格的民族民俗、建筑风格、饮食习惯、服饰特色、农业景观和农事活动等，都为民俗旅游提供了很大的发展空间。我国民俗旅游开发的基础资源丰富，特点鲜明，区域性和民族个性较强，发展优势明显。同时由于投资少、见效快，逐渐成为少数民族聚集区经济发展中新的增长点和旅游亮点，得到当地政府的大力支持，也受到国内外旅游者的推崇。但随着民俗旅游的蓬勃发展，民俗文化在旅游当中受到了冲击，甚至逐渐消亡。面对民俗文化保护和旅游开发的矛盾，面对当地居民与旅游经济的博弈，民俗依托型乡村旅游未来应该如何发展？如何实现利益共享？寻找发展平衡点对于推动我国乡村旅游发展具有积极的实践意义。

民俗风情旅游是一种高层次的文化旅游，主要包括物质风俗、社会组织风俗、节庆风俗、人生仪礼和精神文化民俗五个部分，由于它满足了游客"求新、求异、求知"的心理需求，已经成为旅游行为和旅游开发的重要内容之一。乡村民俗文化旅游是以乡村民俗、乡村民族风情以及传统民族文化为主题的，将乡村旅游与文化旅游紧密结合的旅游类型。它有助于深度挖掘乡村旅游产品的文化内涵，满足游客文化旅游的需求，提升产品档次。如匈牙利的乡村文化旅游产品能使游人在田园风光中感受乡村野店、山歌牧笛、乡间野味所带来的民俗风情，欣赏充满情趣的文化艺术以及体味几千年历史积淀下来的民族文化。

目前，无论是在发达国家还是在发展中国家，民俗旅游均已获得蓬勃发展：科特迪瓦利用其独特精巧的人造面具表现其传统文化，举办了全国舞蹈节，以发展民俗旅游；突尼斯凭借本国土著居民的村落古迹、山洞住宅、民族服饰和车马游玩等民俗文化，成为非洲和阿拉伯国家中的旅游大国；近几年我国的民俗文化旅游事业也取得了很大进步，将民俗文化作为旅游项目并逐步树立了自己的品牌形象，各地旅游部门都在大力挖掘本地区的民俗文化资源，使之成为新的经济增长点，民俗风情游、古民居游等具有民族民间文化特色的旅游项目发展迅速，如山西黄河民俗游、云南昆明民族村、内蒙古草原风情游、新疆民俗游。

二、主要特征

（一）历史性

这是民俗发展在时间上或特定时代里显示出的外部特征。这种特征也可以叫作时代标志特征。因为这种特征是在民俗发展的特定历史中构成的，所以叫作历史性。

（二）地方性

地方性是民俗在空间上所显示出的特征。这种特征也可以叫作地理特征或乡土特征，因为它是在民俗的地域环境中形成并显示出来的。俗语说的"十里不同风，百里不同俗"，正是这种地方性特征的很好说明。民俗的地方性具有十分普遍的意义，无论哪一类民俗现象都会受到一定地域的生产、生活条件和地缘关系的制约，都不同程度地染上了地方色彩。民俗地方性特征的形成与各地区的自然资源、生产发展及社会风尚传统的独特性有关。因此，从鸟瞰角度认识地方性，可以看到，大体上各地区形成的民俗事象，分别构成各种类型的同心圆，千千万万个民俗同心圆在分布上彼此交叉联系，便形成了若干有区分的民俗地域。像我国东北地区受几十年经济文化的影响，形成了一个大的同心圆，使它与我国华北、西北、西南、华东等地区有很大的民俗差异。在这个大地域中又分布着许多小地域或更小地域的民俗同心圆，互有差异，直至最小的自然村落的差异为止。这种民俗特征标志着民俗事象依附于地方乡土的黏着性。

（三）传承性

传承性是民俗在发展过程中显示出的具有运动规律性的特征。这个特征对民俗事象的存在和发展来说，应当说是一个主要特征，它具有普遍性。民俗的传承性在人类文化的发展过程中，呈现出一种极大的不平衡状态。在文化发展条件充分的民族、地区，这种传承性往往处于活跃状态，也就是在继承发展中显示了这种传承性；相反，在文化发展条件不充分，甚至处于停滞、落后的地区，这种传承性往往处于休眠状态，也就是以它固有的因袭保守形式显示了这种传承性。因此，城镇习俗的继承发展较为明显，偏僻村寨习俗的因循守旧异常突出。在当代民俗调查中，传统节日在城镇习俗中远不如在村寨习俗中更具有古朴色彩。这种不平衡状态使人在比较过程中，自然寻找出城市民俗与村落民俗的关系及其差异，因此，对传承性特征的认识只能在民俗的发展过程中去获得。

（四）变异性

变异性是与传承性密切联系、适应的民俗在发展过程中显示出的特征。它同时又与历史性、地方性特征有着千丝万缕的联系，标志着民俗事象在不同历史、不同地区的流传所出现的种种变化。换句话说，对民俗的传承性，绝不可以理解为原封不动地代代照搬、各地照办、毫不走样，相反地，恰恰是随着历史的变迁、不同地区的传播，其从内容到形式或多或少有些变化，有时甚至是剧烈的变化。因此，民俗的传承性与变异性是两个矛盾统一的特征，是民俗发展过程中的一对连体儿，只有传承基础上的变异和变异过程中的传承，绝没有只传承不变异或一味变革而没有传承的民俗事象。在长期的民俗学理论发展中，将传承的特征转到主要位置的做法是对的；但是，相对忽视变异特征的做法则是不对的。那些在民俗中访古、考古、寻觅遗留物的做法是不可取的，对发展人类文化、推陈出新无大补益。只有既研究其继承，又关注其发展变化，才有助于人类社会的进步。

三、典型案例

（一）特色项目

1. 人文环境营造——丽江古城

丽江古城的政府在旅游开发中为了保护原生态的文化氛围和商业生态，实施了"文化回落古城"行动，还实行了准入制度，把古城保护管理委员办公室核发的《准营证》作为进入古城从事经营活动的一个硬性条件，以尽量规范商业行为，淡化现代商业气息。同时，把现代特征较浓和没有特色的经营项目，如音像店、现代服装店、美容美发、卡拉 OK 厅、网吧等迁出，规范店铺的装潢、招牌等，控制店铺的规模和数量，鼓励经商者经营具有一定地方民族特色的商品，还对外来经商人员进行培训，让他们了解当地的民族文化。例如在没有城墙的古城、完全手工建造的土木结构房屋的周围，配套小桥流水、纳西老人、原汁原味的藏寺，营造了浓郁的人文气息。

2. 演艺产品开发——印象丽江

丽江最具代表性的文化演艺首推张艺谋导演的《印象·丽江》。《印象·丽江》分《古道马帮》《对酒雪山》《天上人间》《打跳组歌》《鼓舞祭天》和《祈福仪式》六大部分，整个演出以雪山为背景，以民俗文化为载体，有来自纳西族、彝族、普米族、藏族、苗族等 10 个少数民族的 500 名普通农民参与演出，通过他们的生活、舞蹈等全实景式地集中演绎了丽江的多元民俗文化。除了《印象·丽江》，丽江还充分开发了本地的民俗风情，在古城东大街每天都有独特的纳西民间音乐《纳西古乐》和云南大型歌舞晚会《丽水金沙》等民俗节目演出。

3. 节庆产品开发——民俗节庆活动遍地开花

丽江是一个多民族聚居的地方，世居着纳西族、傣族、白族、普米族、怒族、藏族、彝族、独龙族等 12 个民族，各种民族有不同特色的民间节日，如纳西棒棒节、骡马节、三朵节，摩梭女儿国的转山节，彝族的火把节，普米族的朝山节。这些传统的节日一方面传承着丽江文化，另一方面也以赛马、摔跤、民族舞蹈等大型活动，如纳西古乐、纳西打跳等，吸引着游客积极地参与到当地文化中，更好地了解丽江文化。因此民俗节庆也是丽江旅游开发的一个重点，如彝族的火把节，由当地民众组成的演员与游客一起载歌载舞，极大地丰富了游客的夜间活动，从而吸引游客留下来。

4. 美食产品开发——民俗小吃商业街

丽江小吃的品种多样，有鸡豆凉粉、米灌肠、粑粑、纳西烤肉等，四方街成为游客品尝特色小吃的一个重要场所，也是丽江夜景的一部分。

5. 住宿产品开发——特色客栈展现民俗风情

丽江到处都是比较有特色的民居客栈，有上千家，小资的、慵懒的、地中海式的、藏式的、明快的、温馨的……不同特色的客栈多为四合院，由纳西人的住屋装修而成，具有浓郁的纳西风味，成为游客体验丽江慢生活和地域文化的最佳场所，著名的有香格韵客栈、凤凰旅馆、格桑梅朵客栈、望古楼青年客栈。

6. 旅游纪念品开发——特色工艺品传承文化

丽江的旅游特产主要是螺旋藻、普洱茶、山货等地方特色产品，以及银器、玉石、木雕、蜡染、皮毛、皮包、披肩、围巾、民族服饰等手工制品，游客不仅可以在这里选购合意的商品，有时还可以看到工艺品的整个制作过程。

（二）经验借鉴

1. 处理好文化保护与利用的关系

丽江的经验就是建立了一个统一、有权威的组织保障机构，制定了比较完善的法规体系，较好地处理了保护与利用的关系，通过合理开发民俗文化资源发展旅游业，开辟了一条稳定、充裕的资金来源渠道，确保了各项保护项目的实施。丽江在这方面设有丽江文化保护管理局，其中专设的文化保护管理科主要负责民俗文化的保护教育培训工作。

2. 创办旅游文化学院

丽江在旅游发展中坚持以人为本，加强了对旅游从业人员的教育培训力度，以增强其主人翁意识和民俗文化保护意识。在这方面，丽江创办旅游文化学院的做法得到了联合国官员的肯定。

3. 旅游发展实现共赢

在保护和利用民俗文化方面，丽江的模式是：不论是土著居民，还是经营者、管理者，都要在保护和开发中得到实际利益，实现利益均沾、风险共担。虽然这种模式还有很多不足，但这种尝试也为很多民俗文化旅游提供了一个很好的运营榜样。

第三节　农场庄园型发展模式

一、发展背景

农场庄园模式以产业化程度极高的优势农业产业为依托，通过拓展农业观光、休闲、度假和体验等功能，开发"农业＋旅游"产品的组合，带动农副产品加工、餐饮服务等相关产业发展，促使农业向第二、三产业延伸，实现农业与旅游业的协同发展。农场庄园模式适用于农业产业规模效益显著的地区，以特色农业的大地景观、加工工艺和产品体验为旅游吸引物，开发观光、休闲、体验等旅游产品，带动餐饮、住宿、购物、娱乐等产业延伸，产生了强大的产业经济协同效应。

庄园是欧洲中世纪中叶出现的一种以家庭为单位生产经营农业的组织形式。它和传统农业的区别是专业性强、集约化生产、大规模作业，后来逐渐发展成为一种家庭式的产业，并多与休闲旅游度假相结合。在我国改革开放之后，特别是鼓励农业开发的法律法规出台和一部分人先富起来之后，庄园这种模式在我国开始有了生存的条件。庄园模式作为一种集约化经营管理并且能够在短时间内聚集大量闲散资金用于农业开发的组织形式，若能被规范管理和健康发展，的确能够成为一种迅速促进农业发展，同时带动旅游业、农产品加工业及其他行业发展的新的组织形式。（《庄园开发中的问题与对策》，滕传枢）在传统农业的劣势逐步凸显的当下，庄园旅游以"1+3"的产业模式，很好地结合了农业与旅游，为未来的农业发展摸索到一条新路子。就北京地区而言，就已建立了许多具有休闲"庄园"特征的休闲场所，比如意大利农庄、蟹岛、鹅与鸭农庄、张裕卡斯特酒庄等，都是非常典型的依托乡村性和地格而形成的一种都市休闲旅游产品。

二、主要特征

（一）"农＋非"的土地运作模式

农村庄园的开发，所占用的土地开发后根据功能可分为两大类，即非农业用地和农业用地。非农业用地一般为庄园的建设用地，如住宿、服务等设施或休闲活动场所用地；农业用地则为庄园的农业生产用地、农业展示用地等。农业用地主要通过庄园投资者租赁农民的土地或是农民以土地作为资金入股的方式进行运作而获得。农民和庄园投资者在协商一致的基础上签订租赁合同或股份受益凭证，将农村土地的承包权和使用权进行分离，是农村土地产权多元化的一种有效形式。非农业用地的土地来源主要为本地区一些可利用的荒山荒坡、可开发的沙荒地，以及农村居民点集聚后原自然屯的节余村庄建设用地等。庄园投资者通过租赁归农村集体所有的这类土地，获得开发和经营权，农村集体则可利用这些租金进行农村公共服务设施的建设。

（二）多元化收益形式

农村庄园是劳动联合与资本联合的复合体，只要经营得当，农民和庄园投资者均可获得可观的收益，实现双赢。对于农民而言，将土地租赁给庄园投资者可以获得租金，以土地入股可以获得分红，在庄园内进行服务工作可以得到固定工资，参与管理农业生产还可以获得管理费用以及少量的农业收益。对于庄园投资者而言，可以得到绝大部分的农业收益，以及由观光农业所带来的相关旅游收益，如旅游住宿、餐饮、娱乐活动、购物消费等；如果将土地分块转租给他人进行农业体验活动，如市民租种小块庄园农业用地，自己种植自己采摘等，还可以得到土地租金。

（三）庄园区位选择

庄园布点应该与外部交通有较好的联系，方便游客到达，但并不一定要位于交通主干道的旁边，以减少过境交通对度假休闲的干扰，通常以距离大都市车程 1~2 小时为宜。

（四）庄园旅游设计

第一，游憩地规模大，综合服务功能强。"大农场"建立在大都市旅游圈的远郊旅游带，环境优良，乡村气息浓厚，是都市居民逃离都市生活压力，休闲度假、放松心情的理想场所。第二，体现当地的文化气息。美国牧场体现了"西部牛仔"的文化；英国和俄罗斯的庄园体现了欧洲的庄园文化。第三，开展农业教育，建立农业解说系统。

三、典型案例

台一生态休闲农场位于台湾南投县埔里镇，由农民张国桢创建于 1991 年，前身为"台一种苗场"。2001 年开始发展农业观光，2002 年兴建了亮眼雅致且温馨舒适的花卉驿栈，2003 年设计了充满浪漫与新奇感的水上花屋。2010 年 3 月兴建了南芳花园宴会厅，并推出花餐养生料理。农场的园区占地 13 公顷并拥有得天独厚的山峦视野，面积达数千公顷。

（一）特色项目

1.台一枫桦花泉卉馆

该项目兴建于 2010 年，整体建筑设计采用环保的绿色建材，精心营造"春露""夏荷"、"秋枫"、"冬恋"等季节楼层，客房内精致花泉搭配出万千风景，73 间花泉客房均有大观景窗，有占 12~20 平方米空间大小的各式房型，客房内更是精心准备了环保级精油名品。

2. 花卉餐与水上花园餐厅

台一水上花园餐厅以可食用的花卉为素材，做出香草餐、花卉餐等深具特色的美味菜肴。

3. 主题化景区

农场精心规划特色主题，如花神庙、雨林风情馆、蝶舞馆、绿雕公园、绿茵广场等。花神庙是全台唯一的花神庙，仿西洋神话，有主神佛劳拉及四季花仙子，典雅大方，通过"12 星座许愿孔"与游客互动。雨林风情馆利用自然材质打造出原始风貌，令人仿佛置身热带雨林中。馆内的路径用漂流木设计配置，通过闯关营造馆内探索神秘的情境。绿雕公园则种植数百棵的枫树，并且利用该园区生产的花草配置平面图案，让访客有他乡遇故知的感动，另外，农场发挥创意将废铁雕塑出绿色奇迹，创造出点石成金的风味。蝶舞馆利用多种农业废弃有机质打造，种植了多种蝴蝶所需要的草食及蜜源，游客既可以欣赏馆内及馆外数百只蝴蝶翩翩飞舞的美景，又可以亲身感受蝴蝶绚丽变身的过程。

4. 自然生态教育

生态教育休闲农园的宗旨是以自然生态教育为主，近年来，农区内也增加了有着庞大蝴蝶群的蝴蝶园、昆虫生态馆、水上花园餐厅、花屋、光合广场、仙人掌生态区、押花生活馆等休闲生态区。

（二）经验借鉴

台湾地区的休闲农场布局合理，大多数都分布在旅游线路，每个景区景点都能与旅游结合起来，这就有了客源的保证。板块化、区域化整合已经有了相当的成效。例如苗栗县南庄乡的休闲民宿区，拥有近 80 家乡村民宿，依托这些民宿，乡里将具有百年历史的桂花小巷开发成特色旅游街，带动了客家特色餐饮、特色风味小吃、特色手工艺品等相关行业的发展，使游客来到这里之后，在体验不同的农家风貌的同时，能够全方位地感受当地特色的客家文化。宜兰县也形成了梗坊休闲农业区、北关休闲农业区等区域化的乡村旅游目的地，达到一定的产业规模，具有区域特色。事实证明，休闲农业必须有一定的规模才能形成景观效应和产业集聚效应，才能由点成线、再成片，为城市旅游者提供一日、两日乃至多日的旅游产品组合，从而提高经济效益。台湾地区自推出精致农业策略后，其乡村发展一直以"农＋旅"的形式为主，各种农庄旅游采取差异化的战略，纷纷取得一定的市场，可为我国乡村旅游发展所借鉴。

1. 特色产业主导，精加工，深挖掘

台湾地区的生态农庄，多以"小而精"取胜。不刻意追求农庄的面积、规模，不一定非要种植多少作物，获得多高产量，或产品有多大的批量，但非常注重精细管理、精深加工、融入创意、提升品质。有的产品甚至限量供应，量少质精，坚持以质取胜、以特色取胜。例如种植茶叶的农庄，有的只采一道春茶，然后将其精心加工、制作、包装，使其成为茶叶中的"极品"。其他时间则搞好茶园管理，让茶树健康生长，养精蓄锐，确保春茶品质上乘。有的农庄利用溪流养殖虹鳟、银鳞或其他观赏鱼类，游客可以在农场购买饲料喂食、嬉戏、体验、观赏，鱼却并不对外出售。如此做法，反倒吊足了游客的胃口，吸引了众多游客慕名而来。

2. 鲜明的主题与创意

台湾地区的休闲农庄从一开始就注意对生态环境的保护，并在建设与经营过程中，不断融入创意与主人的情感，故而台湾的农庄可以让游客强烈感受到设计者的情感与追求。在主题选择上，水果采摘，竹、香草、茶叶、各种名花异草观赏，昆虫收藏，奶羊、奶牛、螃蟹、鳄鱼、鸵鸟养殖等各种体验创新不断，使游客始终充满新奇感。

3. 重视口碑与网络营销

由于规模不大，台湾地区的生态农庄非常注重产品的"口碑"，而不是"品牌"。为保证产品安全营养，他们严格控制化肥、农药、除草剂的使用，宁可增加投入、牺牲产量，也要保证产品质量。为了让游客品尝到口感最佳的产品，台湾很多生态农庄免费对游客开放，目的是吸引游客自己到农庄购买最新鲜、成熟度最适宜的农产品。台湾的生态农庄大多建在偏远的郊区，吸引游客到农庄购买产品，实现产品就地销售，不仅有利于保证产品的质量，还有一大好处，就是农庄可以免掉一大笔销售费用。除了利用宣传手册、广告路牌、电视报纸等传统宣传手段，休闲农业还加强了网络营销，运用科技整合资讯，通过网页、搜索引擎以及手机网络服务等对休闲农业区域的地图、路线等进行迅捷的引导。

4. 寓教于乐，深度体验

台湾休闲农庄都设有可供多人同乐的设施，如烤肉区、采果区、游戏区、农耕体验区等。有的还设有充满台湾农村乐趣的烘烤区，让游客享受土窑烤地瓜、烤土窑鸡的乐趣；有的不定期举办与农业有关的教育活动、趣味比赛；有的提供与场内动物接触的机会，游客可以借喂养小牛、挤牛奶、喝生奶的过程，体会牧场农家的生活。

5. 官方与非官方组织保障

发育较为成熟的民间组织和完善的服务体系是产业健康发展的保障，休闲农业在发展初期，离不开政府部门的大力促进和引导，但是政府不能包办一切，产业的进步最终要靠行业组织和良好的服务体系作为保障。服务体系包括营销体系、培训体系、行业自律体系等，关键是发挥农会、农业推广学会等群众组织的作用，帮助农民转型。

6. 从体验到分享的理念转变

台湾地区的休闲农业在主推"体验经济"之后，还出现了"分享经济"的理念，即休闲农业经营者与游客分享乡村生活，"与客人成为志同道合的朋友"，倡导"拥有不如享有"的消费理念。

第四节　景区依托型发展模式

一、发展背景

成熟景区巨大的核心吸引力为区域旅游在资源和市场方面带来发展契机，周边乡村地区借助这一优势，往往成为乡村旅游优先发展区。鉴于景区周边乡村发展旅游业时受景区影响较大，我们将此类旅游发展归类为景区依托型。景区周边乡村与景区本身存在着千丝万缕的联系，在文脉、地脉以及社会经济等方面具有地域一致性，为乡村旅游的发展提供了文化土壤。而乡村目睹了景区的开发、发展历程，易形成较强的旅游服务意识，为旅游发展提供了相对较好的民众基础。同时，发展景区依托型乡村旅游既有乡村自身经济发展的主观需要，也有景区开放化、休闲化的客观需要。近年来，我国"黄金周"的景区拥堵现象，充分暴露出封闭型景区的弊端，景区与周边区域配套发展成为必然趋势。

综上所述，景区依托型乡村旅游发展模式是在乡村自身发展需求和核心景区休闲化发展需求的共同推动下，由景区周边乡村探索出来的旅游发展模式。风景名胜区优美的自然景观和厚重的历史层次，携手周边乡村恬淡的田园风情，实现了乡村和景区的携手共赢，带动了景区旅游的大发展。

二、主要特征

景区依托型乡村旅游是指在成熟景区的边缘，以景区为核心，依托景区的客源和乡村特有的旅游资源发展起来的乡村旅游活动。

（一）区位优越，共享风景

景区依托型乡村旅游由于临近成熟景区的辐射圈，在地理区位上有显著优势，为乡村旅游发展提供了地域上的可能性。成熟景区拥有相对较好的交通条件，而乡村与景区构建起交通联系后，形成了良好的旅游通达性。而且文化、环境、旅游线路等区域上的一致性，也使乡村与景区之间更容易达成一体化发展。

（二）市场优越，客流集聚

乡村的农家菜、农家院等"农家乐"设施可以承担景区的部分服务接待功能，成为景区天然的后方配套旅游服务区。依托景区的人气和客流，乡村成为天然的游客集聚地，并在发展中逐渐拥有自己的顾客群，为乡村旅游开发提供了市场前提。

（三）资源优越，互补发展

同区域旅游发展的重要内容就是"互助"和"求异"，乡村在生态风光和文化渊源上与初始景区具有一定的延续性，但是其主要方向是田园风、民俗性，又与景区的发展特色具有方向上的差异，因此其发展是对景区旅游产品功能的有机补偿，与初始景区形成差异化互补发展的格局。

三、典型案例

黄山翡翠居隶属于黄山中海假日旅行社有限公司黄山风景区分社，翡翠居地处黄山翡翠谷景区，属黄山风景区所辖范围，距离黄山南大门4千米。翡翠新村别墅于2003年新建，2004年被安徽省列为"农家乐"旅游接待示范点，是一片私营休闲生态农家乐度假村，占地面积500亩，可一次性接待游客500余人，总投资约5000万元。

（一）特色项目

这是一片别墅式生态休闲农家乐，各种名贵花木造型各异，争奇斗艳，周边环境十分优美，梨桃掩映其中。客房按星级宾馆标准设计，温馨、浪漫、自然、舒适；餐饮以四季农家菜为主，清新可口，妙趣横生。入住其间可远离城市的喧嚣烦躁，尽享鲜氧，与大自然共同呼吸，仿佛置身"桃花源"里的人家。翡翠居农家乐有各式古徽州名菜、农家菜、山珍野菜和各地游客喜爱的川菜、粤菜等，最受客人欢迎的特色农家菜有土鸡、石耳炖鸡、小河鱼、臭鳜鱼等。

（二）经验借鉴

黄山翡翠居邻近知名旅游景区黄山，有着优越的地理优势，依托景区（点）的客源以及知名度、景观、环境，充分利用当地的休闲农业与乡村生态旅游资源，着眼于"游、购、娱、食、住、行"六大旅游产业要素，采取多种多样的形式，为游客提供了具有价格优势、凸显当地特色的产品与服务，能够积极为游客游览所依托景区提供细致周全的服务，而且也方便游客前来入住与往返景区。

第五节　度假休闲型发展模式

一、发展背景

休闲度假的乡村旅游在中国还是个新事物，也是一种新的社会生活方式，现在很受关注。目前已经到了中国休闲度假产业发展的关键点，所以旅游行业也普遍关注休闲度假问题。在最近几年召开的北京"休闲度假产业论坛"、厦门"中国度假酒店论坛"、广东"中国自驾车论坛"和"产权酒店发展论坛"，首先反映了中国的休闲度假市场达到了一个临界点，其次反映了旅游行业对这个市场有充分的认识，都在积极研究和把握机遇。

二、主要特征

（一）异地旅行且时间长

西欧、北欧的度假者游览泰国的普吉岛时，一般坐着飞机直接抵达，到了之后在海滩上待一个星期，闲到无所事事的程度，这是非常典型的一种休闲方式。这种休闲方式在国内还没有普遍产生，只是少数人有这样的趋向。既然，处于过渡阶段就意味着国内的休闲度假游在一定意义上、一定时期之内，还是要和观光游结合在一起。

（二）散客和家庭式组织方式

现在，休闲度假的方式主要是散客和家庭式组织方式，而不是观光旅游的团队性组织方式，这对现有旅游企业的经营提出了更高的挑战。自驾车旅游就属于散客方式，而在环城市旅游度假带所接待的游客中，以家庭式出游的也占了很大的比重，尤其是在双休日期间。

（三）复游率高

复游，就是我们所说的回头客。度假旅游有一个特点，就是客人若认准了一个度假地，甚至一个度假酒店，对它的忠诚度会非常高。比如有的德国客人，一生中度假可能就只到印尼的巴厘岛，不去其他地方。因为他认准了这个地方，觉得这里熟悉、亲切，能让他把外出度假的感觉和家里生活的感觉内在地联系到一起。比如墨西哥的坎昆度假区，是全世界很多富翁度假的首选。

（四）指向集中

所谓指向集中是指客人的度假需求非常集中，不仅有对度假目的地选择上的集中，还有度假需求的指向集中。但我国现在很多度假村却是度假村的外壳、城市酒店的内容，也就意味着现在的所谓度假村并不了解客人真正的度假需求，其经营和实际的度假需求与消费特点并不完全对应。比如，度假酒店的客房里是不会满铺地毯的，满铺地毯不符合客人需求，尤其是海滨的度假酒店，因为客人经常赤脚走路，脚上可能带着沙子，满铺地毯又该怎么处理呢？

（五）度假加观光

这是我国休闲度假游市场目前一个比较鲜明的特点。由于市场还处于过渡时期，有些时候还必须研究度假加观光的方式。一般来讲，周末的度假需求基本上是度假加娱乐。可是要满足中假和长假的需求就要有一个适当的度假加观光的模式，但是这个方式只是过渡性的，从长远来看基本上是比较单一的度假趋向。

（六）文化需求

观光的客人成熟到一定程度会产生度假需求，度假的客人成熟到一定程度就一定会产生文化需求。他不只是到森林度假区呼吸新鲜空气，或者去温泉度假区洗个温泉，他一定还要求这个度假地有文化、有主题、有比较丰富的内涵。如果度假地的经营能够达到文化的层次，那么基本上就算到位了。

三、典型案例

北京蟹岛绿色生态度假村位于北京市朝阳区金盏乡境内，紧邻首都机场高速路，距首都国际机场仅 7 千米，是一个集生态农业与旅游度假于一体的大型项目。其总占地面积为 3300 亩，以餐饮、娱乐、健身为载体，以让客人享受清新自然、远离污染的高品质生活为经营宗旨。它以生态农业为轴心，集合种植业、养殖业、水产业、有机农业技术开发、农产品加工、销售、餐饮住宿、旅游会议等产业，构建出相互依存、相互转化、互为资源的完善的循环经济产业系统，成为一个环保、高效、和谐的经济生态园区。它包括大田种植区、蔬菜种植区、苗木花卉种植区、养殖区、休闲旅游服务区等功能区。

（一）特色项目

吃：现场消费是销售绿色的关键，绿色食品重鲜。蟹岛实现了肉现宰现吃、螃蟹现捞现煮、牛奶现挤现喝、豆腐现磨现吃、蔬菜现摘现做。提供的农家菜有菜团子、糊饼、清蒸河蟹、葱烤鲫鱼，还开发了蟹岛特色菜——蟹岛菜园（什锦蔬菜蘸酱）和田园风光（蔬菜拼盘）。"开饭楼"餐厅同时可容纳千人就餐，二楼雅间的名字别具一格，如"柿子椒""懒黄瓜""蒿子秆"等。菜品有海鲜、粤菜、农家风味，还设有盘腿炕桌，客人可自由选择。

住：投资 6000 万元兴建的蟹岛仿古农庄以展现中国北方自然村落为宗旨。"蟹岛农庄"是复原老北京风情、展现 50 年前农村各阶层生活情境的四合院群落，有豪华宅邸、书斋雅室、勤武会馆、茅屋草堂、酒肆作坊等，还有古钟亭、大戏台、拴马桩、溪水、小桥、辘轳以及房前屋后的绿树、菜园、鸡鸣狗叫。

玩：有采摘、垂钓、捕蟹、温泉浴、温泉冲浪以及各种球类娱乐项目，还可逛动物乐园。冬天可以嬉雪乐园滑雪、夏天可以水上乐园戏水，常规娱乐、特色娱乐兼备。如果想考验勇气、耐力和韧性，可以攀爬横跨百米宽水面的 12 座铁索桥、臂力桥、软桥、独木桥、秋千桥等。

游：园内采用生态交通，可以体验羊拉车、牛拉车、马拉车、狗拉车、骑骆驼。要求尽可能地使用畜力交通工具，或者以步代车，不用有害于环境和干扰生物栖息的交通工具。同时对道路交通网要求采用生态设计，合理的道路设计及绿化屏障是生态交通的重点之一。

购：销售的都是供游客自己采摘与垂钓的农产品，或者是绿色蔬菜盒，虽然价格往往是市场价的 4 倍以上，却很受游客青睐。

（二）经验借鉴

项目理念特色以开发、生产、加工、销售农产品为本，以旅游度假为载体，集生态、生产、生活——"三生"理念于一体的绿色环保休闲生态度假村项目。

项目功能布局特色：实现"前店后园"的功能布局，园内塑造了大面积的绿色旅游环境，提供丰富的消费产品，前店是消费场所，虽然规模有限，但为园内的产品提供了客源，保证了农业、旅游业的互补与融合。

项目规划设计特色：与乡村特有的自然生态风格充分融合，还原了独特的乡村风貌，让游客能够真正地脱离城市的束缚，充分投入对乡村生态、生产、生活的体验。

项目经营特色：通过"吃、住、玩、游、购"等方面全方位打造乡村环境，并通过"农""游"两条渠道实现收益的叠加与放大；"前店"由专业人士和专业公司进行运营，以保证运营的专业性及收益，而"后园"则以承包责任制分配到个人，以充分调动员工的生产积极性，使其充分参与到整体项目中，从而增加其收入。

第六节　特色产业带动发展模式

一、发展背景

近年来,随着人们生活水平的不断提高,旅游休闲成为人们消费的热点。"农家乐"也随着旅游业的兴起而呈现,它是指农民利用自家院落以及所依傍的田园风光、自然景点,以绿色、环保、低廉的价格吸引市民前来吃、住、游、玩、购的旅游形式。它既是民俗旅游又是生态旅游,是农村经济与旅游经济的结合。生活在现代都市的人们最关心的是生态、环保、健康,在工作之余都会选择离开喧闹的市区到郊区,以回归自然,体验一种淳朴、天然的生活情趣,这就决定了"农家乐"旅游不仅是都市人追逐的一种时尚,也是一种朝阳产业。目前,人们对精神文化生活需求的范围进一步扩大,层次进一步提升,内容进一步呈现多样性、人性化、个性化特征。现代旅游业作为一种文化生活得到快速发展,并被赋予了"文化经历、文化体验、文化传播、文化欣赏"等更为丰富的内涵,满足着人们心理、精神以及多方面发展自我的需求。在这样的大背景下,以"吃农家饭、住农家屋、干农家活、享农家乐"为特色的"农家乐"旅游得到了市场的广泛认同,引起了社会各界的极大重视和关注。成都市郫县作为"农家乐乡村旅游"的发源地,不仅为游客提供了一种新型的休闲方式和消费空间,还作为一个特色产业让当地的农民走上了致富的道路。

二、主要特征

以突出"农"为基本的经营理念。"三农"包括农业、农民、农村,其中农民是经营的主体,农家活动是主要内容,农村是大环境。只有充分利用"三农"资源、以"农"字为核心的农家乐,才是具有"农"味的乡村旅游。

以依托"家"为基本的经营单元。农家乐一般应以家庭为单位,利用自家的房屋、土地、产品、人员发展农家旅游。所以,农家乐应体现"家"的形态、家的融合、家的温馨、家的氛围。

以提供"乐"为经营的根本目的。农家乐应为游客提供"乐"的产品,它不仅包括打牌、卡拉OK、唱歌等,也应包括采摘、垂钓、参与农事和节庆活动,还应包括农耕文化、民俗风情的展示,从而让游客乐在其中。

以迎合大众的心理为经营目标。随着工业的大规模发展,城市雾霾现象严重,空气质量差，在紧张的工作之余，人们渴望着乡村大自然的清新空气，而农家乐可以提供在城市里享受不到的惬意与放松，人们不需要背起行囊出远门，说走就能走，轻松易实现。

三、典型案例

成都市近郊的郫县是中国"农家乐"乡村旅游发展的典范，通过旅游兴村，走出了一条第一、三产业有机结合，自主经营与本地务工相互补充，依靠发展特色产业推动乡村全面建设的新路。郫县农科村位于成都平原腹地，全村辖区面积为 2.6 平方千米，辖 11 个社、686 户、2310 人，现有耕地 2400 余亩，人均耕地 1.02 亩。农科村最初是一个从事花卉养殖的村庄，1979 年，当时的村支部带头在田坎上种植花木，每棵花木卖到 4 元钱，比种植粮食利润高很多，随后村里人纷纷效仿，几乎每家都种花木。1986 年，全村人均收入达 950 元，这在当时成为农民致富的榜样，吸引了附近及全国各地人士参观考察，刚开始都是免费招待，后来随着人数的增多，农民市场意识的觉醒，开始收少量伙食费，农家乐的雏形也就形成了。20 世纪 80 年代，农科村的农家乐旅游是一种自发状态。进入 20 世纪 90 年代以后，农科村农家乐旅游是政府主导下的自觉发展。随着生活水平的提高，人们的消费追求逐渐由物质层面向精神层面提升，旅游成为人们精神消费的首选。面对市场的巨大需求，省市旅游部门和各级政府充分发挥主导作用，积极引导农科村的花卉种植大户率先接待游客，带动了其他种植户开展旅游接待，从而由点到面，全面开展农家旅游接待，使农科村成了一个农家乐旅游专业村。2000 年以后，为实现农家乐旅游突破式发展，壮大乡村集体经济，扩大产业规模，实现产业转型和升级，在县、镇政府的统一规划指导下，农科村形成县和镇的新村建设合力。一方面，县镇投入一定资金，用于改善农科村基础设施建设，完善旅游功能；另一方面，成立县旅游局，加强对乡村旅游产业发展的宏观指导。农科村在多方建设下，从一个默默无闻的小乡村成为中国乡村旅游的典范。

（一）特色项目

1. 天府玫瑰谷

天府玫瑰谷占地 1000 亩，属于成都现代农业创业园一期项目。园区内种植了玫瑰、薰衣草、迷迭香、千层金等千种花卉苗木，组成了以"现代农业观光、玫瑰花海休闲、浪漫文化度假、风情小镇体验"为代表的四大旅游休闲产业。

2. 郫县农科村

农科村是中国农家乐的发源地，当然有其突出之处。首先，郫县自古就以园艺技术闻名，而农科村为鲜花盛开的村庄，宛如没有围墙的公园；其次，成都市郫县友爱镇农科村地处"天府之国"的腹心地带，位于西汉大儒扬雄故里郫县友爱镇，是郫县

"国家级生态示范区"和"中国盆景之乡"的核心地带,曾先后获得"省级卫生村""省级文明单位""省级移动电话第一村""全国精神文明创建工作先进单位""全国农业旅游示范点""全国文明村镇"等省部级、国家级称号。2006 年 4 月,农科村获得"中国农家乐旅游发源地"称号。2012 年 9 月,农科村通过国家旅游局 AAAA 级景区验收,为郫县旅游业增添了一张新名片。

3. 妈妈农庄

妈妈农庄是郫县第一个创 AAAA 级景区,被称为成都的"普罗旺斯",是四川第一家规模化的薰衣草基地,目前有薰衣草花田 300 亩,一期薰衣草等花卉基地 600 余亩,二期 2000 余亩,极具特色,填补了四川花卉生态旅游的空白,是郫县乡村生态旅游的新品牌。

4. 郫县花样食府

花样食府是一家集餐饮、娱乐、休闲于一体的特色休闲食府,主营特色火锅鱼、特色中餐,承接各种宴席,坐落于四川省成都市郫县南门外观柏路 178 号。郫县花样食府承接生日宴、结婚宴、亲朋宴请等各种宴席,配有特色火锅鱼、特色干锅、特色菜品等。食府内设施配套齐全,设有休闲茶座、超大停车场、无线 Wi-Fi 等设施,为游客出行提供了"美食驿站式服务"。

(二)经验借鉴

1. 坚定方向,打响"农家乐"乡村旅游品牌

郫县要爱护这个品牌,丰富这个品牌,发展这个品牌。坚定"农家乐"品牌意识,不能因为当前一些农家乐发展中存在问题,而动摇发展方向。

2. 积极引导统筹规划,使其走上规范经营、有序发展的道路

政府应帮助制定"农家乐"发展规划,积极引导,提供政策支持,改变农户分散经营、单打独斗的状态,还应在农家的基础上,实行统一领导、联合经营,设计出符合游客需要的旅游产品,完善农家基础设施,改善乡村生态环境,制定规范管理和发展措施,为发展农家乐提供科学依据。

3. 搞好培训,加强经营管理

农家乐作为一项新兴产业,主体是农民,所以必须提高农民的业务素质,加强对他们的业务经营培训,让他们学习一些基本的旅游服务和管理知识,提高他们从事农家乐的管理水平和服务质量。同时抓好管理,制定农家乐旅游的地方行业标准;给符合行业标准的农家乐办理相关证照,保证合法经营;制定农家乐质量评定标准,按照标准进行质量评定,规范市场秩序。

4. 注重宣传,扩大影响

一是建立农家乐网站,在网上促销;二是利用电视、报纸等新闻媒体促销;三是

以制作宣传标语牌、办宣传栏等方式宣传促销；四是举办农家乐主题论坛；五是借助名人效应开展促销；六是采取多种优惠措施吸引广大青少年，可以开辟青少年农村社会实践基地。

第七节 现代农业展示型发展模式

一、发展背景

现代农业的乡村旅游是一个新概念，乡村旅游发源于100多年以前的欧洲，是工业化发展创造的需求；兴起于40年以前，是工业化后期的普遍需求；鼎盛于现代，是后工业化时期的刚性需求。中国现在已经进入工业化中后期，所以中国人对乡村旅游的需求基本上为一种刚性需求。在城市长大的孩子没有乡愁可言，所以要先有乡村才能培育乡愁，然后城市来感应乡村，激发乡愁。几十年的改革开放、工业化城市化，培育了现代中国的乡村旅游，但是我们和西方发达国家起点不同、基点不同。乡村旅游建设成本低，而且农民的经营基本没有成本，收到手里就是利润，这是乡村旅游的优势，可是如果这一系列的问题不能被有针对性地加以解决，恐怕就会演变成比较大的问题。因此我们要促进农业经济结构调整，丰富农业功能，提高产品附加值，增加就业渠道，形成系列服务设施，推动农民观念转化，培育农村市场机制等。

二、主要特征

（一）城市化

经济发达地区总体已经进入工业化后期阶段，现在的主要问题是所遵守的理念仍然是工业化中期的发展理念，由此形成的情况表现为以下三个方面：第一，太急，强调经济增长率；第二，太挤，人口过多且过度集中，建筑过密；第三，太忙，车流滚滚，人流匆匆。从需求来看，城市第一缺生态，第二缺健康，第三缺人文。按照实际生活水平来说，现在比以前不知道高了多少倍，可是人们的幸福指数并没有增长，快乐的感觉也没有增加。这正是对乡村旅游的长期且持续增长的市场需求。但是对市场的分析不能笼统而论，要分层、分时、分地、分项进行。

（二）模糊化

城市化的发展产生了一个模糊化的现象：一方面城市日益扩张，边界逐渐模糊，城区成为核心区，近郊区成为城区，远郊区纳入城市带或城市群；另一方面又形成城中村。这种边界的模糊就产生一些新的概念，比如城际乡村、乡村小城、家园一体、休闲发展。要想实现美丽中国、美丽自然、美好心态、美好生活，我们就需要不断地在合适的条件下探讨中国特有的发展模式。

（三）便利化

这里的便利化是指以下三个方面。第一是乡村旅游的便利化。交通格局决定旅游格局，但只需追求大交通的顺畅就够了，小交通要讲究特色，如景观路、文化路、交通路，乡村的公路绝不能"大路朝天、各走半边"，那是用城市化的概念来看待乡村，这样的乡村旅游就算花了大把的钱，结果也是自己毁自己。第二是生活格局的便利化，需要强化新热点，培育重点项目、优势项目、聚集项目。第三是智慧乡村旅游，需要实现网络覆盖，以做到信息全面、市场联通，这方面在市场的促力之下正在迅速变化和发展。

（四）新统筹化

一方面关于农村，应当用看景观的目光看待农村，不能将乡土特色一扫而光；要用综合的理念经营农业，通过旅游提高土地利用率，提升农产品的附加值；要用利用人才的观点发动农民，使农民也成为文化传承者、工艺美术师。另一方面关于城市，要用开发旅游的理念建设城市，突出人本化和差异性；要用经营饭店的理念经营景区，突出精品化和细致化；要用改善生活的理念设计休闲，突出舒适性和体验性。这些年来沟域、山域、水域、县域类的乡村旅游开始兴起，这就相当于治水，要从传统的小流域开始治理，但是大家会发现，光治理小流域不行，必须得培育相关产业。

三、典型案例

台农农牧有限公司系台商独资企业，创办于 1995 年，公司占地 300 多亩，总投资达 1500 万美元，是一家集奶羊、奶牛养殖，乳制品加工生产、销售，旅游观光休闲为一体的现代农业企业。公司位于厦门市同安区北辰山风景区旁，有得天独厚的自然资源，风景秀丽，气候宜人，非常适合人居及养殖业的发展。

（一）特色项目

公司拥有三个牧场，其中奶羊场一个，奶牛场两个，现存栏奶羊 2000 多只，存栏奶牛 1000 多头，日产优质无公害鲜奶 11000 千克，从我国台湾地区及国外引进的先进的奶羊、奶牛养殖技术和挤奶技术及设备，有力保证了奶源的安全性和高品质。目前，已经建立了 500 多个营销网络，覆盖了福建全省各地、市，产品有巴氏杀菌鲜羊奶、巴氏杀菌羊奶口味奶、羊奶酸奶、巴氏杀菌鲜牛奶等十几个品种，口感纯正新鲜、品质优良，深得消费者的信赖。

（二）经验借鉴

在生产加工上，公司先后从日本、我国台湾地区引进了先进的乳制品加工生产设备，并高薪聘请台湾地区的乳品专家，对生产加工工艺进行规范的指导，建立了一套完整的乳品加工工艺流程、管控流程，对产品加工的每一个关键环节做到了有据可查，基本实现了按照 ISO9001、HACCP 模式进行管理；公司具备独立的品管中心和产品研发中心，对每批次产品都按出厂检验要求进行严格检验，检验合格后才放行上市，产品的研发充分依托台湾地区的食品开发技术优势，全面保证了乳品的营养性和适口性。

第八节　旅游小城镇型发展模式

一、发展背景

从广义上来说，旅游小城镇是小城镇的一种类型，但不一定是建制镇，目前，学界对其还没有统一的学术定义，在各地的旅游开发实践中，得出的比较普遍的认识是：旅游小城镇是指依托具有开发价值的旅游资源，提供旅游服务与产品，以休闲产业、旅游业为支撑，拥有较大比例旅游人口的小城镇。它不是行政上的概念，而是一种景区、小镇、度假村相结合的"旅游景区"或"旅游综合体"。旅游小城镇对于旅游产业来说，有利于转变旅游业发展思路，创新旅游业发展模式，完善城镇基础设施和旅游接待服务设施建设，构建旅游发展的新载体。目前在我国 A 级景区中，发展相对成熟的旅游小城镇类景区达 40 多个。这些景区型小镇大多以门票为其主要的经济来源，以休闲、度假、商业运营来支撑景区发展。但就我国目前的发展形势和发展趋势来看，旅游小城镇的数量要远大于景区型小镇的数量。

二、主要特征

旅游小城镇不同于一般小城镇，具有自身鲜明的特征。从业态结构角度讲，旅游小城镇以旅游服务业、休闲产业为主导。从空间形态角度讲，旅游小城镇以休闲聚集为核心。从景观环境上讲，旅游小城镇本身就是一个文化气息浓郁、环境优美的景区。从旅游角度讲，旅游小城镇具备旅游十要素——食、住、行、游、购、娱、体、疗、学、悟。从文化角度讲，旅游小城镇是文化旅游的重要载体，城镇风貌及建筑景观均体现了一定的文化主题。从城镇化角度讲，旅游小城镇围绕休闲旅游，延伸发展出常住人口及完善的城镇公共服务配套设施。

三、典型案例

洛带古镇地处成都市龙泉驿区境内，是四川省打造"两湖一山"旅游区的重点景区、国家 AAAA 级旅游景区、全国首批重点小城镇、成都市重点保护镇、成都文化旅游发展优先镇、省级历史文化名镇、全国"亿万农民健身活动先进镇"。据考证，客家人的先民原居中国中原一带，因社会变动及战争等原因，曾有 5 次大规模的南迁，于中国南方逐渐形成客家民系，成为汉民族 8 大民系中重要的一支。至清末民初，客家人分布的基本范围基本确定，主要分布在广东、江西、福建、四川、湖南、湖北、贵州、台湾、香港、澳门等地区，人口数达 5000 万以上，占汉族人口的 5%。如今居住在镇上的 2 万多居民中，有 90% 以上的居民为客家人，至今仍讲客家话，沿袭客家习俗。全镇辖区面积 20 平方千米，以老街为中心，而洛带镇周围十几个乡（镇、街道办）还聚居着约 50 万客家人，约占当地人口总数的八成。目前，洛带古镇是"中国水蜜桃之乡""中国国际桃花节"主办地，其属亚热带季风气候，年平均气温为 16~17℃，冬无严寒、夏无酷暑，气候宜人，水质、空气均达国家标准，全年均适宜旅游。洛带古镇是成都近郊保存最为完整的客家古镇，有"天下客家第一镇"的美誉，旅游资源十分丰富，文化底蕴非常厚重。镇内千年老街、客家民居保存完好，老街呈"一街七巷子"格局，空间变化丰富；街道两边商铺林立，属典型的明清建筑风格。"一街"由上街和下街组成，宽约 8 米，长约 1200 米，东高西低，石板镶嵌；街衢两边纵横交错着的"七巷"分别为北巷子、凤仪巷、槐树巷、江西会馆巷、柴市巷、马槽堰巷和糠市巷。

（一）特色项目

客家美食系列：伤心凉粉、芫蒿饼、石磨豆花、李记天鹅蛋。街边美食还有玫瑰糖、姜糖、张飞牛肉、酿豆腐、盐卤鸡、洛带供销社饭店的油烫鹅等。

客家菜品系列：客家菜最出名的有九斗碗、酿豆腐、盐卤鸡、油烫鹅、面片汤。

特色旅游产品：状元福蚕丝被，为 100% 纯天然桑蚕丝被，选用本地优质桑蚕茧，并在挑选、煮茧、抽丝、拉套等各个环节设置了质量监督，保证了蚕丝棉的品质。

特色景点：一街七巷子和客家人的四大会馆（江西会馆、川北会馆、湖广会馆、广东会馆）。

特色节庆：每年 7 月 26 日、27 日一般会举行水龙节，场面热闹，极具客家特色。

（二）经验借鉴

凸显旅游小城镇的文化内涵。洛带古镇是因三国时期蜀汉后主刘禅的玉带落入镇旁的八角井而得名。湖广填四川时将客家人的客家文化带入洛带，因此洛带古镇被世人称为"世界的洛带、永远的客家、天下客家"。如今这里旅游资源丰富，文化底蕴厚重，景区有客家土楼博物馆、岭南街区、客家美食街区的博客小镇，博客小镇一期共有 2 万多平方米，将有 30 余商家入驻，其中由年画、泥塑、竹编、香包等非物质文化遗产组成的洛带民间艺术保护发展中心将扎根土楼博物馆。游客可以走进土楼，近距离接触非物质文化遗产，观看非遗传人的精彩工艺表演，还可在客家美食街区品尝种类繁多的客家美食和来自天南海北的特色小吃，做一回"好吃嘴"，并可走进古典生活家具生活馆、画廊等文化艺术区，感受艺术文化的魅力。

第十一章 生态旅游与新农村建设发展关联性理论

第一节 旅游资源开发与保护的理论和方法

一、旅游资源开发与保护的理论

环境问题是一个由多种因素交织而成的，复杂而又具有复合结构的问题，它涉及生态学、生物学、气象学、物理学、化学等自然科学和经济学、管理学、政治学、伦理学等社会科学领域。生态环境保护与旅游资源开发的理论体系，既包含了生态环境保护的理论，也包括了旅游资源开发的理论，两者不是简单的相加，而是融会贯通在旅游开发的每一个环节。因为旅游开发是一个涉及众多生态环境要素和社会经济要素的综合性开发活动，旅游区的开发既有外部的社会与环境问题，也有内部的管理问题，而追求自然、经济、社会与环境的协调与可持续发展是人类的理想，所以将自然科学与社会科学相结合是旅游资源开发的基本指导思想。当前，发展低碳经济与保护生态环境已成为全球共识，旅游业也不能将发展过程中所产生的生态环境成本转嫁给社会，必须从地区与全球的角度审视旅游开发活动，在"拯救地球，保护环境"这个全人类共同的理念下，探索环境友好与可持续发展之路，在旅游项目的开发过程中做到低碳、无污染、无破坏，在旅游活动中做到绿色、生态、环保，在旅游管理中做到科学、规范与创新。

旅游资源组成的复杂性及综合性的特点，决定了其开发利用与保护所依据的经济学、管理学、社会学、组织行为学、生态学、人类学等理论，而可持续发展理论和生态系统理论理应成为旅游资源开发与保护最基本的理论。遵循自然、社会经济发展规律，坚持因地制宜、统筹兼顾、综合开发利用等原则，构成了旅游资源开发利用的基本原则。在此基础上，应根据旅游资源开发利用中存在的问题与今后改造利用的方向，确定开发利用与保护的措施与方案，实现旅游资源的可持续利用并获得最佳的综合效益。

1. 系统科学理论是旅游资源开发与生态环境保护研究的基本理论之一。根据系统论、信息论、控制论、耗散结构理论、协同学理论以及突变理论的观点，旅游系统是一个与生态环境相互关联、相互作用、相互交错的复合开放系统。旅游系统占据着一定的生态位，存在着不稳定的边界，并在与环境的相互作用过程中表现出一定的行为和功能。旅游系统内部的旅游资源、旅游产业部门、相关的行业和管理机构之间存在着作用与反作用、控制与被控制、信息流与熵流的网络结构关系，当系统内外部相互作用超出一定的阈值，在内外环境因子的共同作用下系统的生态位会发生变化。因此，只有认识和掌握旅游系统与生态环境之间在物质、能量、信息、空间与时间上的相互关系，才能更好地处理和解决旅游资源开发与生态环境保护之间存在的问题，协调自然、经济与社会各方面的关系，实现经济、社会与环境的可持续发展。

2. 生态学和景观生态学理论是旅游资源开发与环境保护的重要基础理论之一。在解决世界各种环境问题的诸多学科中，"生态学被广泛看作一门极有希望去解决各种环境问题的学科，一个宝贵的分析武器和一种新的哲学概念或世界观"。根据美国生态环境学家哈定和小米勒提出的生态学三定律，学者傅蓉认为可以得出三个基本结论：（1）旅游地生态系统中的所有事物（包括旅游资源及其各个构成因子）是相互联系和相互影响的，旅游活动对旅游资源与环境的影响也不是孤立的；（2）旅游活动不能对旅游地生态环境中的生物化学循环有任何干扰；（3）旅游活动影响旅游资源与环境后会产生无数效应，其中许多效应是不可逆的。这三个基本结论，提出了旅游资源开发的基本原则和基本要求。根据景观生态学的理论，不同类型的旅游景观单元的性质与空间格局，会随着生态过程的作用而不断改变，环境破坏会降低生物多样性，进而影响旅游景观的观赏价值。旅游景观中的斑块、廊道、基质与生态网络是旅游资源的重要组成部分，规划布局能显著增强旅游资源环境系统适应干扰和变化的能力，对发挥旅游资源的潜力有重要作用。

3. 生态旅游资源分类系统。

目前，我国学术界对生态旅游资源的分类研究，主要是从旅游地理学、环境学和生态学三个学科的角度出发的。

（1）以旅游地理学为学科依据的分类

①生态旅游资源本体属性的两分、三分法

杨福泉将生态旅游资源划分为自然生态和人文环境。

程道品将生态旅游资源分为3级，第一级分为2个生态景观系，即陆地生态旅游资源景观系和水域生态旅游资源景观系；第二级分为9个生态景观区；第三级分为39个生态景观型。

赛江涛、张宝军将生态旅游资源分为自然生态旅游资源和生态文化旅游资源两大类，其中自然生态旅游资源包含4个亚类，生态文化旅游资源包含3个亚类。

②生态旅游资源成因分类

郭来喜按生成机制将生态旅游资源分成内生型（或原生型）和外生型两大类。

③生态旅游资源主体功能差异分类

分为保健型、狩猎型、民俗型等类。

袁书琪从旅游产品开发的角度，将生态旅游资源分为生态观光旅游资源、生态运动旅游资源、生态休闲旅游资源、生态度假旅游资源、生态科考旅游资源、生态文化旅游资源、生态探险旅游资源等7大类。

④生态旅游活动性质分类

袁书琪从空间分布的角度，将生态旅游资源分为山岳生态旅游资源、海滨生态旅游资源、河湖生态旅游资源、湿地生态旅游资源、草原生态旅游资源、荒漠中绿洲生态旅游资源、冰雪生态旅游资源。

⑤生态旅游资源地域分布及其环境特点结合归类

王良健将资源空间分布与地域气候特征相结合，将我国划分为四大基本生态旅游区：东部名山、江河湖泊、田园风光生态旅游区；西北草原、沙漠戈壁、雪山绿洲生态旅游区；青藏高原高寒景观、江河源头、高原湖泊生态旅游区；西南高山峡谷、岩溶风光、天然动植物园生态旅游区。

（2）以环境学、生态学、旅游地理学的结合为学科依据的分类

陈凤翔、何平等根据生态旅游作用于旅游者的表现形式，将生态旅游资源分为可视生态旅游资源和可感觉生态旅游资源。

卢云亭、王建军按照性质与功能、价值因素，认为生态旅游资源包括生物物种多样性资源、生物物种美学资源、生物物种分泌性资源和生态环境资源。

王建军、李朝阳、田明中运用景观—环境属性分类方法，将生态旅游资源分为两个大类：生态旅游景观资源和生态旅游环境资源；在两个大类下又按照生态旅游资源的自然或人文属性分为4个主类，主类下又分16个亚类和115个基本类型。

王力峰、王志文、张翠娟将景观生态学理论运用到生态旅游资源分类体系中，将生态旅游资源分为三个层次，第一个层次分为两个生态景观系：水域生态旅游资源景观类和陆地生态旅游资源景观类；第二个层次分为9个生态景观区；第三个层次分为40个生态景观型。

（3）基于上述5种分类依据的自上而下、差异分类法

杨桂华、钟林生、明庆忠按照上述5个生态旅游资源分类依据，采用自上而下、根据差异逐渐分类的方法，具体采用三级划分，第一级分为3个大类，第二级分为8类，第三级分为26个小类。

4.地理学的理论与方法在旅游资源开发与生态环境保护中也具有重要影响。地理

学特别是旅游地理学侧重研究旅游资源的空间分布、变化及其对旅游者的影响，探讨旅游地理环境的演化过程，揭示与评估旅游生态环境的影响；此外，在生态环境承载力研究，旅游者行为理论，生态环境的经济价值估算，区域旅游一体化，旅游产业集群，遥感、地理信息系统等技术在旅游资源调查中的应用，以及旅游开发模式创新研究等方面，旅游地理学也发挥了重要作用。

通过采用地理信息系统（GIS）技术，对旅游环境影响进行实时长期监控，管理者可以获得旅游环境与旅游者活动的时空数据及相关要素信息，使旅游环境管理更加科学。

环境哲学及其核心价值理念——环境伦理观和可持续发展观作为旅游资源开发与保护的理论基础，同样是必不可少的。当今世界的很多旅游环境问题已不单是旅游开发造成的，还涉及经济、社会、未来发展、效益、公平等多方面因素。环境哲学是通过反思人与自然的关系，以全新的眼光来解释世界，把世界、人和社会所构成的整个世界视为一个辩证发展的整体。

二、旅游资源开发与保护的方法

旅游资源，是指自然界和人类社会中凡能对旅游者产生吸引力，可以为旅游业所开发利用，并可产生经济效益、社会效益和环境效益的各种事物和因素。虽然在新资源观的指导下，旅游资源不再是旅游产业发展的唯一决定因素，但受到传统旅游产业发展模式的影响，旅游资源的知名度、品位度、垄断度和丰富程度等在很大程度上仍旧影响着旅游产品的类型和开发方向。由于生态旅游更加注重资源的保护和可持续发展，更注重生态旅游整体环境的塑造，生态旅游资源在生态旅游发展中仍然占有主导地位。加深对生态旅游资源概念的认识也有助于实现生态旅游产品的适度开发，把握生态旅游发展的趋势，同时有助于更好地处理人和资源、人和环境之间的关系，实现真正的生态文明，从而最终达到生态旅游发展经济效益、社会效益和环境效益的和谐统一。

国内学者关于生态旅游资源保护方法的观点主要集中在以下几个方面。

第一，生态旅游资源就是指以生态美（包括自然生态和人文生态）吸引旅游者前来进行生态旅游活动，并为旅游业所利用，在保护的前提下，能够实现环境的优化组合、物质能量的良性循环、经济和社会的协调发展，能够产生可持续的生态旅游综合效益，具有较高观光、欣赏价值的生态旅游活动对象。保护生态旅游资源可实现环境的优化组合、物质能量的良性循环以及经济和社会的协调发展。

第二，注意适当兼顾生态旅游资源与传统大众旅游资源的融合。

生态旅游资源除具有一般旅游资源的多样性、变化性、文化性等特征，还具有自己独特的特性。通过生态旅游资源与传统大众旅游资源的比较可以看出，生态旅游资源还具有如下特征：生态方面的原生性、和谐性、脆弱性和保护性，自然方面的广泛性、地域性、季节性和时代性，社会方面的精神价值无限性、特异的民族性，经济方面的不可移植性与可更新性，市场需求的多样性和旅游经营的垄断性。因此，要在保护的前提下适当地加入传统旅游"猎""奇""新"的趣味性元素。

第三，地方政府要加强与高校的合作意识。地方政府要强化服务意识，发挥政府主导作用，努力推动产学研合作。让地方院校本土艺术设计研究人员与生态旅游专家学者共同参与到生态旅游传承保护中去。开展"师生毕业创作主题进乡村"活动，以毕业设计展的形式对生态聚居村落、非物质文化遗产村落进行全方位的保护设计，打造品牌效益。推动当地经济发展，保护历史文化，传承深挖人文精髓。形成政府牵头、学院专家把关、专业设计人员设计规划、当地政府支持的良性循环。

第四，由于旅游是人类直接或间接作用于自然的一种活动形式，其价值理念是尊重自然、敬畏生命，而这种生命是人与自然共有的属性。如果忽视了环境的存在价值，作为自然一部分的人的价值就受到了威胁，而人的生存价值又是人类所有实践活动和社会发展的终极价值。可持续旅游是旅游发展目前唯一的科学途径，可持续旅游是依托多种旅游活动形式，对各国和各地区可持续发展做出贡献的旅游活动。

坚持可持续原则是旅游可持续发展的基本保证，这十项基本原则是：①坚持资源利用的可持续性；②减少过度的消费与浪费；③保持发展的多样性；④将旅游纳入地区发展的规划中；⑤促进地方经济的发展；⑥提高地方社区参与旅游发展的积极性；⑦重视旅游相关利益者及大众的利益；⑧加强员工培训；⑨提高旅游市场环境营销的责任意识；⑩加强旅游研究、数据分析与监控，以有利于目的地可持续旅游的发展。

第二节　生态旅游的发展模式和发展条件

随着全球范围内环境危机的加剧，人类的生存环境也逐渐恶化，土地沙漠化、水土流失、物种灭绝、环境污染等问题摆在了人类的面前。于是，在各个领域、各个产业都掀起了一场生态环境的保卫战。在旅游产业领域，最突出的表现是旅游者对生态问题的关注，对旅游环境的可持续发展的关注。同时，在生态旅游纵深发展的过程中，环境保护意识、生态文明理念、可持续发展追求等逐渐成了生态旅游发展的关键，旅游消费趋势逐渐朝有利于生态平衡的理性方向发展，并逐渐向生态旅游的深层次探索。也正因为如此，生态旅游的产品类型日渐丰富，并随着理念、信息、科技等的变化而动态发展着。

一、生态旅游发展模式

生态旅游环境既是旅游环境的一部分，又与旅游环境有所区别，其发展模式的内涵包括以下几个方面。

1. 生态旅游环境是指在符合生态学和环境学的基本原理、方法和手段的前提下运行的旅游环境，它能够建立和维护良好的景观生态、旅游生态。

2. 生态旅游环境是以系统良性运行为目的而进行统筹规划和运行，使旅游环境与旅游发展相适应、相协调，使自然资源和自然环境能继续繁衍生息，使人文环境能延续和得到保护的一种文明的、对后代负责的旅游环境。

3. 生态旅游环境是以某一旅游地域的旅游容量为限度而建立的旅游环境。将旅游活动限制在该旅游容量的阈值范围内，就可使生态旅游不破坏当地的生态系统，从而使旅游地域的生态系统在被开发利用的同时，得到休养生息，进而达到旅游发展、经济发展、资源保护利用、环境改良协调发展的目的。

4. 生态旅游环境不仅包括自然生态旅游环境和人文生态旅游环境，还特别重视"天人合一"的旅游环境。即既注重生态环境本身，又注重一些环境要素和环境所包含的生态文化。

5. 生态旅游环境还是运用生态美学原理与方法建立起来的旅游环境。旅游是集自然生态学、人文生态学于一体的综合性审美活动，生态旅游更是人类追求美的精神文化活动。生态旅游环境就是培育生态美的场所，也是人们欣赏、享受生态美的场所。

6. 生态旅游环境还是一种考虑旅游者心理感知的旅游环境。生态旅游者的旅游动机主要是亲近大自然，尤其是那些野生的、受人类干扰较小的原生自然区域，以及学习和研究自然、文化。因而，生态旅游环境的开发要考虑到生态旅游者回归大自然、享受大自然、了解大自然的旅游动机，着重建设能让旅游者感知自然的旅游环境。

二、生态旅游的产品类型

生态旅游资源的丰富性决定了生态旅游产品类型的多样性，而生态旅游的动态发展性，决定了生态旅游产品是不断丰富和变化的。随着新的生态旅游资源的出现和旧的生态旅游资源的消失、灭绝，目前生态旅游产品的类型从广义和狭义的角度来看，分别主要有以下几种。

有学者认为我国生态旅游的类型主要包括两种：自然生态旅游和文化生态旅游。自然生态旅游是以自然生态系统为依托，以自然生态旅游资源为基础，满足生态旅游五大基本要求的旅游系统；而文化生态旅游是指人类活动作用于自然界而形成的人地关系地域系统，它既包括有形的实体要素，如农舍、村镇、城市、农田、道路、厂房等，也包括无形的抽象要素，如语言、宗教、习俗和价值观念等。

许福才等人将我国生态旅游类型归结为以下几种，如表 11-1。

表 11-1　我国生态旅游类型

生态旅游类型	代表性景点
山岳生态景区	五岳、佛教名山等
湖泊生态景区	长白山天池、肇庆星湖等
森林生态景区	吉林长白山、湖北神农架、云南西双版纳热带雨林等
草原生态景区	内蒙古呼伦贝尔草原
海洋生态景区	广西北海、海南文昌的红树林海岸
观鸟生态景区	江西鄱阳湖越冬候鸟自然保护区、青海湖鸟岛
冰雪生态旅游区	云南丽江玉龙雪山、吉林延边长白山
漂流生态景区	湖北神农架
徒步探险生态景区	西藏珠穆朗玛峰、雅鲁藏布江大峡谷

宋东宁指出，目前，我国开放的生态旅游区主要有森林公园、风景名胜区、自然保护区等；生态旅游产品的类型主要包括观鸟和野生动物旅游、自行车旅游、漂流旅游、沙漠探险、自然生态考察、滑雪旅游、登山探险、香格里拉探秘游、海洋之旅等。

这是针对生态旅游资源的地域差异性而进行生态旅游产品分类的典型，在我国很多地区，这种产品分类方法往往又和资源的功能性特征相结合。

森林旅游是生态旅游的主要组成部分和首要形式，森林的诸多保健功能使其对游客有巨大的吸引力，也为大力开展生态旅游创造了无比优越的条件。我国已批准建立森林公园上千处，初步形成了山岳森林型、海滨森林型、沙漠森林型、冰川森林型、溶洞森林型、火山遗迹森林型、森林草原型、热带雨林型等风格各异、特色鲜明的森林公园体系。

文祖湘等人在论述台湾生态旅游发展过程时，特别指出了休闲农渔与民宿已成为台湾生态旅游发展的重要特色，地方政府多将休憩观光和休闲农渔列为促进地方发展的主要策略，同时指出"名过其实"的观光行程常会忽略环境规划和配套措施，休闲农渔与民宿应扮演绿色生活的实践者与推动者，发展休闲农渔与民宿必须重视休憩生息和环境管理，负责任的生态旅游要倾听环境的声音。

另外，生态旅游的深化发展还会加速很多产业链相关产品的出现和多样化，如生态旅馆和生态旅游服务联合体。生态旅馆是住宿设施的一种发展趋势，而生态旅馆服务网是生态旅馆产业内部的发展趋势，这一趋势与旅游系统内不断增加的合作化与一体化有关。生态旅游服务联合体是指在一个单独的景点内，企业在自己拥有的私人保护区内提供的综合的、一揽子的旅游体验、便利设施和服务。这类大规模的便利设施不只依靠生态旅游业务，如柯兰湾度假胜地（位于澳大利亚南斯垂德布瑞克岛的黄金海岸）靠多种经营来维持生存。柯兰湾度假区最初是被作为一个专业化的生态旅游设施来发展的，但是，1997年经过管理层决定后产生了多种变化，管理者认为，生态旅游对于支撑一个拥有300间客房的旅游设施来讲，业务范围过于狭窄了，并且这种乡村风格并不能反映度假区产品的多样性特色。柯兰湾现在是被作为一个全方位、对环境友好的度假区来进行营销的，它将生态旅游纳入活动范畴，同时还包括了体育与健身活动、商业会议与大型会议以及各种海滩活动。

三、生态旅游的开发条件

杨桂华等人结合生态旅游产生的背景，对生态旅游的开发条件进行了总结。

从世界各地开展生态旅游的实际情况来看，生态旅游的开发条件有主动式和被动式两种。主动式是发达国家常见的模式，这些国家因市场需求促使生态旅游主动产生，典型代表是美国。美国从1872年建立世界上第一个国家公园——黄石公园起，就开始了以游览国家公园为主体的自然旅游，每年有成千上万的"自然旅游者"到国家公园游览。继美国之后，其他欧美国家及日本、澳大利亚、新西兰等国家也开展了生态旅游，并取得了较好的效果。被动式是在欠发达国家常见的模式，这些国家拥有开展生态旅游的丰富而独特的资源，但发展生态旅游主要是由于经济压力，多是迫不得已。典型代表是非洲的肯尼亚。20世纪初，殖民主义者发起野蛮的大型狩猎活动，给肯尼亚的野生动物带来了灾难。1978年，因政府宣布禁止狩猎和交易而失业的人被迫走上了开辟旅游市场的道路，他们以该国丰富的自然资源招揽旅游者，生态旅游由此而生。属于同样情况的，还有因发展农业而砍伐森林导致水土流失和土壤贫瘠，不得不进行资源保护而发展生态旅游的拉丁美洲国家哥斯达黎加，有36%的旅游者是因为生态旅游而到哥斯达黎加的。

另外，王金伟等人根据生态旅游的发展过程，将生态旅游开发条件模式总结为功能分区模式、社区参与模式和环境教育模式。这三种模式各有侧重，功能分区模式尤其适用于自然保护区的生态旅游开发，通过功能分区对游客进行有效分流，并对旅游资源进行可持续开发；社区参与模式有利于生态旅游发扬优势、克服劣势、抓住机遇、迎接挑战；而生态旅游环境教育模式将旅游与环境科普结合，旅游规划以生态旅游地环境保护为导向，设计各种旅游项目，使当地居民具有"保护"意识并参与生态旅游开发，使旅游者以对自然负责的态度进行旅游活动，防止环境破坏等问题的出现。

生态旅游资源作为一种重要的旅游吸引物，能够为旅游者带来超值的旅游享受，其吸引力价值主要表现在以下几个方面：一是在一定地理范围滋生的生态旅游资源具有明显的独特性和差异性，旅游者在进行生态旅游活动的过程中，不仅可以使身心完全放松，还可以从中得到自我价值的实现；二是不仅可以满足旅游者猎奇、丰富阅历等旅游需求，还可以使其增长知识、体悟文化。目前，生态旅游已经成为旅游者和旅游生态环境联系最为密切的一种旅游方式。因此，要想真正实现人和自然界的和谐发展，在生态旅游开发中必须遵循一定的原则。

李伟认为，生态旅游开发的一般原则有：可持续发展原则，保护优先原则，综合考虑、统一规划原则，经济效益、社会效益和环境效益"三效"统一原则。

杨开忠等人从旅游活动的主客体以及它们之间的内在连接出发，将生态旅游的基本原则确定如下：旅游者行为约束原则、旅游地生态保护原则、旅游业经济发展原则。

文祖湘提出，可持续生态旅游发展的主要原则与策略包含：合理利用当地环境特性、品质、文化、植物和野生动物，提供旅游者所追寻的生态旅游体验；对地方历史古迹与荒废地进行复原的新价值观与利用方式；以强调地方特色来进行生态旅游发展的规划设计；与地方社区结合，尽量以地方之手推动生态旅游事业的发展；生态旅游投资必须支援地方经济的发展，以增加当地居民的收入为考量，避免造成与地方就业的冲突对立；生态旅游发展团体应广泛搜集当地资料，为旅游者提供环境解说与教育服务，并协助推广观光休憩活动。

第三节　新农村生态旅游的规划原理和开发影响

一、新农村生态旅游规划概念界定

一般而言，概念是人们对事物本质的认识。作为一种思维形式，它反映客观事物的一般、本质特征。所谓新农村生态旅游规划就是把乡村规划、生态规划、旅游规划三部分有机结合起来，通过一系列抽象思维完成对这三个概念的辨析。

（一）乡村规划

乡村规划的界定对规范农村土地开发利用、提高乡村环境建设质量以及统筹城乡协调发展等都具有重要意义，一般是指针对新农村建设在用地布局、建设要求等诸多方面进行的部署与安排。学术界普遍认为，乡村规划的内容、包含范围较为广泛多样，大体上可以从具体研究对象上进行如下划分：（1）乡村自然和人文资源（要素及条件）的综合分析评价；（2）乡村社会经济文化的总体发展方向、战略目标设定及分区布局；（3）乡村内部微观经济体系各部门的投入产出，即投资规模、发展水平、增长速度与实际效益；（4）乡村规划实施的行动计划，即具体的措施与步骤。普遍地，在制定乡村规划时，要基于乡村的资源要素条件、现有农作物及生产基础、国家和所在区域经济发展的方针与政策等进行系统性思考，以经济建设为中心，以提高社会、经济、生态三大综合效益为前提，实行长远结合、留有余地、反复平衡、综合比选、择优施行的战略，以获取最佳产出。

从国外来看，乡村规划是伴随着 19 世纪末城市规划的起源而逐渐产生、发展起来的。具体而言，由于人口激增及贫困而出现的各类复杂社会现象，当时最发达的资本主义国家英国为解决快速城市化所带来的城市贫困、交通拥挤等"城市病"问题，做出了大量努力和尝试，包括自 19 世纪起就开展的公共卫生改良运动等。在这个过程中，英国社会活动家霍华德提出了一种"城市—乡村"完美结合的区域发展形式，即到今天仍有巨大影响的"田园城市"规划思想，也出现了一些以空间规划为主的社会改革方案。虽然起初的城市改良运动还停留在学者及民间组织主张和呼吁的层面，但无论如何城市与乡村在规划过程中也是一直紧密关联、相辅相成的。例如，1932 年英国《住房与城市规划诸法》修改为《城乡规划法》，把乡村土地纳入了规划范围；1947 年修改的《城乡规划法》又将城乡用地作为整体，对城乡土地进行统一规划，从而乡村规划便作为一项制度被正式纳入了法律的调整范围。基于城市与乡村在空间用地布局方面的协调性和不可分割性，各国规划法一般是在不断发展与完善城市规划的基础上，将乡村规划纳入调整范围，形成覆盖城乡的规划法典，以统筹城乡发展，更好地发挥规划的作用。我国乡村规划方面相关工作的正式起步则出现在改革开放之后，根据政务安排，原城乡建设环境保护部在 1982 年下设了新农村建设管理局，负责指导并协调全国的农房建设工作，相应地省级建设行政主管部门也成立了新农村建设处，但是这些机构主要执行的是上行下效的政策性的行政管理任务，还谈不上对乡村进行法律规范意义上的规划管理；1993 年，国务院《村庄和集镇规划建设管理条例》的发布才正式以行政法规的形式规范了乡村的规划与建设等诸多问题，从而使我国的乡村规划具备了法律依据，并逐渐走向制度化、规范化的道路。

（二）旅游规划

旅游规划是旅游业实现健康、快速、可持续发展的前提，是对不同尺度上的地域经济综合体内旅游系统的发展目标和实现方式的整体部署过程。当前，旅游规划经相关政府部门审批后，是该区各类部门进行旅游开发、建设、管理的重要法律依据。因此，旅游规划要求从系统发展全局和稳健运行出发，着眼于旅游规划对象的综合整体优化，正确处理旅游系统内外部的复杂结构，从发展和立体的视角来考虑和处理问题。

关于旅游规划的起源严格意义上无从考证，有人认为"古代达官显贵围绕巡游目的而展开的安排是'旅游规划'的原始雏形"，但真正科学意义上的旅游规划工作则是近现代才开始出现的事情。20 世纪 30 年代的美国学者从土地利用的角度切入旅游规划的早期工作，是规范的旅游规划研究的起始标志。而现有的具备完整旅游规划形态的 1959 年夏威夷规划，被看作现代旅游规划的先驱，该旅游规划第一次成为区域规划的一个重要组成部分。1963 年，联合国国际旅游大会强调了旅游规划的重大意义；20 世纪 60 年代，英国、法国等欧洲国家开始出现正式的旅游规划概念。随后，从 20 世纪 60 年代中期到 70 年代初，旅游规划在相对发达的欧洲和美洲诸国得到了迅猛发展，并渐次延伸到亚洲和非洲国家。1977 年，世界旅游组织首次对各国的旅游开发规划进行了调查，结果表明，该组织 43 个成员国中有 37 个国家有了国家层面的旅游发展总体规划。随即，世界旅游组织出版了两个旅游开发文件，即《综合规划》和《旅游开发规划明细录》，成为具有行业规范属性的国际性标准文件。而理论研究专著性质的成果出现在 1979 年，美国著名学者 Gunn 出版了一部比较系统的著作《旅游规划》。因此，可以说 20 世纪 70 年代旅游规划开始进入较为正式的研究阶段，由此出发，旅游规划逐渐成为区域旅游发展的重要依托。

中国第一家旅行社是在陈光甫先生的倡导和直接领导下建立的，由于旅游活动较大规模地展开，对于旅游地的开发提出了较高的具体要求，该社开始对旅游地的发展进行初步规划，这在中国旅游规划历史上具有一定的法律意义。但真正区域管理意义上的旅游规划还是出现于改革开放以后，基本上起步于 20 世纪 80 年代，最初的关注点主要是洋为中用，也就是借鉴国外成熟先进的研究理论，再结合各地区实际情况，以描述性的语言为主进行规划设计，但理论的深度不够。20 世纪末，经过一段时间的沉淀，旅游规划理念开始逐渐精练，形成科学化、体系化、标准化的体例模式。其间标志性的事件就是 1997 年由国家旅游局编辑出版的《旅游规划工作纲要》和《旅游业可持续发展：地方旅游规划指南》两部专著。进入 21 世纪初，中国旅游规划开始进入了比较成熟的发展阶段，主要表现为各级各类政府及其旅游行政管理部门开始重视旅游规划的作用，并对业界进行了规范管理。

我国乡村生态旅游规划的发展表现在以下几个方面。

1. 理论建树

对乡村生态旅游的研究在我国发展极为迅速，其研究方向细致多样，为乡村生态旅游的发展提供了强大支持。乡村旅游规划与设计的研究方向是：借鉴区域旅游规划的一般流程，选择一定的研究区域，进行案例研究。在基本方法和发展方向等领域的研究有：王云才采用定性与定量相结合以及景观科学理论等研究方法，全面系统地研究了乡村旅游设计研究的背景、意义、现状及发展趋势，乡村景观评价与乡村旅游规划设计的技术，乡村景观意象与景观旅游规划设计，以及乡村可持续发展等问题，提出了发展乡村旅游的选址标准，包括比较优越的地理位置、优美的自然生态环境、农业生物优势或独特地方文化、典型的"生态、立体"农业等；匡林认为全国乡村旅游开发应该按照"小项目、多功能、广收益"的特点，布点成网，形成两个市场、两套产品。另外，基于地方案例的研究更加丰富：何景明以西部地区发展乡村旅游的典型——成都为例，提出了乡村旅游开发应注重规划、加强科技含量、进行产品差异化设计和整合营销、推进软硬环境建设等对策和建议；胡巍详细分析了乡村旅游开发中的旅游资源评价各个环节，及其对乡村旅游规划的重要意义；章锦河和凌善金等分析了安徽泾县宏村古村落的地理文脉、村落特征、聚集景观、市场感应等，提出了宏村古村落旅游形象定位理念，并就主题口号、视觉形象、行为形象进行了方案设计；何晓芳结合安吉县禹山坞村的生态旅游规划实践，探讨了乡村生态旅游规划的原则、方法、程序和乡村旅游规划的基本内容。王仲麟和祁黄雄等借鉴区域旅游规划的一般流程，结合密云县的农业开发实践，对区域观光农业规划过程和方法进行了探讨。

综上所述，对乡村生态旅游的研究发展较为迅速，研究深刻全面，有大量成果问世，但是研究中也存在弊端。李加林等人认为，国内对乡村旅游规划与设计的研究主要是借鉴区域旅游规划的一般流程，选择一定的研究区域，进行案例研究，但较多停留在定性分析和一般归纳总结的水平上，缺乏高质量的抽象理论，今后应该加强多学科研究方法的综合，提高研究成果解决实际问题的能力，并逐渐使研究走向定量化。

2. 政策发展机遇

乡村旅游市场的壮大首先得到了国家层面的政策支持。国家旅游局提出 2006 年全国旅游的宣传主题为"2006 中国乡村游"，宣传口号为"新农村、新旅游、新体验、新风尚"；2006 年初，中央"一号文件"《中共中央国务院关于推进社会主义新农村建设的若干意见》出台，提出了生产发展、生活宽裕、乡风文明、村容整洁、管理民主五个方面的主要要求。为了深入地贯彻落实党中央、国务院精神，更好地发挥旅游在建设社会主义新农村中的优势和作用，"借助旅游产业促进社会主义新农村建设"成为各地区旅游业发展的重要目标之一。乡村旅游在促进农业产业结构调整、增加农民收入、充分利用农村剩余劳动力、维护农村社会经济可持续发展等众多方面具有重要意义。国家旅游局和农业农村部共同推进了乡村旅游"百千万工程"，即"十一五"期间建成具有乡村旅游示范意义的 100 个县、1000 个乡镇和 10000 个村，使已有的乡村旅游项目得到明显提升和完善，基本形成种类丰富、档次适中的乡村旅游产品体系和特色突出、发展规范的乡村旅游格局，满足人民在生活水平提高后对旅游消费的需求。总的来看，在国家宏观发展战略的支撑下，我国乡村旅游的市场空间和需求潜力较大，发展前景良好。

同时，生态旅游发展也面临利好的政策机遇——《全国生态旅游发展纲要》出台。2008 年 10 月，国家旅游局和环境保护部共同召开了全国生态旅游发展工作会议，会议印发了两部门联合编制完成的《全国生态旅游发展纲要（2008—2015）》。纲要提出，要充分认识发展生态旅游对于促进生态文明建设、促进社会主义新农村建设的重要意义，积极围绕促进生态文明建设和环境友好型社会建设，来研究部署和推进各地下一步生态旅游发展工作，共同推进旅游产业大省建设，促进生态旅游业又好又快发展。2009 年被确定为"中国生态旅游年"，主题口号为"走进绿色旅游、感受生态文明"。各地都在抢抓机遇，按照《纲要》要求，全面推进生态旅游工作，在积极编制生态旅游发展规划、做好环境评价工作的同时，立足实际认真做好生态旅游示范推广，提高生态旅游科技水平，推进生态旅游精品建设，加强生态旅游宣传教育，增强生态旅游公共服务，不断推进生态旅游发展迈上新台阶。

旅游规划的发展，是随着产业发展而逐渐深化的典型模式，其持续发展的客观基础之一就是社会旅游休闲消费需求的永续存在且持续增长。随着旅游市场的逐步发展成熟和旅游规划积极作用的显现，旅游规划仍将成为旅游学研究的重点，呈现出多学科融合、多元化发展的特点，相应的规范完善性、科学合理性、实践指导性也将进一步增强，并借助多样调查研究方法的引入，使规划成果更加符合当地实际。旅游规划理论研究和实践应用还会进一步和旅游发展趋势深度结合，低碳旅游、生态旅游、高科技旅游、替代性旅游等重要创新观念都将在旅游规划中得到体现。

（三）生态规划

"生态规划"已经成为现在社会科学研究中最经常被提到的词汇之一，它是指运用生态学原理，综合、长远地评价、规划和协调人与自然资源开发、利用和转化的关系，提高生态经济效益，促进社会经济可持续发展的一种区域发展规划方法。一般是指以生态学原理和城乡规划原理为指导，应用系统科学、环境科学等多学科的手段辨别、模拟和设计人工复合生态系统内的各种生态关系，确定资源开发利用与保护的生态适宜度，探讨改善系统结构与功能的生态建设对策，促进人与环境关系持续协调发展的一种规划。我们可以把生态规划看作在人类生产、非生产活动和自然生态之间进行平衡的综合性计划。

生态规划的内容丰富多样，根据不同的研究角度各有侧重。按照有关机构审定，生态规划一般包含五个方面：（1）保证可再生资源不断恢复、稳定增长、提高质量和永续利用的计划和措施；（2）保护自然系统生物完整性的计划和措施，如严禁滥捕野生动物，合理采集野生植物，建立自然保护区，保护稀有野生生物和拯救濒临灭绝的物种等；（3）合理有效地利用土地、矿产、能源和水等不可再生资源的计划和措施，以增加自然系统的经济价值；（4）治理污染和防止污染的计划和措施；（5）改善人类环境质量的计划和措施，以增进人类身心健康，保护人类居住环境的美学价值。

新农村生态旅游概念的兴起在很大程度上促进了旅游业对于生态规划概念的研究和应用。前任世界旅游组织秘书长弗朗加利在世界生态旅游峰会的致辞中指出："生态旅游及其可持续发展肩负着三个方面的迫在眉睫的使命：经济方面要刺激经济活力、减少贫困；社会方面要为最弱势人群创造就业岗位；环境方面要为保护自然和文化资源提供必要的财力。生态旅游的所有参与者都必须为这三个重要的目标齐心协力地工作。"生态旅游的概念一经提出，如何借助生态规划的概念和方法在旅游规划中进行应用的问题，就在国内外引起了广泛重视，生态型旅游规划也成为旅游规划理论以及实践的创新研究的重要方向。

二、新农村开发的生态环境影响

旅游的环境影响可分为对植物、动物、水质量、空气质量、海岸线的影响和噪声、废弃物等污染。旅游环境的破坏既有游客随意践踏、破坏自然或文化景观，丢弃垃圾或干扰野生生物环境等因素，也有旅游资源开发者与管理者利用与保护不当，在自然景区内开山筑路、建造楼房等人工建筑，造成环境污染以及土地退化等因素。

传统观念认为，旅游资源是能够诱发旅游动机和实施旅游行为的诸多因素的总和。实际上，能够与旅游活动发生一定联系的所有事物均是旅游资源。保护旅游资源在一定程度上就是保护自然生态环境与人类社会文化，反之亦然。

（一）新农村开发与生态环境的关系

二者的关系可以概括为五种类型。一是旅游资源的开发不产生生态环境问题，这是最好的结果。比如，国外所倡导的深生态旅游，由于旅游者充满着对大自然的敬畏与珍爱之心，并带走垃圾等一切旅行遗留物，基本不产生生态环境影响或破坏。二是生态环境的质量和状态影响旅游资源开发。当生态环境遭到破坏，如地震、泥石流、森林火灾、病虫害、水土流失、风化剥蚀、环境污染等，必然影响到相关旅游资源的开发和利用；相反，生态环境质量和状态的改善与提高会促进旅游资源的开发与利用。三是开发与保护存在矛盾但并未恶化，虽然由于旅游资源开发的理念不正确或采用的经济、技术手段不合理产生了环境问题，但并未导致生态系统结构与稳定性的破坏。由于不同生态环境系统对外力影响的抵抗力、自恢复力和自发展能力不同，局部的稳定性与全域的稳定性不同，短期的稳定性和长期的稳定性不同，对于旅游资源的开发利用对环境的影响需要具体问题具体分析。土地资源开发有生态适宜性分析，但旅游资源开发很少有生态适宜性分析，实际上不同类型或同一类型的旅游资源存在着不同的生态位和生态适宜性，只有符合条件的旅游活动和旅游者才可以开展相应的旅游活动，所以只有开展生态适宜性分析才能确保旅游生态环境的安全。四是不利于旅游资源与生态环境保护的开发与利用，如旅游资源开发所产生的各种生态环境破坏与污染。五是开发与保护遵循着可持续利用的原则，即在保护中开发。这是一种科学的旅游发展观，强调旅游资源的开发利用与保护并举，二者相辅相成。

旅游环境是一个复合环境系统。旅游环境存在的主要问题有：内源性破坏，即旅游活动本身带来的破坏，主要有旅游景区的建设性破坏和生活垃圾对旅游环境的污染；外源性破坏，即周边区域经济活动带来的破坏，主要指"三废"对旅游环境的污染和城市基础设施不合理布局破坏旅游环境。旅游开发中存在的问题还包括：旅游开发利用的深度不够，没有充分发掘地方旅游的文化内涵，开发的旅游资源类型少，开发宣传力度不够等。当然旅游开发的影响还包括改善旅游客源结构、提升地方知名度与品牌形象、吸引投资、提高社区利益相关者的收益等正面效应。

旅游资源开发的生态环境影响还与人们对旅游资源的价值认知有关。人类对旅游资源价值的认知是建立在对自然资源与社会文化等价值的认知基础之上的，伴随着人类科学理性的发展而趋向成熟。随着人类社会物质、精神文化生活水平的提高，科学技术的日新月异，旅游资源开发的理念与技术方法将更加科学完善，旅游开发将更加注重环境保护效益的长效性、可确定性，旅游政策的制定将既考虑到宏观的区域发展要求，又具有鲜明的地方特色，旅游开发与保护的观念将从表层向更深层次发展。

旅游对自然环境的影响显然不同于旅游的社会、政治、经济与文化影响，旅游对自然资源与环境的影响更多地表现为长期的、间接的而非直接的影响。例如，自然风景区内的人工建筑虽然没有直接影响风景区内的自然生态环境，但产生的视觉效果却间接导致了风景区景观价值的降低；而对于各种户外运动类型的旅游活动来说，自然环境的破坏也会大大阻碍该类旅游项目的开展。因此，在旅游资源开发与保护中，首先必须统一思想认识，明确开发方针政策，只有坚持系统科学地开发，才能合理地保护旅游资源与环境。

（二）新农村旅游资源开发的生态环境负面影响

旅游开发的环境影响在不同地区是有区别的，而且区别是多方面的。除直接影响外，还可能产生间接的影响，如旅游交通工具、基础设施所产生的大气、水体与固体废弃物的污染可使珍贵的历史文物遭到破坏。旅游开发也可能产生短期或长期的影响，如旅游者在密林中的喧哗声等噪声对鸟类的暂时影响，而对植被的破坏或火灾就可能对旅游区造成长期的影响。旅游发展与生态环境保护一直是一个矛盾，旅游业可以为保护区带来财富与就业，但缺少经费、过载以及土地退化等问题的产生，均是旅游业的发展与保护不协调的缘故。

生态旅游可能会带来几种环境问题，如生态旅游环境破坏、生态旅游环境退化以及生态环境不协调等，见表11-2。

表 11-2　生态旅游可能带来的环境问题

生态旅游环境破坏	生态旅游环境退化	生态环境不协调
破坏动植物种群结构	动植物生长环境恶化	建筑设施与生态旅游不协调
破坏地表	人类生活环境质量下降	"三废"与生态旅游环境不协调
破坏自然资源	旅游气氛环境恶化	旅游地域城市化、商业化与生态旅游环境不协调
破坏社会经济环境		旅游者行为与生态旅游环境不协调，人造景观与生态不协调，旅游灯光等配置与生态旅游环境不协调

可见，高质量的生态旅游环境是生态旅游发展的追求和目标，有利于旅游目的地自然、社会和文化资源的可持续发展；同时生态旅游环境事实上是一个复杂的综合系统，既包括生态旅游部门，又包括生态旅游者和当地社区对环境的营造。

生态旅游资源是生态旅游发展的基础，是生态旅游活动的重要载体，和其他旅游产品类型不同，生态旅游的发展在很大程度上要依赖生态旅游资源的品级和丰度等，一个生态旅游目的地对生态旅游资源开发和利用的成功与否，既关系着该地生态资源的保护和持续，也关系着当地生态旅游业发展的方向和前途。生态旅游资源通过发挥其独特性、垄断性等对旅游者产生吸引力，成为生态旅游开发的对象和生态旅游产品的来源，并实现经济效益、社会效益和环境效益的统一，从而为生态旅游资源的保护提供良性循环的多元支撑。并在这个过程中，建立了良好、优美、和谐的生态旅游环境，为生态旅游资源的保护和利用提供了空间基础。

（三）新农村生态环境保护的原则与措施

根据生态罗盘的概念，可以认为任何旅游资源开发的环境影响均应以最佳的环境背景值为基准，以确定影响的大小。同时，还应对旅游产品可利用的持久性、循环利用性、经济性、资源能耗的节约性以及对人类或生态系统健康的影响程度进行综合分析评估。

旅游资源开发利用与环境保护必须遵循四条基本原则。一是适宜性原则。旅游资源开发与生态环境相适宜，是指开发的结果能够为旅游者提供赏心悦目的可持续发展环境，并能满足旅游者的旅游目的与要求。二是多样性原则。旅游资源开发应全方位、多角度地深入探索自然与人文环境中具有旅游价值的事物，丰富旅游资源的内容与形式；在自然环境中应以生态系统的多样性和健康发展为前提，生态系统的多样性不仅有利于增加系统的稳定性，也有利于旅游系统整体功能的发挥。多样性与个性并不矛盾，两者相辅相成，会给旅游者带来变化与快乐的感受。三是系统性原则。即生态环境与旅游资源是一个有机联系的整体，将旅游资源与其存在的环境相分离必然导致旅游资源价值的丧失。正如将出土的文物放在博物馆中展示，就个体而言其本身已不能构成旅游资源，只是普通的文物展示。一些地方为了保护古民居建筑，将各地零星分布的古建筑集中起来展示，由于没有人居住其中，吸引力便大打折扣。生态环境与旅游资源在一个特定的区域环境中存在着千丝万缕的联系，因此需要用系统的思想与方法开发旅游资源。四是衡量标准原则。判断旅游资源开发的成功与失败，不能仅凭主观认识，还需要有一系列衡量标准与规范要求。在不同时期，由于不同的社会发展历程以及人们认识上的局限性，判断事物的标准也存在着差异。

人类与生态环境的关系既有和谐的一面，也有冲突的一面；人类的旅游开发活动既有影响范围上的广度，又有影响程度上的深度；旅游环境影响的产生既有内在因素也有外部因素，既有经济基础方面的因素，如过分强调旅游产业的发展而忽视了环境保护，也有上层建筑领域的因素，如政治制度、管理方式以及社会经济与文化环境对旅游资源开发与环境保护的影响。解决旅游环境问题，依赖于诸多旅游利益相关者对环境问题的认识与重视：旅游者需要自觉承担相应的生态环境保护责任与义务；管理者需要将可持续发展的理念落实到具体的法律、法规制度建设和管理的方式方法中去；旅游企业不仅需要做好宣传教育，提升自身绿色经营的品牌形象，还要尽可能植根于当地的文化，充分利用当地自然、经济、社会、文化与人力资源，调动一切可以调动的因素，促进旅游业与地区其他各项事业的协调发展；旅游地社区在发展生产和分享更多旅游收益的基础上，应积极参与旅游景区的生态环境保护，在环境保护中发挥更大作用。

旅游资源的开发还涉及规划、政策、观念、资金、宣传、合作、资源整合、环境保护、人才培养、项目配套、基础产业配置、市场营销、消费者行为研究等诸多环节，其中有些环节或因素仅发挥着次要作用，而有些因素却具有加速与激励作用。例如，自然生态环境的改变、人为规划与管理的失误都可能损毁旅游资源的价值；而环境政策的改变、旅游景区经营权与所有权分离、国家地方政府或企业的大力投入，又可能使旅游景区焕发新的活力。国家和地方应该出台扶持政策来刺激旅游产业环保措施的发展，促进清洁能源技术、环境保护技术、地理信息系统技术、生态系统恢复与重建技术在旅游区的运用与发展；加强旅游区生态保护和防治环境污染的立法工作，建立水、土、气、动植物等各类资源的环境保护法规体系。对旅游资源的合理开发利用与保护，是树立全球环境意识与旅游经济可持续长远发展的要求。

三、新农村开发的乡村生态旅游规划

（一）整体概述

1. 三重维度的整合

新农村生态旅游规划的概念包含着乡村规划、旅游规划、生态规划三个维度，它从新农村建设、旅游发展和生态保护的角度，对乡村的开发以及管理的战略与行动进行全面探讨。目前，乡村生态旅游规划的概念还没有统一的定义，学者们大多从不同的角度来诠释。例如，刘黎明（2001）认为，乡村景观生态规划是指合理解决并安排乡村土地及土地上的物质和空间，为人们创建高效、安全、健康、舒适、优美的环境，核心是土地利用规划和生态环境设计，目的是为社会创造一个可持续发展的乡村整体生态系统。王仰麟和韩荡（2000）从景观生态学的基本理论出发，探讨农业景观的生态规划与设计原理、方法，认为所涉及问题的宏观空间性、关联性及综合性等特点，使农业景观的生态规划与设计成为景观生态学的重要应用领域。综上所述，乡村生态旅游规划是综合了生态旅游和乡村发展两个维度的综合性旅游开发理念。通过学者们从各自角度出发的阐述，该领域体现出多元视角的协同研究和理论深化，对乡村实践的指导能力也日渐加强，并对如何开发和管理乡村生态旅游给出了更为具体和可行的方案。

2. 概念界定

基于以上分析，我们在这里也尝试提出新农村生态旅游规划的概念：新农村生态旅游开发是指在生态理念的指导下，对乡村旅游资源进行配置调整和对旅游空间进行功能定位的全过程，而对其进行战略与行动的整合设计手段就是规划。与一般的旅游规划相同，新农村生态旅游规划也有层次的划分；但与一般的旅游形式不同的是，新农村生态旅游属于消费比率较高、市场准入门槛低、产品之间替代性较强、不同类型产品的消费感受差异小的旅游类型。因此，在一方面是较低的产品准入门槛，另一方面是巨大的市场需求的情况下，就形成了旅游目的地围绕着客源地即城市区域进行密布的我国新农村生态旅游的当前局面。因而，新农村生态旅游规划就要在既定客源市场和产品市场状况的前提下，来分析架构乡村生态旅游产品的景观节点，并组织开发各具特色的乡村生态旅游产品和活动项目，引导和满足消费者回归自然、亲近生活的原生态游憩需求。

新农村生态旅游规划可以说属于专项规划的范畴。结合目前国内的一些乡村生态旅游规划的理论思考和实践经验，其研究范围可以分为新农村生态旅游区的整体规划和新农村生态旅游园区的景观规划。新农村生态旅游区的整体规划一般以市、县、乡、村的行政界限为空间界定进行类型划分，特殊情况下可以是几个行政单位的联合开发。所谓整体规划就是要在一个规划区内完整地对其农、林、牧、渔业的产业结构、种养分布、土地利用等状况进行宏观调控，设计、配置、组合旅游产品的规划和布局，科学安排不同时期的建设与管理。新农村生态旅游园区的规划则是指以现存的果园、园圃、花园、鱼塘、牧场等的地界边境为规划范围，尽量以唯一的经营管理主体为依托，来负责乡村生态旅游的开发和管理。

经过40多年的改革开放，我国已步入工业化阶段，城市化和城镇化速度全面加快。

但城市开发所带来的环境污染、交通拥挤、高楼林立、工作繁忙、生活紧张等现象压迫得城市居民几乎喘不过气来。为放松压抑的神经，城市居民需要定期使自己从紧张的都市生活中解脱出来，得到放松，实现"偷得浮生半日闲"。因此，他们非常向往重返没有城市压力和工业污染的大自然，追求能使人愉悦身心、恢复体力的悠闲环境。他们渴望清新的空气、乡土的气息、民俗的风情、田园的风光、悠闲的节奏，这就构成了城市居民进行乡村旅游的主要动机。蓬勃发展的城市经济使城市居民的收入增加、支付能力得以提高，这对乡村旅游的发展和普及无疑起到了极其重要的促进作用。而国家实施的"双休日""黄金周""小长假"等多种假日制度更为乡村旅游提供了充足的闲暇时间，尤其是"小长假"使得大量城市居民涌入环城郊野游憩带。乡村旅游已经形成了以国内旅游者为主、海外游客为辅，以短线旅游者为主、长线旅游者为辅，以事业有成的中年人和对农村充满好奇心与神秘感的青少年为主、老年人为辅，以散客为主、组团旅游者为辅的目标市场格局。

在我国这样广阔的市场机遇下，新农村生态旅游得到了蓬勃发展，而且在发展的过程中，乡村旅游规划也逐渐摒弃了竭泽而渔的短视行为，更加注重生态、经济、社会效益三者的结合，以实现新农村旅游的可持续发展。在这里我们以山东省为例，山东历史悠久，农业发达，乡村民俗丰富，城市化进程较快，发展乡村旅游优势明显。在乡村旅游发展的大潮中，乡村生态旅游已经成为重要的旅游开发模式，打造出不胜枚举的热点旅游景区。山东省的乡村生态旅游主要是以独特的乡村生态景观、多样的乡村风俗和传统的农耕劳作方式为吸引物，塑造出各具特色的乡村生态旅游区。其中，以自然生态资源为主的旅游区有：日照举办的"2009 日照采摘节"、聊城推出的游东昌湖水域旅游项目，吸引了众多游客；潍坊第七届中国花卉博览会青州展区继续开放；东营举办的天鹅湖魔术文化旅游节、黄河口大闸蟹美食节等活动延长了游客旅游时间，增加了旅游消费收入。以农耕劳作方式为主要特色的旅游活动有：烟台、威海渔家乐持续升温，亲近自然的农家乐、渔家乐、海岛游等活动深受游客欢迎；济宁举办的以"赏田园风光、品民俗风味、吃乡村土菜、住农家小院"为主题的乡村游活动；泰安举办的金秋采摘活动以及临沂举办的"生态蒙阴，和谐家园"摄影展、土特产品展销等活动丰富多彩；滨州冬枣采摘成为旅游亮点；阳信鸭梨、邹平柿子、无棣金丝小枣和冬枣等采摘活动也进一步联动形成卖点。以风俗文化为主要资源的旅游活动有：在莱芜民俗文化节上，本地民间艺人现场制作的精美泥塑、面塑、盐雕、布贴画和草编等手工艺品，令人爱不释手；现场烤制的莱芜煎饼、烙饼等地方特色小吃以及园区出产的绿色蔬菜，也让游客大饱口福。

3. 存在的问题

目前，虽然我国新农村生态旅游的发展势头强劲，呈现出星火燎原的态势，但是在开发经营的具体环节和过程中，也出现了很多问题，形成了新农村生态旅游进一步发展的瓶颈，需要引起业界的关注。

第一，缺乏科学规划指导下的盲目建设。

部分地区对新农村旅游规划的重要性认识不够，仅将扩大市区周边"农家乐"的规模、增加其数量等同于发展乡村旅游，而不注重提升旅游产品的质量。而且旅游产品结构大同小异，缺乏地方特色，难以满足游客深层次的旅游需求，客源市场稳定性差，影响经济效益的提高。制定新农村旅游的合理规划是发展好乡村旅游的基本条件。然而有许多的乡村在发展旅游的时候缺乏科学规划的指导，严重破坏了自己独具特色的旅游资源，并且不顾客观实际和旅游市场规律，盲目跟风、各自为政、重复建设、低价竞争。有的旅游开发者甚至根本没有考虑原生态旅游资源所具有的价值，如恬静的乡间小路、夕阳西下的田园风光、波光粼粼的水塘等，而上述资源就是需要我们规划开发的东西，要通过创意设计做到人无我有、人有我优、人优我新，但遗憾的是许多乡村就缺乏这样的观念，反而倾向于东施效颦，单纯去效仿其他乡村旅游开发较好的村落，没有清醒认识到对乡村旅游规划来说，重要的是不仅要保护自身的资源，更要挖掘好自身的优势。

第二，产权模糊导致旅游规划的持续性差。

按照产权经济学的解释，产权包括行为团体或个人对资源的所有权、使用权、转让权以及收入的享用权。但乡村生态旅游资源又是一种具有公共属性的旅游产品，其主要的旅游吸引物表现为乡村的美景以及乡村的生活劳作习惯等，这些资源都具有公共资源的特征，没有办法确定其归属。因此，在产品发展过程中极有可能造成资源的过度使用以及对环境的破坏。而且，没有相关的产权归属就造成某些公共资源提供者不能保证相关的利益分配，如乡村的居民形成的特色生活模式、劳作模式称为人文生态旅游资源，但是在利益分配中往往会弱化当地居民的作用，甚至采用租赁的形式使外籍人员代替"永久居民"，在利益分配中只分给居民一次性的、少量的利益。因此，生态旅游资源产权归属不明确是影响乡村旅游可持续发展的基础性问题。利益是否能够在产权的基础上得到公平分配，直接关系到利益主体之间的协调，而在各个利益主体中处于弱势地位的村民的权利的保障，就成为公平分配的关键。再者让当地居民参与乡村生态旅游规划也是保证乡村旅游文化特色的基础，所以村民们是否能够参与利益分配的协商，是否能够参与规划决策，就成为当地乡村旅游能否保持对市场吸引力的关键。

第三，新农村生态旅游规划中的环境教育不足。

新农村旅游具有特殊的生态属性。乡村旅游者是想通过乡村旅游了解乡村，从而达到保护乡村生态环境的目的。乡村旅游的环境教育功能是游客和目的地居民互动的结果，乡村旅游活动的开展应使旅游者和当地居民都认识到生态环保的重要性。世界旅游组织 1985 年 9 月在索菲亚发布的《旅游权利法案和旅游者法规》要求，旅游者"不要强调与当地居民在经济、社会和文化上的差异"，而接待地居民则"有权自由使用他们自己的旅团，甚至包括自然环境、人类后代等受到企业经营活动直接或间接影响的客体"。因此，利益相关者理论就要遵循效益均衡原则。

利益相关者理论在旅游规划与目的地管理中的应用，强调权利和义务的均等以及"公众参与"程度的加强。在乡村生态旅游中，相关者的利益是指企业、政府、村民、旅游者以及后代人的利益。效益均衡就是要在利益相关者中均衡其投资与收益，以及调整优化收益在相关者间的分配，其核心就是重视村民对旅游业发展的长期的、隐形的投资，重视村民在规划和管理中地位的实现，加强其在收入分配中的权利。

4. 乡村生态旅游开发的核心特质

（1）经济外部性

经济外部性，也可以称为"经济活动外部性"，是经济学的一个重要概念，指在社会经济活动中，一个经济主体（国家、企业或个人）的行为直接影响到另一个相应的经济主体，却没有给予相应补偿，从而出现了外部性。经济外部性亦称"外部成本""外部效应"或"溢出效应"。与传统的乡村经济不同，乡村生态旅游开发更倾向于经济主体的市场化行为，以获得更多的外部效益。同时，乡村生态旅游规划也加强了乡村经济的关联度，以巨大的投资乘数效应拉动当地服务业、交通运输业等产业的发展。这些都导致科学合理的乡村生态旅游开发所带来的收益将远大于开发主体的直接收益。

（2）景观异质性

景观异质性研究已经成为当代生态学，尤其是景观生态学中的一个重要研究课题。有学者认为景观异质性包括三种类型：空间异质性、时间异质性和功能异质性。乡村生态旅游规划就是要充分体现乡村旅游资源的三种异质性，加强其旅游吸引力。乡村生态景观的异质性，一方面体现在乡村生态旅游开发的资源基础是乡村景观和乡村生活方式上，这与其他类型的景观景点有很大不同；另一方面体现在不同地方的乡村生态旅游开发应该基于当地的特色，体现出不同的特性上。近年来，在乡村旅游中古镇特色旅游逐渐兴起。例如，乌镇是江南四大名镇之一，是个具有六千余年悠久历史的古镇，是典型的江南水乡古镇，素有"鱼米之乡，丝绸之府"之称。一条河流贯穿全镇，以水为街，以岸为市，两岸房屋建筑全面向河水，形成了迷人的水乡风光。水中不时有乌篷船咿呀往返，岸边店铺林立，叫卖声不绝于耳。乌镇是中国江南的封面，传承着千年的历史文化。淳朴秀美的水乡风景、风味独特的美食佳肴、缤纷多彩的民俗节日、深厚的人文积淀和亘古不变的生活方式，使乌镇成为东方古老文明的活化石。智慧的传承伴随脉脉书香，在这里展现出一幅迷人的历史画卷。

（3）实践检验性

旅游规划要从实践中来，回实践中去。尤其新农村生态旅游规划只有把乡村特色景观资源和当地民风民俗加以整合，才能提炼出有生命力的乡村旅游产品，这就对新农村旅游开发的实践性有了更高要求。油菜花旅游成为春季旅游的热点，充分带动了地方经济发展，提高了人民生活水平。例如，婺源江岭的油菜花最多，3月份是赏花的最佳时节。当地政府鼓励农民种植油菜花，既可发展旅游产业，又增加了人们的农业收入。

（4）系统协同性

新农村旅游规划不仅要整合乡村各种特色资源，协调人与自然的关系，还要协调村民、开发商、当地政府之间的关系。这就要求乡村旅游规划要重视系统协同性。例如，西班牙发展乡村旅游有着良好的自然条件，其乡村旅游起步早，发展日渐成熟。在乡村旅游开发管理中，西班牙采用了政府、企业、居民联合规划以及管理的方式，并采用行业协会的模式来协调多方利益。西班牙乡村旅游协会是民间的联合体，它和政府有着良好的合作关系，在推进西班牙乡村旅游发展中起着非常重要的作用。它把很多业主自发地联合在一起，西班牙经营乡村旅游的业主60%以上都加入了这个协会。该协会有一个内容非常丰富的网站，网站上有各个会员单位的介绍，游客可以直接在网站上进行预订。协会还把各个会员单位组织了起来，通过预订中心、报纸广告和互联网等手段进行统一的营销推广。为保证乡村旅游的质量，协会还自行规定了一些标准，要求会员单位执行。

（5）可持续发展理论——可持续发展原则

可持续发展与环境问题是未来乡村旅游发展的核心，而可持续发展的本质就是本地化，即开发的目的主要是满足本地社区发展的需要，建设本地产品供应链，鼓励地方工艺品生产，保证收益最大限度地保留在本地，确保开发力度在环境与社会的承载力之内。

随着国内乡村旅游的发展，可持续发展的问题越来越突出，对于这方面的研究也是日渐深入，主要注重于可利用的技术手段以及地区性的实证研究。

优美的乡村环境一直是最具吸引力的旅游资源，但是随着乡村旅游的开发，旅游设施的规模日渐扩大，对环境的影响日渐严重。现实中的问题主要有以下三个方面：第一，很多地方旅游管理部门和经营企业的观念比较落后，认识不到对旅游资源进行保护的重要性，在仅重视经济效益的思想影响下对资源过度利用；第二，乡村社区当地村民不具备先进的生态文明意识和环境保护意识，缺乏对生态旅游资源保护的主动行为，而且由于现代耕作技术的替代作用，一些传统的、古老的农具、农事活动已成为凤毛麟角；第三，旅游者因缺乏环境教育而出现的不负责任行为使得旅游变得非生态化。总体上看，乡村旅游目前在中国基本属于大众旅游，旅游者素质参差不齐，大多数人的生态环保意识欠缺或淡薄，今后必须建立可持续发展的理念。

（6）产业融合理论——农业横向联合原则

产业融合是伴随着信息技术与互联网技术的变革与扩散而产生的，并已成为新经济时代的一个重要的主题。产业融合是指两种产业（或多个产业）合成一体，逐步成为新的产业。产业融合不是几个产业的简单相加，而是通过相互作用融为一体，显出新的产业属性。因此，所谓的新产业和旧产业既有不可割裂的一面，又有不可等同的一面，产业融合正是使传统产业与高新技术产业相结合的有效途径。

旅游产业作为开放的产业系统，在产业自组织演化进程和外部力量的影响与干预下，产业边界在原本不太清晰的基础上，呈现出更加动态的变化特征。所以，旅游产业融合是开放的旅游产业系统本身动态演进的必然结果，并不受原有产业边界模糊性的影响。促使旅游产业发生融合变化的内在动力，在于旅游产业系统的强关联性以及追求效益最大化的冲动性，其外在驱动力则由市场需求的推力、竞争合作的压力、技术创新的拉力和规制放松的助力构成。在乡村生态旅游规划中，要看到产业融合的必要性，充分贯彻农业横向联合原则，把农业、手工业、制造业和旅游业充分联合起来，创造出新的产业融合的方式，充分发挥旅游业的带动效应，使乡村生态旅游能真正地服务当地产业，造福当地人民。

（7）利益相关者理论——效益均衡原则

利益相关者理论研究的是组织和企业经营管理者为综合平衡各个利益相关者的利益要求而进行的管理活动。与传统的股东至上主义相比较，该理论认为任何一个公司的发展都离不开各利益相关者的投入或参与，企业追求的是利益相关者的整体利益，而不仅是某些主体的局部利益。这些利益相关者包括企业的股东、债权人、雇员、消费者、供应商等交易伙伴，也包括政府部门、本地居民、本地社区、媒体、环保主义等压力集团，甚至包括自然环境、人类后代等受到企业经营活动直接或间接影响的客体。因此，利益相关者理论就要遵循效益均衡原则。

5. 新农村旅游生态规划的基本要求

（1）强化历史文脉的传承

新农村规划建设是统筹城乡经济社会发展的组成部分，所以其规划也应该因地制宜，结合当地的历史人文环境及村民的生活模式，使整个乡村规划有机地融入所在区域的大环境中。规划者要力求在村落改造中保护原来风貌，保留原有的寨墙、街巷、树木及传统的建筑形式，增加碑、坊、亭、廊和住宅里弄，并依据历史原貌修建具有标志性的传统古典建筑或重要遗址遗迹，这在一定程度上可以延续乡村原住族群的历史文脉,使乡村旅游开发既体现出一种文化传统的积淀,又具备现代化的生活环境,满足人们对乡村人文氛围和社区功能的双重要求。

（2）重视生态环境保护

生态环境是影响乡村规划的关键因素,也是不同乡村实现差异化开发的必要条件。所以,在规划设计时应充分考虑地形、地貌和地物的特点,循法自然、顺势而为,尽可能在不破坏村庄原有的河流、山坡、树木、绿地等地理条件的同时,加以巧妙利用,创造出新建设施与自然环境和谐一致、相互依存,富有当地特色的旅游环境来。例如,安徽省南部山地的很多著名旅游村镇都依山傍水、景色宜人,具有特殊山水格局,基本上都是基于与原生态环境的融合而形成的各具特色的风貌景观,是其巨大吸引力的来源。

（3）合理划分布置功能区

通行规划理念认为,乡村空间规划按功能要求一般可划分为公共空间、半公共空间、半私用空间和私用空间四级。一般而言,公共空间即乡村的公共干道和集中的绿地或游园,供村民共同使用。在公共空间的规划上应与文化建筑、水面、曲桥、草坪、树木、雕塑小品、乡村公园、河流水系等结合在一起考虑,营造出一种舒适、幽雅的空间氛围。半公共空间,是指公共性具有一定限度的空间。作为村民小组、家族内的半公共空间是供居民共同使用的,它是村民相互接触、熟悉、交流的地方,是邻里交往、游乐、休息的主要场所,也是防灾避难疏散的有效空间,以及因较完整的绿地和开阔的视野成为村民接近自然的场所。在这部分的空间规划上应注重根据各村民小组、家族内的不同组合方式来考虑,并保证交通畅通、功能齐全。半私用空间是住宅之间的院落空间,是居民就近休息、活动和健身的场地,在规划上应注重指设施的多样化和完备性,把它规划成乡村中最具有吸引力的居民活动空间。私用空间即住宅底层庭院、楼层阳台与室外露台,底层庭院的设置使村民可以自由种植,增加区域内的景观,又使村民有安全感。在楼层阳台上可以眺望、休息、种植花卉,营造垂直绿化的环境。

（4）确保旅游安全的实现

居住和游憩环境的安全能否实现,是旅游者和村民共同关心的问题。创建一个舒适安全的乡村环境不仅需要有科学的健全的乡村旅游安全规章制度,而且在很大程度上取决于乡村规划对安全性的考虑。旅游安全涉及生理安全、心理安全和社会安全等不同因素。在旅游者聚集的人员密集区和居民住宅区的规划中,应充分考虑对突发安全事件的应急处理和有效防范。例如,通过规划控制区和出入口、明确划分紧急通道和退避空间等措施来提高规划区的安全应急能力。具体而言,一是在游客集中和村民出入的重点区域、主要出入口设置明显的标志和解说标牌,使游客对区域功能有很好的领域辨识和功能认知;二是注重私人宅院间的共享空间设置,使居民和游客彼此之间既有相互了解和熟悉的机会,又能够有里有外,可以利用连接空间对住宅入口进行观察、监视；三是注重乡村内部小交通网络的合理组织，既要凸显"曲径通幽、别有洞天"的村落格局，也要对主次干道有明确划分，做到高峰期便于疏导，尤其在拥挤路段要有紧急备用线路，减少多向交通有可能带来的环境混乱和路线交杂，提高旅游者通行的安全系数，必要时在乡村旅游重点区域要限制车辆穿行，从而确保安全、减少拥挤并降低噪声；最后，由于乡村生态旅游规划涉及整个村庄的利益，最好实施主出入口的封闭管理，应尽量关闭各家私设的次要出入口，以便有效掌控外来游客的数量，做好高峰期游客数量的限制，从而起到监控总量的作用。

（5）完善环境卫生的治理

在新农村生态旅游规划中，环境卫生条件的保持对维护乡村旅游吸引力来说意义重大，是不可忽视的内容，因为它不仅是满足村民日常生活活动需要的基本保证，还是乡村旅游质量稳定的物质基础。在环境卫生服务设施设置上，既要考虑因旅游者进入而增加的废弃物处理，也要考虑村民的生活要求和行动轨迹，对乡村级商业餐饮等服务设施进行外向型集中设置，也就是在人流交通必经之路的繁忙出入口附近集中设置商服区域和游客中心，使旅游者和村民都感到方便。车辆存放与垃圾处理是乡村服务环境的关键问题之一，要在乡村规划中明确大中型旅游车辆村外停放的原则，遵循集中与分散的布置方式，对小型旅游车辆或村民自备车进行因地制宜的多途径应对，如利用次干道的路边空间、院落中的半地下室以及高架平台的下部等。传统上对村民住宅垃圾的处理通常是将垃圾就近、就便放置，没有统一集结地，但在开发旅游之后因废弃物众多，要根据人员数量规模设置垃圾集中存放点，并聘请环卫公司专人清运和处理，不要让垃圾成为破坏乡村旅游服务质量的瓶颈因子。此外，对村民家畜应加强集中管理，杜绝村内自由散养的模式。

（6）夯实基础设施建设

基础设施完备是新农村生态旅游进行旅游专有设施建设的前提，水、电、通信等主要线路是开发旅游产品、设计旅游项目以及促进特色乡村旅游经济发展的基本保证。要做好各方面的基础建设，包括水、排污、电、电信及电视线路，在规划时要充分考虑到游客的纷至沓来所引发的基础设施使用的大大增加，要注重新农村旅游经济发展的需要；选用各类设施设备时要充分考虑容量、服务半径和供给能力，并随时注意扩容，确保使用。

四、规划编制的准备、开展和评估

（一）前期准备

1. 新农村生态旅游资源调查

新农村生态旅游资源调查就是对规划地区旅游资源的基本情况的整理，反映了旅游规划者对规划区域的了解程度，也是进一步对区域、资源、市场进行分析的基础。资源调查主要包含自然地理状况、人文历史资料、经济状况，还有旅游资源的类型、规模、特色、优势、劣势等。

（1）新农村生态旅游资源调查的类型与方法

根据国家标准《旅游资源分类、调查与评价》等相关文件和业内共识，乡村生态旅游资源的调查可分为概查、普查、详查、典型调查、重点调查以及抽样调查等类型。

第一，概查。概查是指对旅游资源的概略性调查或探测性调查。这种调查是为发现问题而进行的一种初步调查，它主要是寻找问题产生的原因以及问题的症结所在，为进一步调查做准备。通常概查可以采用较为简单的方法，不必制订严密的调查方案。概查以定性为主，一般是对大区域的旅游资源进行调查，以确定旅游资源的类型、分布、规模和开发程度。

第二，普查。旅游资源的普查一般是在概查的基础上进行的，它是对一个旅游资源开发区或远景规划区内的各种旅游资源进行综合调查。普查以实地考察为主，因而所获取的资料最为翔实。但是，普查对时间、人力、资金的消耗非常大，调查的项目也不可能很细，因此缺乏深度。

第三，详查。对旅游资源的详查一般是在概查和普查的基础上进行的，即将旅游资源普查的结果加以筛选，确定高质量的旅游资源作为开发的对象，对于这些旅游资源再进行更为详尽的实地考察。详查除了对调查对象的景观类型、特征、成因等进行深入调查，还要对景观的地形高差、观景场地、最佳观景位置、游览线路等进行勘查和研究。详查结果要编制成景观详图、具体材料图以及文字材料。

第四，典型调查。典型调查是根据旅游资源调查的目的和任务，在被调查对象中有意识地选取一个或若干个具有典型意义的旅游资源进行调查研究。

第五，重点调查。即在调查对象中选择一部分对全局具有决定性作用的重点旅游资源进行调查，以掌握调查总体情况的调查方式。重点调查一般适用于只要求掌握调查总体的基本情况，调查指标较为单一，调查对象也只集中于少数旅游资源的调查任务。

第六，抽样调查。抽样调查是按照调查任务确定的对象和范围，从调查总体中抽选部分对象作为样本进行调查研究，再用所得的结果推断总体结果的调查方式。抽样调查具有较强的时效性、较高的准确性和较大的经济性。在旅游资源调查中，当面对一些不可能或不必要进行全面调查的对象，或人力、财力资源有限的情况时，最适宜使用抽样调查的方法。

（2）新农村生态旅游资源调查的内容

新农村生态旅游资源的调查工作是十分重要的，它作为旅游规划与开发的前期工作，必然要搜集尽可能详尽的资料。因此，旅游资源调查的内容不仅限于旅游资源本身的一些信息，还要对旅游资源所处的环境状况进行调查。

表 11-3 新农村生态旅游资源调查表

新农村生态自然环境调查	调查区的概况：被调查区的名称、地域范围、面积，所在的行政区划及其中心位置，依托的城市
	气候条件调查：被调查区的气候类型、气温（年均温、极高温、极低温）、盛行风，年均降水量及降水量的时空分布，光照强度，温度及其变化，大气成分及污染情况等
	地质地貌条件：调查区的地质构造、地形、地貌及岩石的分布和差异
	水体环境调查：调查区的主要水体类型，各类水体的水质、水量的变化情况以及利用情况
	生物环境调查：区内的动物及植物群落的数量特征与分布，具有观赏价值的动、植物群落的数量及分布
新农村生态人文环境调查	历史沿革：调查区的发展历史，包括建制形成、行政区划的历次调整、发生的历史事件、调查区内名人及其活动
	经济状况：调查区内的经济水平及产业状况，国民经济发展状况、国内生产总值、居民收入水平、物价水平、就业率与劳动力价格等
	社会文化环境：调查区内学校、邮政、电信、医疗、环卫、安全、民族的分布状况、受教育状况、宗教信仰、风俗习惯、社会价值观念、审美观念等
新农村生态旅游资源赋存状况调查	旅游资源类型调查：针对调查区内的旅游资源进行分类调查，对各类旅游资源的类型分布予以汇总
	旅游资源规模调查：旅游资源的规模对旅游资源的吸引力和开发潜力有较大的影响，因此旅游资源规模的调查内容包括旅游资源的数量、分布范围、面积及分布密集程度
	旅游资源组合结构调整：其调查内容包括自然旅游资源与人文旅游资源的组合结构，自然旅游资源内部组合结构及人文旅游资源内部组合结构，并要查明各类旅游资源在空间上的组合分布结构
	旅游资源按开发程度可分为已开发旅游资源、待开发旅游资源和潜在旅游资源，该调查项目就是要查明旅游资源的开发状况、项目、类型等内容

2. 新农村生态旅游资源评价

新农村生态旅游资源评价，首先评价资源自身的固有价值，其次评价资源的市场吸引力，第三评价资源可开发利用的条件，第四评价资源开发的效益，第五对资源可持续性进行评价——包括旅游容量、安全性、环境脆弱性等。根据不同版本的《旅游地理学》及诸多学者的观点，业内共同采用的评价方法基本上包括以下几种。

（1）定性评价方法

定性评价是基于评价者（旅游者或专家）对于旅游资源质量的个人体验而进行的评价，根据评价的深入程度及评价结果形式，又可以分为一般体验性评价和美感质量评价。

第一，一般体验性评价。一般体验性评价是指评价者根据自己的亲身体验对一个或一个以上的旅游资源就其整体质量进行定性评估。通常是旅游者在问卷上回答有关旅游资源的优劣顺序，或统计这些资源在报刊、旅游书籍、旅行指南上出现的频率，或邀请各方面的专家讨论评议，从而确定一国或地区最出色的旅游资源。

第二，美感质量评价。美感质量评价是一种专业性的旅游资源美学价值的评价，这类评价一般是基于对旅游者或旅游专家体验性评价的深入分析，其评价结果具有可比性的定性尺度，其中自然风景视觉质量评价方法较为成熟。

第三，"三三六"评价法。该评价方法是由卢云亭提出的，具体包括：三大价值，即历史文化价值、艺术观赏价值、科学考察价值；三大效益，即经济、社会、环境效益；六个条件，即景区地理位置和交通条件、景物的地域组合条件、景区旅游容量条件、施工难易条件、投资能力条件、旅游客源市场条件。

第四，资源及环境综合评价法。黄辉实对旅游资源分别从两个方面来进行评价。一是从旅游资源本身来评价，二是从旅游资源所处的环境来评价。在旅游资源本身方面，他采用了六个标准：美、古、名、特、奇、用。在旅游资源所处的环境方面，使用的是季节、污染、联系、可进入性、基础结构、社会经济环境、市场等七个指标。

（2）定量评价方法

第一，技术性的单因子定量评价。该评价方法在评价旅游资源时集中考虑某些典型关键因子，对这些关键因子进行技术性的适宜度评价或优劣判断。这种评价对于开展专项旅游活动，如登山、滑雪、游泳等较为适用。针对不同的评价对象，现在较为成熟的方法有康乐气候分析（奥利弗、刘继韩）、旅游资源景观组合度评价、海滩和海水浴场的评价（日本洛克计划研究所，1980）、滑雪旅游资源评价（美国）、溶洞的评价（陈诗才）等。

第二，综合性定量建模评价。综合性定量建模评价方法是在考虑多因子的基础上，运用数理方法，通过建立分析模型，对旅游资源及其环境和开发条件进行综合定量评价，评价的结果为数量指标，便于不同旅游资源评价结果的比较。与前述方法相比，该方法因综合专家的观点而更为客观、准确和全面。

3. 新农村生态旅游市场调查

新农村旅游资源开发是以外部经济效益为目标的，市场调查是乡村旅游产品开发的基础。市场调查的内容包含：第一，新农村旅游市场宏观环境分析，宏观环境要素包含人均可支配收入、人口结构、闲暇时间、旅游动机等；第二，周边乡村旅游的市场现状，主要有市场规模（是指现实的和潜在的旅游需求的数量）、与相邻旅游地的关系（一般有补充关系和替代关系两种情况）；第三，客源市场距离，是指被评价地区和主要客源地（包括主要客源集散地）之间的区位关系和距离，距离包括感知距离、地理距离和交通距离等，通过客源市场距离可以进行旅游资源吸引圈的识别，进一步分析旅游距离递减、交通成本；第四，新农村旅游者的消费行为分析，即根据旅游者消费行为进行乡村生态旅游产品分类，常见的分类方式有休闲时间的分布和旅游支出水平两种标准。

首先是旅游消费时间的集中性。这是由城市居民共同的休闲时间决定的。虽然旅游地的季节性会影响人们对出游地点的选择，也会造成旅游消费时间的一定集中，但无论在什么季节，周末确实是乡村旅游最为集中的时段。其次是消费水平的中低档性。这一特点同时表现出供需双方对该类产品的共同要求。城市居民（需方）去农村体验乡土的生活方式，其消费心理限度原本就不高，同时，中低档价位客观上保护了这种消费的持续性和经常性；当地村民（供方）由于自身资本的限制、对市场前景认识的不清晰以及乡村旅游消费选择的易变性等，投入量不大。目前，各大中城市周边乡村旅游产品的同质竞争明显，低水平重复投资现象普遍存在，不仅造成旅游资源的巨大浪费，而且误导了旅游行为，使旅游者无所适从，也使产品形象遭到破坏，故而出现潮流性的消费趋势。

（二）中期核心工作

1.新农村生态旅游的形象与定位

新农村生态旅游项目的定位至关重要，关系到整个规划水平的高低，也是对整个规划地区的资源进行合理配置，发挥其资源优势，使其在同类旅游地区中脱颖而出的关键，也就是旅游规划的核心。新农村生态旅游地尤其是依托大城市的乡村旅游产品往往有很大的相似性，再加上现在粗放式的发展管理模式造成了投资水平较低，旅游项目被模仿的可能性就更大了。所以，一个成功的旅游地的出现，往往会引出很多拙劣的模仿者，这些模仿者会逐步削弱品牌形象的价值，最后把整个市场带入恶性价格竞争中。加强旅游形象的打造是保证乡村旅游市场规范的重要手段，也是保证优秀的新农村旅游产品能够持续发展的积极措施。

例如，胶东半岛渔村最早开发"渔家乐"的区域，在宣传的最初就应该把这个品牌与当地联系起来，从而在人们心中形成"优先定位"的效应，充分利用品牌效应。同时，政府以及行业管理组织也应该看到打造乡村旅游形象的重要性，提供一定的政策支持以及法规保护。进而在以后发展中，在拥有相似的旅游资源的地区，在强调质量以及服务一致性的基础上，实行项目主题连锁制，而主题的连锁会进一步增加旅游形象的市场价值。最终，村民会广泛认同旅游形象，并会自觉去维护品牌形象，推动良性的市场竞争状态的形成。

2.新农村生态旅游的功能分区

功能分区也可称为"整体布局"或"功能布局"。定位被认为是旅游规划的主导思想，那么功能分区就是旅游规划的具体实施部署或方案，从而达到总体定位的要求。例如，要在一张白纸上面画一幅美丽的山水画，那么怎么进行版面安排，需要放哪些元素等就成为后续的行动规则，旅游规划的功能分区等同于此。

一般要求新农村生态旅游功能区至少应包含核心原生态保护区（自然风貌和人文传承最好的地段）、生态过渡缓冲区（传统与现代演替的交会区）、生态感知体验区（可供旅游开发的典型传统区域）、农耕与旅游服务区（商贸文化旅游聚集区）、乡村居民生活区（演进中的活化的人文生态区）等若干部分。功能区的划分是把乡村旅游、乡村生产、社区生活有机融入，有合有分，使旅游在不破坏环境与生态的前提下，真正和乡村居民的生活结合起来，使居民获得直接的经济利益，并通过旅游设施、公共设施的改善提高乡村环境卫生质量和生活水平。

3. 新农村生态旅游的意境营造与景观设计

总体上，要营造出以自然意趣、人本情怀、诗意田园为核心的乡村意境，在规划过程中挖掘农耕文化所承载的人与自然和谐、政治秩序与自然规律和谐的主导思想，通过"以人为本"的路径和方法，将"天人合一"的观念贯彻到规划的具体内容之中。乡村生态旅游规划中应当凸显"天人合一"的传统文化精髓，保留或营造自然和谐的乡村意境。乡村意境是由乡村景观具体承载的，因此乡村景观被认为是乡村旅游的核心内容和乡村意境的关键载体。对乡村旅游景观的规划设计自然也十分重要。原则上，乡村景观设计与建筑施工应该保持乡村的传统聚落与乡土建筑，坚持景观乡土性与建筑功能现代性的统一，不能破坏乡村的整体意境。具有完美意境的乡村总体格局应该呈现出田园聚落的自然分散式居民点布局体系，并具备适度面积的耕地、林地、草地等自然景观布局体系，同时也要有河流、湖泊、湿地等较大尺度的乡村标志性景观要素镶嵌其中，以保持生态的多样性和环境的统一性，达到人与自然和谐相处、生态系统稳定循环的理想境界。

学者们普遍认为，乡村景观主要由乡村田园景观、乡村聚落景观、乡村建筑景观、乡村农耕文化景观和乡村民俗文化景观构成，具有特定的体系结构。对于旅游者而言，乡村景观具有丰富的内涵，如乡村田园清新怡人、乡村聚落形态独特别致、乡村建筑古色古香、乡村风俗引人入胜，与他们所熟知的城市景观存在着巨大反差，足以让疲惫不堪的他们心旷神怡。毫无疑问，乡村本身就是神奇的自然与文化相交融的奇特景观，是激发城市游客产生旅游动机的根本原因。在景观细部的设计处理上，应充分挖掘古宅、幽巷、花墙、农田、林地、沟渠、湿地、河塘、农具、广场等众多乡村事务的造景功能，从不同层面、多个角度共同维护乡村生态的自然天成，适度保留或复兴某些传统的耕作方式和技术，把人与自然接触过程中形成的田园优美风光保持住，真正为游客打造迥异于城市的自在、悠闲、惬意、达然的生活方式和文化氛围。对于传统乡村聚落的人文生态景观塑造，应按地脉肌理与文脉演化进行统一布局，依地势而导、顺人文而行，将文化的魅力融合到自然的空间，做到高低起伏、错落有致，与环境融为一体。在乡土建筑风貌塑造上，应突出当地乡土的独有建筑特色，切忌模仿城市建筑风格，宜少忌多、宜粗忌细，遵循小规模、小体量、小影响的生态原则进行分散布局、适度集聚。在建筑材料上应充分体现简明、朴拙、天然、闲适的要求，突出用料的环保化和可行化。

新农村生态旅游景区的规划设计，一方面要完成宏观层面的意境营造，以全部乡村资源为依托，以区域内传统乡村的自然、文化生态景观为平台，建立特色鲜明、风格统一的综合性乡村旅游区，改善农村生态环境，维护和美化乡村生态景观，构建社会主义新农村的全新风貌，如平原乡村、山区农庄、城郊农家乐等；另一方面要在微观层次上，在区域乡村环境中的合适地点具体设计相适应的观赏景区和活动项目，开展休闲赏乐、农事劳作、趣味比赛、蔬果采摘等活动。

4.新农村生态旅游的产品开发与项目设计

新农村生态旅游的项目规划是优化组合旅游资源和要素条件，并最终形成可销售的旅游产品的过程，也是使用旅游线路、节庆活动等组织旅游者的事件策划。活动项目产品可以说是作为整个规划的主体内容而存在的，是实现规划总体定位的相关要素，同时又是整个规划的功能分区的具体体现。作为整个规划的支撑体系，它在规划文本中是至关重要的。乡村生态旅游活动项目的开发要因地制宜，如根据乡村与古村落古朴的景观意象和浓郁的文化氛围，在一些具有典型文脉节点特征的区间开展古村落文化观光游；在乡村田园风光和农耕文化突出的地方开展生态型农业体验游，让游客参与农作劳动，如杭州龙井村在采茶季节推出的"做一天茶农"项目、北京郊区乡村开发的"我在乡下有块地"旅游项目等深受中外游客欢迎；在乡村民俗文化积淀浓厚的地域设立民俗风情专项游，开展一系列特有民俗文化活动，如云南傣族泼水节、宁夏伊斯兰开斋节、微山湖渔家乐等。

对于项目产品的开发，一般先通过实地考察对当地的旅游资源进行评价，再进行旅游产品开发或项目配置。近年来，各种类型的采摘旅游成为乡村生态旅游最为大众化的重要项目组合形式，全国各地的城郊乡村都结合自身的种植特色，在适当的季节针对目标客户市场进行轰炸式营销；而民俗旅游则是长盛不衰的乡村旅游项目，以开渔节为例，浙江石浦、山东石岛、云南江川都已连续举办多年，依托各地渔村的浓郁而富有地方特色的民俗，汇集祭祀、聚会、庆祝等多种优秀传统节目，举办渔家民俗旅游文化节。可以说，乡村生态旅游的活动项目为保护、传承和展示地方特色文化，提升乡村生态旅游文化内涵，做大做强乡村旅游文化品牌，实现旅游与文化的完美融合，开辟了积极而有效的途径。

5. 新农村生态旅游的路线设计

旅游线路是指以旅游景观为节点，以交通线路为线索，专门为旅游者设计、串联或组合而成的旅游过程的具体走向。旅游线路的设计是否科学合理，不仅关系到旅游者的舒适度和满意度，还关系到旅游目的地形象的塑造。一个良性发展的乡村旅游景区应当有一条或数条合理线路，以确保旅游者有效进入，并将村庄内旅游资源整合成为一个完整的体验过程，从而为旅游者提供一个浓缩了乡村风光、乡地风情、乡野风貌、乡人风物的一体化感受空间，并提升景区的整体知名度。

一般的，乡村旅游的线路设计主要包含以下几个方面的内容：可进入性信息，主要提供由客源城市至当地乡村目的地的飞机航班、轮船班次、火车车次、汽车路线及其交通费用和所需时间；中转地旅游信息，即线路沿途所经过的区、县、镇、村及其特色旅游内容；目的地观赏游玩路线图，包括景区名称、游览方式、概况、特色、传说、途中特色餐饮名吃、特色旅游纪念品及土特产品，住宿饭店的名称、档次、价格、特色等；周边地域相关信息，即该产品线路中其他特色鲜明、文化独特、内涵深厚、极具吸引力的区域或线路的相关信息；景区当地的风土人情、民风民俗等。

6. 乡村生态旅游的保障体系

一般保障体系包括旅游管理、人力资源、政策法规、环境保护、教育培训等，这些都是一个地区规划和发展所需要的基本条件保障。例如人力资源，尤其是旅游人才，能为地区旅游业发展提供智力支持和保障，关系到一个地区旅游业的兴衰。因此必须要加强对旅游人才资源的开发，制订人才培养开发计划，确立有效的旅游人才政策，加强旅游师资队伍建设，重视旅游人才的培养与教育，以提高旅游服务质量。通过保障体系的建立健全而最终取得社会效益、经济效益和生态效益。

（三）后期评估

对乡村生态旅游规划的评价要综合考虑社会效益、经济效益、生态效益三个部分的内容，任何一方的缺失都将是不可接受的。我们要在确保生态效益不退化的前提下，以积极正面的社会效益为诉求，争取获得最大化的经济效益，力求实现三大效益的共同提高。

1. 社会效益

通过乡村生态旅游的开发建设，使民族、历史、文化、文物、遗址及民居文化、民俗风情等得到有效的保护，传承区域民族文化、风情习俗，实现发达地区与欠发达地区之间和各民族之间的和谐发展，实现各区域、各民族共同繁荣，会对建设社会主义和谐社会产生深远的意义。

对于乡村生态旅游规划所产生的社会效益主要从三个方面理解：首先，旅游过程有助于增进城乡之间的了解，缩小城乡差距，促进农村发展，有助于形成稳定的社会结构；其次，乡村生态旅游规划与开发对于促进欠发达地区文化与环境的保护和实现可持续发展具有极大的帮助，乡村地区旅游目的地所特有的民俗文化和自然生态是旅游活动中一道亮丽的人文风景线，是无价的旅游资源，旅游开发盘活了乡村资源、促进了乡村的发展；再次，通过旅游开发，社会中散落的民俗文化、手工艺技术、特色建筑等都将被重新收集、整理和恢复，这对于社会来说是一笔宝贵的财富；最后，乡村生态旅游资源的开发和旅游业的发展要求各地区进一步完善偏远落后地区的基本公共设施和旅游配套设施，包括交通、电信、邮政、金融、电力供应和给排水工程，各种市政建设也要加大投资力度，这不仅有利于旅游业的健康稳定发展，还可以改善人们的生活环境，提升区域的整体发展水平。

2. 经济效益

通过发展乡村旅游，可调整农业产业结构，合理安排劳动力就地转移，增加农民收入，改变农民收入结构，提高人民生活水平。按照旅游经济学的研究思路，科学的经济效益评价要考虑微观和宏观两个角度。首先，乡村生态旅游规划与开发的微观经济效益是指旅游企业和部门在开发、生产、经营旅游产品的过程中投入与产出的比较，即向旅游者提供直接服务的旅行社、旅游交通运输部门、酒店、餐饮、景点、娱乐场所等旅游企业，在开发和提供旅游产品时对物化劳动和活劳动的占用、消耗与企业所获得的经营成果的比较。其次，旅游规划与开发的宏观经济效益是指在旅游经济活动中社会投入的活劳动、物化劳动，自然资源的占用和消耗与旅游业及全社会经济效益的比较。旅游作为一种经济活动，它的开展必然会产生收入，并且因其所特有的关联作用而使其他与旅游业有联系的国民经济行业的收入增加。旅游业作为国民经济第三产业中最具潜力的行业，对于国民经济结构的改善和升级有着极大的促进作用。此外，国际旅游被称为一种特殊的国际贸易形式，旅游接待国在获取国际旅游者带来的旅游外汇的同时，也要投入大量的人力、物力、财力，以保证充足的旅游服务设施供给，满足各类旅游者的需要。乡村生态旅游开发的经济效益评估也要按照上述要求进行。

3. 生态效益

乡村生态旅游的生态效益体现在通过产业结构调整发展经济型、生态型、观光型农业，加强生态建设，注重绿色环保，减少环境污染和水土流失，保持生态平衡，实现乡村地区生态的平衡、稳定和持续。但随着旅游者的进入，乡村旅游目的地的自然、社会及游览环境会受到不同程度的影响。如果过分追求经济利益、管理不善的话，游客人数在超过乡村景区游客容量后将会使该地的旅游环境产生不可逆转的退化。例如，一些乡村旅游景区因为垃圾等废弃物未被及时处理而出现了严重的"白色污染"，某些价值很高的古宅老屋也由于游客的过度触摸而出现明显的凹痕，部分需要重点保护的人文景观被开发成商店、餐馆等，所有这些都是对生态旅游环境的人为破坏。如果乡村管理者对此没有加以充分重视，再加上乡村旅游开发原本投入规模就比较小，生态保护区域超载、大量生活垃圾没有经过任何处理就排入自然环境之中，就可能对乡村环境造成不可逆转的严重污染。生态效益的实现需要规划者和经营者高度关注，要力求借助旅游开发实现生态的改善和优化，为子孙后代留下更美好的环境。

五、旅游资源开发的生态环境影响种类

早在 1976 年，就有学者提出了环境保护与自然旅游之间存在着三种类型的相互关系，即冲突、共存与互利。冲突指旅游活动不利于自然环境生存，共存指旅游活动对环境的影响减少或消失，而互利则是指旅游活动可以提升保护区的价值。生态旅游就是将自然资源、环境教育与可持续管理整合起来的一种使旅游与环境保护互惠互利的旅游形式。

1996 年，哈拉兰布波来斯和皮赞将造成旅游的影响因素分为人口结构、职业结构、社会与消费结构、社会的文化影响等方面。在新西兰，旅游专家归结出旅游开发有三个方面的负面影响：相对未受破坏与干扰的土地数量的损失，过度开发所导致的环境价值的降低，旅游开发活动对社区与居民生活方式的影响。旅游产生的压力包括住宿人数的增加、服务需求的增加、对野生生物影响的增加、废弃物的增加、水需求的增加、危害社会行为的增加、住宿供应紧张、生活成本增加、自由露营者增加等方面。

第十二章　生态旅游背景下新农村建设理论

党和国家历来高度重视农业、关心农民、关注农村。新中国成立以后，首先着手农村土地改革，变革农村生产关系，解放和发展农村生产力；进入改革开放和社会主义现代化建设新时期后，又从农村入手，狠抓农民致富；尤其是进入 21 世纪以来，党中央、国务院更是立足于建设有中国特色社会主义事业的全局，站在建设全面小康社会和构建社会主义和谐社会的高度，科学地确立了社会主义新农村建设的宏伟目标，绘制了广大农村建设全面小康社会的美好蓝图，这实乃治国之本、为政之道、民族振兴之要。

第一节　新农村建设的背景与意义

建设社会主义新农村，是我们党在深刻分析当前国际国内形势、全面把握我国经济社会发展阶段性特征的基础上，从党和国家事业发展的全局出发而确定的一项重大历史任务。弄清这一重大历史任务提出的背景与意义，对于落实新农村建设的任务，实现新农村建设的伟大目标具有重要作用和特殊意义。

一、中国的国情决定着新农村建设

在中国几千年的历史长河中，农业、农民、农村始终具有举足轻重的作用，即使在中国已经进入工业文明时代的今天，农业是基础、农民是多数、农村是主体的状况依然没有改变。历史的经验反复证明，农业发展、农民富裕、农村安定，国家就繁荣昌盛，社会就文明进步。

尽管工人阶级是领导阶级，共产党是工人阶级的先锋队，但是，以毛泽东同志为核心的第一代领导集体，立足本国国情，坚持把马克思主义的基本原理同中国革命的具体实际相结合，开创了一条以农村包围城市、最后夺取政权的道路。并通过建立农村革命根据地、进行土地改革、实行人民战争，最终建立起以工农联盟为基础的，人民民主专政的社会主义国家。

新中国成立以后，党和政府为彻底改变农村落后面貌，以全面实行土地改革为先导，确立了农业在国民经济中的基础地位，通过实行互助组、初级社、高级社、生产队、大队、人民公社等组织形式不断变革农村生产关系；以兴修水利、逐步推行农业机械化、推广应用良种和化肥为重点，大力发展农村生产力；从全面扫盲到实行九年制义务教育；从全面防控流行病、传染病到实行农村合作医疗；从全面建设乡镇文化站到村村户户通广播，逐步推进农村社会事业的发展。尽管过程中走过一些弯路，但我国农业生产、农民生活和农村面貌依然发生了翻天覆地的变化，不仅为我国从农业国变为工业国提供了保障，也为改革开放和建设有中国特色社会主义事业，提供了坚实的物质基础和宝贵的历史经验。尤其是党的第一代中央领导集体根据形势所需，实行以农促工、以农补工的政策，促成了我国工业体系和国民经济体系的快速建立，进而实现了农业国向工业国的伟大转变。

在党的十一届三中全会把经济建设确立为全党的工作中心，并实行改革开放的方针以后，党和国家又首先在农村实行改革，普遍推行家庭联产承包责任制和统分结合的双层经营体制，极大调动了农民的生产积极性，在突出发展粮食生产，首先解决亿万农民吃饭问题的同时，大力发展农村乡镇企业和多种经营，进而逐步推进农村小城镇建设，着力解决农业增效、农民增收和农村致富问题，使农业生产得到了长足的发展，农民生活水平得到了大幅度提高，农村面貌得到了很大改善。

进入新世纪以后，我国的综合国力显著增强，中国特色社会主义的现代化建设水平进一步提升，工业化不断加快，城市化不断提高，而农村作为亿万农民赖以生存和发展的空间与载体，如何在社会主义现代化事业发展的新阶段有所作为，以切实促进农业发展、农民增收、农村致富，建成农村全面小康社会，必然成为党和国家必须提出和解决的重大历史课题和现实问题。围绕党的十六届五中全会确立的建设社会主义新农村的宏伟目标，旨在通过又快又好地建设新农村，使之成为生产发展、生活富裕、乡风文明、村容整洁、管理民主的社会主义新天地，这事关党和国家的前途和命运，事关中国特色社会主义事业的成败，事关中华民族的伟大复兴。

二、农村发展现状决定着新农村建设

在党的十一届三中全会把经济建设确立为全党工作中心以后，农村改革成为我国改革开放的先锋号角，农村家庭联产承包责任制和统分结合的双层经营体制的推行，极大地解放和发展了农村生产力，广大农村正逐步摆脱贫穷落后的局面，广大农民温饱问题得到解决，以乡镇为单位的总体小康生活已经实现。

但是，随着市场化、工业化和城市化的深入推进和不断加快，近年来，我国在总体经济持续快速增长的同时，也出现了不容忽视而且必须致力解决的农业发展缓慢、农民增收减低、农村发展滞后的"三农"问题。

新中国成立以后，为了能够迅速实现强国自立的目标，国家选择了以优先发展重工业为目标的赶超发展战略。而重工业是资本密集型产业，这与当时我国资源禀赋薄弱的状况十分冲突，于是国家实行统购统销的政策，以工农产品价格"剪刀差"的形式，把农业的剩余价值转化为工业化的资本积累。可以说在一定程度上，我国在工业化初期实行的是以牺牲农业来换取工业发展的战略，经过半个多世纪的工业发展，我国目前已进入工业化中后期。国际发展经验表明，在这一关键时期，要防止出现贫富悬殊、两极分化，以及城乡差距拉大的问题，否则就会导致经济社会长期徘徊不前，甚至出现社会动荡。

进入 21 世纪以后，党中央、国务院采取了"多予、少取、放活"的方针，出台了减免沿袭几千年的法定农业税等一系列重农、惠农的政策措施。如连续多年下发促进农民增收、提高农业综合生产能力的中央一号文件，把解决农业、农村、农民问题作为全党工作的重中之重。党的十六届三中全会又提出了科学发展观和统筹城乡发展的重要战略决策。此后，党中央、国务院一再强调，要按照工业反哺农业、城市支持农村的要求，切实把农业和农村经济发展放到国民经济全局中统筹安排。在这样的背景下，党的十六届五中全会提出了建设社会主义新农村，统筹城乡经济社会发展，推进现代农业建设，全面深化农村改革，大力发展农村公共事业，千方百计增加农民收入的政策，这意味着在加快经济发展的同时，农村的教育、文化、医疗、社会保障、基础设施等社会事业，也将进入快速发展时期，城乡差距有望逐步得到缩小，农村面貌将迎来新一轮的历史性巨变。

三、全面小康社会目标决定着新农村建设

中国是世界上人口最多的国家，而农民又是人口最多的群体，14 亿人口中有 8 亿是农民。建设全面小康社会的主体是农民，重点在农村，难点也在农村。农业丰，则基础牢；农村稳，则社会安；农民富，则国家昌。没有农业的现代化，就没有社会主义事业的现代化；没有农民的富裕，就没有全国人民的富裕；没有农村的小康，就没有全社会的小康。因此，只有通过社会主义新农村建设，动员亿万农民全员加入现代化建设中，努力促进农业增收、农民致富，才能盘活国民经济全局，实现可持续发展；只有通过新农村建设，大力发展农村各项社会事业，彻底改变农村的落后面貌，才能实现在更大范围和更高水平上的小康。

建设社会主义新农村，是我国现代化进程中的重大历史任务，落实和完成这一重大历史任务具有重要的现实意义。

首先，建设社会主义新农村，是巩固党的执政基础和执政地位的需要。

中国共产党是执政党，中国共产党之所以执政，最根本的一条原因就是代表广大人民群众的根本利益，得到了广大人民群众的信赖和支持。如在革命战争年代，依靠人民战争，走农村包围城市的道路，战胜日本帝国主义和国内反动派夺取了政权；新中国成立以后，依靠广大人民群众，确立社会主义制度，建立了国民经济体系和工业体系，使国家逐步走向富强；改革开放时期，依靠广大人民群众，以农村改革为突破口，推进各个领域改革，使国家的综合实力得到显著增强。

所有这些都充分证明，人民群众是中国共产党的发展之根、壮大之本、执政之基、力量之源，离开了人民群众就没有共产党的地位、政权、未来。因此，始终坚持全心全意为人民服务的宗旨，始终代表最广大人民群众的根本利益，始终坚持情为民所系、利为民所谋、权为民所用，是中国共产党永远保持先进性、执好政、掌好权的根本所在。而这里所述的广大人民群众，无论是过去还是现在，其中的绝大部分都是农民，人民群众是共产党执政的基础，农民则是基础的基础。所以，代表广大人民群众的根本利益，首先就要代表广大农民的利益，为人民服务就要为农民服务。这就是巩固党的执政基础和执政地位的关键所在，就是建设社会主义新农村最伟大的意义。

其次，建设社会主义新农村，是扩大内需、促进经济发展的有效途径。

我国实行对外开放以后，尤其是建立和实行社会主义市场经济体制以后，拉动经济增长的主要动力是投资、出口、消费这三驾马车。并且长期以来，在拉动经济增长的贡献率方面，投资、出口这两驾马车强于消费这驾马车。而实际上消费才是拉动经济增长最根本的动力，所以这是一种不健康的现象。产生这种现象的原因主要是：对消费认识不足，以至于促进经济增长的相关法规政策偏重投资而不是消费；居民收入差距拉大，尤其是农民的收入水平较低，且工农产品价格的"剪刀差"拉大，制约了消费率的提升；社会保障制度不健全，居民特别是农民对未来的生活保障信心不足，即使有了积蓄也是存银行以备后顾之忧，不愿当前消费等。而在当前国际金融危机的背景下，出口和投资又受到了一定的影响，扩大内需、促进消费就必然成为保增长促发展的必由之路和现实选择。因此，党的十七大报告中提出，要"坚持扩大国内需求特别是消费需求的方针，促进经济增长由主要依靠投资、出口拉动向主要依靠消费、投资、出口协调拉动转变"。

再次，建设社会主义新农村，是解决"三农"问题的根本举措。

我国的改革开放是从农村开始的，30年多来在农民很快解决温饱问题以后，尽管其生活水平也还有所提高，农业也还有所发展，农村也还有所进步，但是相对于工业化和城市化发展来讲，"三农"问题也越来越明显、突出。从农民的角度来讲，问题的核心是收入问题。30多年来，农民收入的绝对数量虽然增加了，但与城市居民的相对收入差距远远超过了改革开放之初。过去城乡收入的差距是1：2.56，而现在是

1：3.21。农民收入的增加面临很多深层次的问题需要解决。从农业角度来讲，问题的核心是公平问题。尽管最近几年国家对农村发展出台了一些扶持政策，全社会对农业的投入也越来越多，在沿海发达地区乃至大城市郊区，农业现代化的投入、现代化的装备以及现代农产品的推广方面都有很多企业介入，但相对于工业发展和城市建设来说，无论是被重视程度还是所投入实力都还显得偏少，甚至农村发展的生产要素还在不同程度地向工业生产和城市建设流转，尤其是在广大中西部地区，包括发达地区的落后农村至今还是传统农业，不可能支撑国民经济的发展。从农村角度来讲，问题的核心就是社会公共品的供给问题。如果说农民收入上不去还有一些自然灾害的原因可讲的话，那么农村在基础设施建设、公共事业的发展，包括教育、文化、科技乃至于社会保障等各个方面，都因财政金融投入严重不足存在着很大的差距和问题。因此，解决"三农"问题，只能依靠加强社会主义新农村建设。

第四，建设社会主义新农村，是发展现代农业的重要手段。

我国是一个农业大国，我们用占世界 9% 的耕地养活了占世界 21% 的人口，所以现代农业发展在我国有着特殊的意义。如果没有现代农业的发展，没有包括装备、机械化以及资金等现代生产要素的投入；没有有文化、懂科技、会管理、能经营的现代农民，我国农业的现代化，是难以实现的。尽管我们过去在推动农业发展方面做了很多努力，但目前依然处于传统农业为主的状态，以至于农民的收入多年上不去，除了受严重的城乡分割二元体制结构制约以外，从农业内部来讲，劳动生产率低下也是根本原因之一。现阶段我国第一产业的劳动生产率不要说与美国、日本、欧洲这些发达国家相比（我们的人均农业劳动生产率只相当于美国的 1%），即便是就我国内部比，第一产业劳动生产率也仅相当于第二产业劳动生产率的 1/3，相当于第三产业劳动生产率的 1/4。如此低的农业劳动生产率怎么能够确保国家农产品的供应和粮食安全呢？又怎么能支撑现代化的工业和现代化的城市呢？换言之，我们一方面有发达的第二、三产业，有着发达的工业、发达的城市，另一方面却也有着相对传统落后的农业；一方面是现代化的工厂、企业，另一方面还不乏老牛耕田。这样的国民经济一条腿长、一条腿短，肯定走不了长路。因此，改变城乡二元体制结构，提高农业劳动生产率的最根本的途径就是要发展现代农业，而发展现代化农业，就必须建设社会主义新农村。

第五，建设社会主义新农村，是构建社会主义和谐社会的必然要求。

构建社会主义和谐社会是党中央根据时代发展要求，建设中国特色社会主义的一项重大战略任务，并将其作为新的执政理念。社会主义和谐社会，是全体人民各尽所能、各得其所而和谐相处的社会。全体人民中绝大部分人是农民，各尽所能的前提是充分就业，各得其所的基础是共同富裕。对照建设和谐社会这个基本要求，就"全体人民的绝大部分是农民"而言，我们完全可以说，没有农村的和谐社会，就没有全国的和谐社会，没有农民的和谐相处，就没有全体人民的和谐相处；就"各尽所能、各得其所"而言，农民的总体生活水平虽然比过去提高了，但是农村的富余劳动力尤其是失地农民，还没有实现充分就业，即使外出打工的农民有了所谓的工作岗位，也是临时的、不稳定的，是城市和工厂里的弱势群体。如果不能实现农民充分就业、稳定就业、平等就业，和谐社会就会失去群众基础，影响全社会的稳定和谐。因此，只有加强社会主义新农村建设，使农村生产发展、农村劳动力就业充分、农民普遍达到富裕，社会主义和谐社会才能成为现实。

第二节　新农村建设的内涵与要求

进入新世纪以后，我国的综合国力得到显著提升，不仅农业、农民、农村自身的物质条件有了质的飞跃，而且由于工业化和城市化水平的提高，工业反哺农业、城市支持农村已经具备了现实条件，因此，在这样的条件下，党中央、国务院提出的建设社会主义新农村的发展战略和历史任务，无论是内涵还是要求，就必然不同于过去的新农村建设，所以在新的历史条件下，我们推进社会主义新农村建设，就必须首先弄清楚它的内涵、特征和要求，以明确方向、把握实质、抓住重点。

一、社会主义新农村的内涵

所谓社会主义新农村，是指在社会主义制度和社会主义市场经济体制条件下，反映一定时期内农村社会以农村经济发展为基础，以农民共同富裕为重点，以农村社会全面文明进步为标志的社会状态。主要包括以下几个方面的内涵。

（一）发展农村经济，增加农民收入

这是社会主义新农村建设的前提和基础。我们不能设想在农村经济不发展、农民收入不增加的情况下，单纯依靠国家财政拨款、工业反哺农业、城市支持农村，去完成社会主义新农村建设的任务。只有切实优化农村产业结构，优化农村经济发展方式，优化农村经济发展组织形式，大力加强农业现代化建设，大力提高农业生产效率和农村经济效益，从根本上夯实新农村建设的物质基础，才能实现建设社会主义新农村的目标。

（二）搞好村镇建设，改善居住环境

俗话说，安居才能乐业。居住环境是新农村的重要标准，它包括农民居住房屋的建设与改造，农民安全饮用水的保障，农民出行道路和桥梁的建设、改造与维修，农村的通电、通邮、通信等配套设施的建设，农民家庭生活污水和人畜粪便等垃圾的处理，农村田园、道路及农民房前屋后的绿化和美化等。只有这些方面都切实得到了彻

底改善，农民才能有一个清洁、卫生和舒适的居住环境。

（三）建设公共事业，促进农村和谐

主要是发展农村教育事业，切实办好义务教育，解决农民子女上学难上学贵的问题；发展农村医疗卫生事业，切实办好农村合作医疗，解决农民看病难、看病贵的问题；发展农村社会保障事业，切实落实农民最低生活保障，解决农民老无所养和困无所帮的问题；发展农村文化事业，切实办好广播电视、农家书屋和农村文艺，不断丰富农民的精神文化生活，以满足农民群众日益增长的精神文化需求。

（四）提高农民素质，培育新型农民

农民是新农村建设的主人、主体和主力，没有高素质的社会主义新型农民，建成社会主义新农村是难以实现的。一要教育农民进一步解放思想，不断适应社会主义市场经济的新要求，自觉从封闭保守的小农经济意识中解脱出来，牢固树立创业致富的思想；二要切实加强对农民的现代农业生产技术和自主创业技能的培训，不断增强农民群众的生产能力和创业本领，使他们真正成为有知识、懂经营、会管理、能创业的社会主义新型农民；三要教育农民坚信中国共产党的领导，坚定中国特色社会主义信念，坚持与时俱进、改革创新和科学发展的思想，不断为建设自己美好的家园贡献力量。

（五）发展农村民主，保持农村稳定

一要切实加强和改善农村基层的党的领导，积极推进农村民主法治建设，深入开展农村普法教育，努力提高农民群众的法律素质，使广大农民真正学法、懂法、守法，能用法律武器维护自己的切身利益，维护农村的整体稳定；二要切实强化村民自治工作，发扬农村基层民主，让农民群众充分行使民主权利，尤其是落实民主选举村民委员会领导班子、民主决策村政建设重大事宜、民主监督村务镇务；三要切实加强农村社会治安综合治理工作，采取群专结合的办法，打击和惩处破坏农村发展和稳定的违法违规行为，为农民生产生活提供良好的社会秩序和治安环境。

二、社会主义新农村建设的特征

这里所谓的特征，是指现阶段的社会主义新农村建设与过去的新农村建设相比，所具有的特殊性和不同点。概括起来，主要有以下几个方面。

（一）提出的背景不同

从总体上说，20世纪60年代初期的新农村建设，是在国际上西方帝国主义、资本主义对我国实行政治打压和经济封锁，国内在传统社会主义模式指导下，实行计划经济体制的背景下提出的。现阶段提出的新农村建设，是在我国实行对外开放以后，

西方的经济封锁已经被打破，国内在中国特色社会主义理论的指导下，坚持走中国特色社会主义发展道路，实行社会主义市场经济体制的情况下提出的。

（二）具备的条件不同

20世纪60年代初期提出新农村建设时，国家的经济实力和综合实力都还很薄弱，尤其是工业化和城市化的水平还很低，不但工业和城市不能支持农村，农村还要继续支撑工业和城市发展。而现阶段提出新农村建设时，不仅国家的经济实力和综合国力已经显著增强，农民的富裕程度、农村的自身实力都比过去有了很大提高，而且工业化和城市化水平已经有了很大程度的提升，工业反哺农业、城市支持农村的条件已经具备。

（三）采取的方式不同

20世纪60年代初期的新农村建设主要是依靠农村的自身实力去发展农业生产，改善农民生活，促进农村发展。而现阶段提出的新农村建设，不仅依靠农村自身力量，而且要按照科学发展的要求、城乡统筹发展的思路，采取"多予、少取、放活"以及"工业反哺农业，城市支持农村"的方式，进行社会主义新农村建设。

（四）建设的内容不同

20世纪60年代初期的新农村建设，主要是以改变农业生产条件、促进农业丰收、解决农民温饱问题为主要内容。而现阶段提出的新农村建设，则是以建设农村的全面小康社会为目标，以解决"三农"问题为重点，促进农村经济、政治、文化、社会、生态的全面协调和综合发展。

三、社会主义新农村建设的要求

建设社会主义新农村是我国现代化建设进程中的重大历史任务，是党和国家全部工作的重中之重，是统筹城乡发展和以工促农、以城带乡的基本途径，是缩小城乡差别、扩大农村市场需求的根本出路，是解决"三农"问题、全面建成小康社会的重大战略举措。因此，要想建设好社会主义新农村，必须先明确中央的要求。

（一）生产发展

新农村建设是一项长期的历史任务和艰巨的社会系统工程，必须依靠坚实的物质基础加以支撑。坚实的物质基础从哪里来？当然要靠发展农村生产力，这也是建设新农村的核心任务和关键所在。没有生产力的发展，没有经济效益的增强，没有物质的积累，新农村建设就是一句空话。所以必须解放农村生产力，改善农村生产条件，创新农村经济发展方式，优化农村经济产业结构，千方百计把农村的农业经济、工业经济和第三产业搞上去，使农民的腰包鼓起来，农村集体经济壮大起来，只有这样，新农村建设的各个方面才能具备丰厚的物质条件，新农村建设的目标和任务才能得以实现。

（二）生活宽裕

生活宽裕是指农民群众的吃、穿、住、用、行都能够达到真正意义上的小康水平。这是新农村建设的核心目标和最突出的标志，也是千百年来广大农民群众的热切期盼。江苏南部的农民20世纪60年代住草房、70年代住瓦房、80年代带走廊、90年代住楼房，进入新世纪以后"吃的讲营养、穿的用的讲高档、行的讲便利"，就是对农民生活逐渐宽裕的真实写照。

要想使生活宽裕不是一句空口号，就要设身处地地增加农民的收入。一要通过发展现代农业、乡村工业、农村第三产业来增加农民经济收入；二要通过实施以创业促就业的发展战略，激励和扶持全民创业，加快农村劳动力转移和劳动力就业，增加农民家庭的财产性收入；三要通过减轻负担、改善民生，为农民解决"居住难、养老难、上学难、看病难、出行难"的问题。

（三）乡风文明

乡风文明是农村社会文明进步的重要体现，是农民精神生活丰富的追求目标，本质上是农村精神文明建设问题，其内容包括文化建设、民俗风情、民主法制、社会治安等诸多方面。抓好乡风文明建设，主要是教育农民解放思想，更新观念，革除陈旧、落后、愚昧、保守的思想意识，树立艰苦奋斗、创新创业、积极进取、永不自满的价值观念；建设农村广播电视、文化中心、娱乐中心、农家书屋等思想文化阵地，丰富农民健康向上的精神文化生活，帮助农民克服封建迷信和陈规陋习；进一步开展普法教育，使广大农民学法、知法、懂法、守法，用法律武器维护国家、集体和自身合法利益；加强社会治安综合治理，维护农村社会秩序，使广大农民安居乐业。

（四）村容整洁

村容整洁主要是指为农民提供更好的生产、生活和生态条件，也是农村文明进步的外在体现。长期以来，由于农村集体经济薄弱，农民的有限收入又主要用于吃、穿、子女上学、看病就医上，对于农村生产、生活和生态环境改善的投入甚少，尤其是边远山区和尚未脱贫的部分地区更是如此。未来必须通过新农村建设，对这方面认真规划、增加投入、彻底整治。

（五）管理民主

管理民主既是农村社会政治文明进步的要求，又是镇村管理制度创新的需要，也是农民群众行使民主权利的体现。管理民主主要应当体现在三个方面：（1）转变乡镇政府职能，把农民应当行使的民主权利还给农民，把农村其他社会组织和市场机制可以替代的管理事务，交给农村社会组织和市场机制运行，政府主要是集中精力为农村发展创造条件，为农村社会搞好管理，为农民群众办好公益事业，提供公共产品，做好公共服务；（2）切实贯彻村民自治，让农民通过民主选举，产生自己的村民委员会组织，让农民通过行使民主权利，决策乡村发展思路，决定乡村重大事项，管理村内主要事务；（3）大力推行乡镇政务公开和村民委员会的村务公开，自觉接受农民群众的民主监督。

第三节 新农村建设的任务与重点

建设社会主义新农村，是中央贯彻落实科学发展观，构建社会主义和谐社会的重大战略部署，是"十四五"期间党和国家工作的重中之重。

要紧紧围绕中央提出的"生产发展、生活宽裕、乡风文明、村容整洁、管理民主"二十字的目标要求，加快推进新农村建设的进程，同时必须明确任务，突出重点，狠抓落实。

一、加强农村经济建设

从理论上来讲，生产力决定生产关系，经济基础决定上层建筑，这是马克思主义政治经济学的基本原理。从人类社会的发展规律来说，社会生产力的不断发展，才是推动人类社会不断演进的重要力量。从我们党所开创的社会主义事业的伟大实践来看，其本质就是解放生产力，发展生产力，消灭剥削，消除两极分化，最终实现共同富裕。新中国成立70多年来，特别是改革开放40年来，虽然我国的经济社会发展取得了举世瞩目的伟大成就，但是我们还必须清醒地认识到我国还处于社会主义初级阶段，社会生产力还不发达，城乡和区域发展不够平衡，特别是解决"三农"问题的任务相当艰巨。农村的欠发达、农村的贫穷、农村一切方面的落后，归根结底都源于经济建设搞不好。因此，以经济建设为中心，是人类社会发展的规律，是社会主义本质所决定的，也是当前我国经济社会发展所处阶段的客观要求。新农村建设作为中国特色社会主义现代化建设的主要组成部分，尤其是作为解决"三农"问题的根本途径，必须把经济建设作为核心任务，这是农村"生产发展、生活宽裕"的必然选择和必由之路，也是农村"乡风文明、村容整洁、管理民主"的物质基础和条件之源。我们完全可以说，看一个人想不想、会不会建设新农村，首先要看他想不想、会不会抓农村经济发展；新农村能不能建设好，首先要看农村经济能不能发展好；新农村建设能不能成功，首先要看农村经济建设能不能成功。因此，切实抓好农村经济建设，是建设社会主义新农村的关键所在。

二、加强农村政治建设

马克思主义政治学理论认为，民主是指居民与政权之间的关系。这种关系表现为公民权利，主要是指公民治理国家事务的权利。改革开放以来，广大农村通过经济体制改革，使农民不仅成为生产经营的主体和相对独立的财产主体，其民主意识也在不断增强，越来越要求对于农村经济社会发展具有知事、议事和决事的权利，并要求直接参与村里大事的决策和财务的治理，这是农村社会政治进步的突出表现。农村基层政权是我国社会主义政权体系的重要组成部分，因此，村民就应是农村基层政权的主人。而要使村民能够真正成为农村基层政权的主人，就必须使村民在农村基层政权建设过程中，充分享有民主选举、民主决策、民主管理和民主监督的民主权利。为此，《中共中央关于农业和农村工作若干重大问题的决定》，进一步明确了扩大农村基层民主的核心内容就是要全面推进村级民主选举、全面推进村级民主决策、全面推进村级民主管理、全面推进村级民主监督。因此，加强农村基层民主政治建设，为村民真正成为农村基层政权的主人提供制度保障，是社会主义新农村建设的重要任务之一。认真落实这个任务有利于实现村民自治，村民自我教育、自我管理和自我服务；有利于正确确立国家与村民的关系，在政治上将国家与村民的关系置于宪法、法律的规范与监督之下，国家依法对农村基层和村民实行领导，村民依法履行对国家的义务，并约束自己的行为；有利于在经济上按照市场经济的等价交换原则，处理国家与村民之间的利益问题；有利于村民有力地监督和约束上级政府的不合理收费和摊派，从而减轻农民负担、保障农村民生、维护农村的和谐与稳定。

三、加强农村文化建设

古往今来，文化作为一种精神力量，对于经济社会的发展具有重要的推动作用，而且这种推动作用随着当今世界经济全球化、政治多极化、文化多样化和科技信息化的不断深入，表现得越来越突出，同时更为社会主义新农村建设描绘了建设全面小康社会的宏伟蓝图。但是，建设社会主义新农村是一项宏伟的系统工程，完成这一宏伟的系统工程，实现建设社会主义新农村的伟大目标，不仅需要经济建设和生态建设的硬实力，而且需要文化建设的软实力。只有通过加强农村文化建设，形成一种能够凝聚、整合、同化和规范农民群众群体行为和心理的功能，从而对广大农民的思想意识、价值取向和行为习惯产生和发挥广泛而持久的影响力和感召力，进而形成农民群众建设社会主义新农村的创造力，才能保证社会主义新农村建设沿着社会主义方向健康发展。因此，社会主义文化建设既是社会主义新农村建设的重要内容，又是社会主义新农村建设的重要动力。

四、加强农村社会建设

党的二十大对实现全面建成小康社会的奋斗目标提出了新的更高的要求，突出地表现在将社会建设、经济建设、政治建设和文化建设一起构成了"四位一体"的中国特色社会主义的基本纲领。"社会建设与人民幸福安康息息相关，必须在经济发展的基础上，更加注重社会建设，着力保障和改善民生，推进社会体制改革，扩大公共服务，完善社会管理，促进社会公平正义，努力使全体人民学有所教、劳有所得、病有所医、老有所养、住有所居，推动建设和谐社会。"概括起来讲，社会建设主要包括两个方面：一是着力改善民生，以促进农民共同富裕；二是强化社会管理，以保持农村社会和谐安定。当前，改革开放和全面建成小康社会已经取得了重大进展，我国的综合国力大幅提升，经济总量已经跃居世界第二位。但是，同时也出现了必须加以高度重视而且必须认真加以解决的"三农"问题，这就需要我们加快推进以改善民生为重点的社会建设。而建设社会主义新农村正是解决"三农"问题的根本途径，因此，各级党政组织都必须认真贯彻党的二十大精神，把握发展规律，创新发展理念，转变发展方式，破解发展难题，把建设社会主义新农村放在更加突出的位置，通过加强农村社会建设，使发展成果更多地体现在改善民生上，努力解决人民群众最关心、最直接、最现实的利益问题；通过加强农村社会建设，强化公共服务和公共管理，促进农村社会的和谐与稳定。

五、加强农村生态建设

人类的所有活动都受制于生态系统，生态资本的保值增值决定着人类经济活动的可持续发展。所以，我们在看到我国经济发展成就显著的同时，还必须清醒地认识到，我国在资源禀赋方面虽是总量上的大国，却又是均量上的贫国。尤其应当看到我们的经济发展和 GDP 增长，在一定程度上是用牺牲资源环境的代价换取的。在我国的许多农村，其生态环境恶化问题已经成为建设社会主义新农村的严重阻碍。21 世纪是生态世纪，生态环境是最大、最宝贵的资源，谁具有良好的生态资源，谁就有了发展的资本；谁能够保持生态环境良好，谁就能够实现可持续发展。推进社会主义新农村建设的历史任务，是贯彻落实科学发展观，实现农村经济社会全面、协调、可持续发展的重大举措，而我们要想推进社会主义新农村建设，就必须十分重视农村生态建设。那就要科学运用生态资源，积极建设循环经济，努力开发生态产业，大力倡导和弘扬生态文明，保护村庄的田园风光和山水美景，为农民群众及其子孙后代夯实生存之基、发展之本。

六、加强农村党的建设

中国共产党是执政党，是中国特色社会主义的领导核心。农村党组织是中国共产党在农村执政的基层组织，是农村经济社会发展的领导核心。党中央建设社会主义新农村的发展战略和大政方针已定，而实现这一战略目标、完成这一伟大的历史任务的关键在于把农村基层党组织建设好。"村看村、户看户、群众看党员、党员看支部"，农民群众普遍认同的这句顺口溜，深刻反映了建设社会主义新农村的关键在于党。因此，要想实现建设社会主义新农村的宏伟目标，就要认真贯彻党的十七届三中全会通过的《中共中央关于推进农村改革发展若干重大问题的决定》的精神，坚持党要管党、全面从严治党的方针，紧紧围绕建设社会主义新农村的目标要求，立足乡镇党委和村级党支部凝聚力、号召力、战斗力和创造力的提升，以及党员先锋模范作用的发挥，针对农村党组织建设中存在的党员意识、党员履责、党员结构、党员管理、党组织设置、领导班子建设、执政能力增强、党员和党组织先进性的保持等各个方面的问题和薄弱环节，进一步明确要求，制定规划，强化措施，狠抓落实，以改革精神全面推进农村党的建设。

七、落实四项重点工作

社会主义新农村建设是一项复杂的社会系统工程，同时又是一项长期任务，任务重、要求高，不可能毕其功于一役。因此，必须把农民群众最关心的最直接、最现实的利益问题，作为社会主义新农村建设全部工作的重中之重，把它抓紧、抓好、抓出成效。

1. 为农民改善生存条件，提供最基本的基础设施建设

基础设施建设包括："六通"，即通路、通水、通电、通燃、通信、通广播电视；"五改"，即改造中小学校舍，改造卫生所，改造农民厕所、厨房、圈舍；"两建设"，即建设必要的公共活动场所、必备的垃圾处理场所。

2. 为农民解决"三难"问题，提供最基本的公共服务

即通过认真贯彻落实中央和省市县各级的支农惠农政策，着力解决农民群众看病难、农民子女上学难、农村老人养老难的问题。

3. 为农民解决增收问题，提供良好的生产和产业环境

即优化产业结构，培育支柱产业；增加现代装备，发展现代高效农业；落实以创业促就业的战略，创造就业岗位，提供就业机会，鼓励农民自主创业，扶持外出打工农民这个弱势群体等。

4. 为农村完善治理结构，建立新农村建设的制度保障

即立足变革生产关系，创新农民生产经营组织化形式，大力推进合作经济组织、中介组织、农民协会等农民自治组织的建设；加强农村法治建设，积极开展对农民的法律援助，搞好社会治安综合治理；加强农民思想教育，建立农民培训学校，创新科学培训机制，努力提高农民的思想文化和科学技术素质等。

第四节　新农村建设的原则与方法

建设社会主义新农村是一项关系到中国共产党为民执政、科学执政，社会主义事业兴衰成败和中华民族真正实现伟大复兴的历史性任务。为此，党中央做出了正确而全面的部署，对建设新农村的意义、目标、任务、重点都做了合理而科学的安排。可以说军令已经下达，军号已经吹响。各级党政组织，尤其是农村基层党政组织，要正确贯彻中央精神，结合本地"三农"实际，坚持正确的实施原则，掌握科学的实施方法，带领广大农村的干部群众，扎实而富有创造性地推进社会主义新农村建设。

一、社会主义新农村建设的指导思想

思想是行动的先导，没有正确的指导思想就等于没有灵魂。因此，建设社会主义新农村必须坚持以下正确的指导思想。

坚持以邓小平理论和"三个代表"重要思想为指导，以科学发展观统揽新农村建设的全局。紧紧围绕"生产发展、生活宽裕、乡风文明、村容整洁、管理民主"的目标要求，认真贯彻和落实"工业反哺农业、城市支持农村"和"多予、少取、放活"的方针，突出加快农村经济建设这个中心，抓住解决农民最关心、最直接、最现实的问题这个重点，统筹农村经济、政治、文化、社会、生态和党建各个方面的建设，加强领导、科学规划、整合资源、分类指导、分步实施、依靠群众、整体推进，为建设一个繁荣、富裕、文明、和谐、民主的社会主义新农村而努力奋斗。

二、社会主义新农村建设的基本原则

所谓原则，是指说话或做事总体上必须把握和坚持的法则或标准。原则是管方向、管路线、管长远的。我国农村面广量大，而且各地也都有自己不同的实际情况，如经济基础、自然环境、地理条件、人口素质、社会状况等，加之建设社会主义新农村又是一项艰巨复杂的系统工程和长期任务，因此，具体实施的思路、方法和措施应当是

实事求是、因地制宜的。但是，对于建设社会主义新农村这样关系党和国家前途命运的、关系亿万人民实现全面小康生活的大事来说，又不能没有原则。就如同我们搞改革、抓发展一样，改革可以有不同的方法，发展可以有不同的模式，但是，必须坚持四项基本原则，否则就会迷失方向，甚至走上邪路。所以，建设社会主义新农村，必须在准确把握中央决策部署精神的基础上，坚持以下几条原则。

（一）坚持社会主义方向和道路的原则

中央之所以在新农村前面加上社会主义这四个字，含义深远，意义重大。这表明我国是社会主义国家，走的是中国特色社会主义道路，农村作为国家的主体，在建设新农村时必须高举中国特色社会主义伟大旗帜。而社会主义的本质是解放生产力，发展生产力，消灭剥削，消除两极分化，最终达到共同富裕。这又为新农村建设指明了重点，即解放和发展农村生产力，实现农村共同富裕，这是我们建设社会主义新农村的首要前提。

（二）坚持以人为本、科学发展的原则

建设社会主义新农村是惠及8亿农民的大事，必须坚持以科学发展观为指导，把握要义，抓住核心。把握要义，就是要突出发展生产，坚持走加快发展、科学发展、协调发展之路，从创新体制机制、创新发展方式、优化产业结构、推行集约经营出发，保持经济社会协调发展之路，为加快推进新农村建设步伐奠定坚实的物质基础。抓住核心，就是要坚持以人为本，突出农民在农村建设中的主体地位，做到建设为了农民，建设过程依靠农民，建设成果惠及农民。

（三）坚持规划先行、合理安排的原则

建设社会主义新农村既是一项宏大的系统工程，又是一项漫长的艰巨任务，不能一哄而上，盲目推进，否则就会事倍功半，甚至半途而废。而要避免这种不良现象的产生，就必须在粮食生产、现代农业、乡村企业、村镇建设、资源利用、生态保护、农民居住等各个方面首先进行科学规划；在农村经济建设、政治建设、文化建设、社会建设、生态建设、党的建设各个方面做到统筹兼顾，合理安排，以实现新农村建设的最佳效益。

（四）坚持因地制宜、分类指导的原则

"生产发展、生活宽裕、村容整洁、乡风文明、管理民主"是中央对社会主义新农村建设的统一目标要求。但是，我国农村地域辽阔，布局分散，境况不一。受地理环境、自然条件、民情风俗、经济基础等诸多因素的制约，不仅地区与地区之间差距较大，而且在同一区域内，县与县、乡与乡，乃至村与村之间也差距较大。要想解决好目标要求的同一性与建设基础差异性之间的矛盾，就必须因地制宜，分类指导，决

不能用一个格调、一个模式、一刀切的方法来推进社会主义新农村建设。

（五）坚持突出重点、扎实推进的原则

建设社会主义新农村的要求全面，标准很高，任务艰巨，来不得半点马虎虚假，必须突出重点、先急后缓、循序渐进、扎实推进。要把加快农村经济发展，促进农民增收，改善农民生存条件，为农民提供公共服务，解决农民最关心、最直接、最现实的根本利益，作为新农村建设的重中之重，首先抓紧、抓好、抓出成效，同时循序渐进，兼顾农村其他各项事宜，一步一个脚印地扎实推进。坚决克服和杜绝形式主义、形象工程、"一阵风"的恶劣现象。

三、社会主义新农村建设的基本方法

但凡人们完成任何一项事业，总是要讲究工作的方式和方法，因为方法正确才能事半功倍地达到目标要求，而方法错误就会欲速则不达，甚至走向反面。社会主义新农村建设，作为"十四五"时期党和国家建设全面小康社会的重中之重，就更应当特别注重运用正确而又科学的推进方法。

（一）统一思想，走出新农村建设的认识误区

尽管对于社会主义新农村建设的目的、意义、目标、要求、任务、重点、方针和政策，中央都做出了明确的安排和部署，但是，在主观上，由于人们的思想认识不尽相同，尤其是领导干部们在思维能力、决策能力和政绩观上存在差异，有些人对于中央对社会主义新农村建设的决策部署的理解和把握难免还不够准确、不够深刻、不够全面；在客观上，由于各地建设社会主义新农村所具备的现实条件的差异，一些地方和一些干部对于社会主义新农村建设的重要性、必要性和紧迫性，对于推进社会主义新农村建设的思路、重点和方法的认识也并非统一的，农村抓农村的思想、单纯经济发展的思想、急于求成的思想、坐等支持的思想，以及短期行为、形式主义、形象工程的错误倾向，依然屡见不鲜，这就需要坚持以科学发展观为指导，通过广泛地、大张旗鼓地开展对社会主义新农村建设的宣传活动，切实加强社会主义新农村建设的思想教育，用中央的决策部署统一广大党员干部和各级领导的思想认识，切实走出在推进社会主义新农村建设的进程中所产生的思想误区。

误区之一：新农村建设是在国家财力雄厚，且工业反哺农业、城市支持农村的条件已经具备的情况下提出的，无须地方费力劳神，中央和上级党委政府也会把新农村建设扶持起来。

误区之二：经济建设是中心，发展生产是关键，只要把农村的经济建设搞上去了，其他各方面建设也就自然而然地上去了。

误区之三：新农村建设是一项长期任务，不是一朝一夕就能解决的，水到自然渠成，不必操之过急，还是抓工业化和城市化容易见效。

误区之四：新农村建设强调的是一个"新"字，只要为农民的出行铺新道路、规划居民点建新房子、村庄前后搞新景观，就是社会主义新农村建设。

误区之五：新农村建设是农村干部和农民的事，"多予、少取、放活"是财政税务部门的事，所谓工业反哺农业、城市支持农村，不过就是城市和企业捐点款而已。

（二）明确要求，理清新农村建设的工作思路

建设社会主义新农村是一项伟大的历史任务，为此，党中央、国务院不仅采取了一系列重要的决策部署和重大的战略举措，而且明确提出了"生产发展、生活宽裕、乡风文明、村容整洁、管理民主"二十字的目标要求。思维决定思路，思路决定出路。各级各地党政组织要想按照中央的决策部署和目标要求，扎实推进新农村建设，关键在于创新思维，理清建设社会主义新农村的工作思路。

1. 扎实推进新农村建设，必须把发展农村经济放在首位，促进粮食生产生产稳定发展和农民持续增收，为新农村建设夯实物质基础。

2. 扎实推进新农村建设，必须长期稳定农村基本经营制度，保障农民的土地承包权益，在依法、自愿、有偿的原则下合理进行土地流转。

3. 扎实推进新农村建设，必须全面深化农村改革，通过变革农村生产关系，大力解放和发展农村生产力，增强农村经济社会发展活力。

4. 扎实推进新农村建设，必须贯彻落实"多予、少取、放活"的方针，逐步扩大公共财政覆盖农村的范围，加大对农业和农村发展的支持力度。

5. 扎实推进新农村建设，必须充分发挥广大农民的主体作用，千方百计地调动农民群众建设社会主义新农村的积极性、主动性和创造性。

6. 扎实推进新农村建设，必须着力解决好农民最关心、最直接、最现实的利益问题，让广大农民切实得到社会主义新农村建设的实惠。

7. 扎实推进新农村建设，必须坚持城乡统筹发展，不能就农业抓农业、就农民抓农民、就农村抓农村，要努力做到工业反哺农业，城市支持农村。

8. 扎实推进新农村建设，必须从各地实际出发，按科学规律办事，并有效防止急于求成、形式主义、形象工程的出现，切实做到艰苦奋斗。

（三）扎实推进，强化新农村建设的组织举措

1. 理顺关系，将社会主义新农村建设摆在突出位置。社会主义新农村建设是党和国家的重点工作，而不是全部工作；是系统工程，而不是单项任务。各级党政组织和领导干部，只有在准确理解和把握中央的决策部署精神，切实吃透本地"三农"工作实际的基础上，正确处理好事关新农村建设的各方面关系，真正把社会主义新农村建

设摆在全局工作的突出位置，才能使新农村建设走上健康发展的轨道。

要处理好"三农"工作与建设全面小康社会的关系。全面建设小康社会是中国特色社会主义建设在新世纪的最伟大目标，党中央确立的这一伟大目标，相比基本小康的目标不仅在小康社会的生活水平上提出了更高的要求，在小康社会的覆盖面上也提出了更高的需求，而我国农村面广量大，是国家组成的主体，"三农"问题又是建设全面小康社会最突出的问题，因此，从全面小康覆盖面来说，没有农村的小康就没有全社会的小康；从全面小康的水平要求来讲，不解决"三农"问题就根本谈不上全面小康。

二要处理好新农村建设与推进工业化和城市化的关系。当前，我国已经进入工业化提升期和城市化加速期，工业化的提升和城市化的加速，确实对综合国力的提升，特别是经济实力的提升，起到了决定性作用。但是，工业化和城市化建设，与新农村建设不仅不是对立的，而且是紧密相关的。这种相关性突出表现在工业化和城市化在某种程度上是牺牲农业、农民、农村的利益换来的。并且，今后的工业化和城市化进程，依然需要农业、农民、农村的支持，否则就难以发展。

所以说，工业反哺农业、城市支持农村是理所当然的，要想进一步加快工业化和城市化进程，就必须大力加强社会主义新农村建设。

三要处理好新农村建设中经济建设与其他建设的关系。在新农村建设中，经济建设是中心，经济建设上不去，其他各项建设都会因为缺少物质基础而受到影响。因此，建设社会主义新农村首先就要把农村经济建设抓好，这是毋庸置疑的。但是，如果仅仅是一门心思抓经济，那么尽管经济建设上去了，经济实力增强了，也会因为其他方面建设上不去而造成精神文明滑坡，社会秩序不稳，生态环境破坏，进而使党的建设也削弱，这样就不仅违背了中央的要求，新农村建设的经济成果也会因为失去政治方向、文化促进、社会和谐和生态环境的引领、支撑和保证而掉下来。

四要处理好新农村建设中狠抓当前与着眼长远的关系。建设社会主义新农村是一项长期任务，必须立足当前，着眼长远。立足当前，是为了解决农民最关心、最直接、最现实的问题，一方面为农村长远建设打好基础，另一方面能够通过当前问题的解决，充分调动作为新农村建设主体的亿万农民建设社会主义新农村的积极性、主动性和创造性；着眼长远，一方面是由新农村建设的长期性决定的，面对面广量大的"三农"问题，我们不可能一个早上就解决问题；另一方面是从农业、农民、农村的长远利益出发考虑的。如果急功近利，只抓当前，不顾长远，就容易出现不计后果的形式主义、形象工程、表面文章等不良现象，导致以牺牲长远利益的代价换取新农村建设的一时发展，最终损害农民根本利益的不良后果。

五要处理好新农村建设中政府主导与农民主体的关系。建设社会主义新农村是一项复杂的社会系统工程，既需要政府主导，更需要发挥农民的主体作用，必须摆正关系。主导不是包办，主要是通过管方向、管政策、抓组织、抓协调、抓督促，去调动各方面的积极性，使新农村建设始终在正确的轨道上有条不紊地健康运行。主体不能依赖，自己的事业要靠自己发奋努力，不能左顾右盼、坐等支持。尤其是农村基层的党员干部，要身先士卒，带领农民群众为建设自己美好的家园义无反顾地思富、思进、创新、创业。

2. 科学规划，分期分步实施。人们为了更好地做一件事情，总是要在调查研究的基础上，预先调配各种资源，有条不紊地开展工作，以求用最小的成本达到最大的收益，这就是计划及其作用。面对社会主义新农村建设这个长期的艰巨的复杂的历史性任务，理所应当切实做好计划工作，并依据计划的安排分期分步地加以实施。一是要进行深入周密的调查研究工作。只有通过调查才能把握本地"三农"问题的实情，掌握事关新农村建设的第一手资料，取得发言权。二是要在此基础上对所调查的材料深入研究、思考，认真分析判断，进行科学预测，拿出切合当地实际的新农村建设计划。三是要通过计划，明确本地新农村建设的目标、思路、任务、重点、方法、步骤和措施，并狠抓落实，扎实推进。

3. 典型引路，促进整体推进。榜样的力量是无穷的，典型引路是一种科学的工作方法，是指面对一时难以全面完成的任务，首先树立一个或几个样板，并通过其典型作用的发挥、榜样力量的带动，引导和激励其他地方向榜样看齐。而建设社会主义新农村，不仅面广量大，而且任务重、要求高、时间长，就更应当抓好典型引路。即首先集中精力在一个县抓好一两个乡镇，在一个乡镇抓好一两个村，甚至在一个村首先抓好一两个村民小组，然后借助榜样的力量全面推开。如江苏的"昆山之路"、浙江的"温州模式"都是这两个发达省份为经济建设树立的典型，它们的典型作用就有力地引导和激励了这两个省份经济的快速增长。

4. 落实政策，确保支持到位。政策是什么？政策是党性，政策是方向，政策是民心。因此，我们党无论是在革命时期还是在建设时期，都高度重视政策的制定和贯彻落实，这是革命胜利和建设成功的重要保证。所以建设社会主义新农村必须认真贯彻落实党在农村的各项方针政策。各级党组织和党政领导，不仅要继续坚持党的十一届三中全会以来中央出台的有关支农惠农政策，更要大力宣传党的十六届五中全会精神，以及中央和地方"十四五"规划精神，切实贯彻和落实"多予、少取、放活"，工业反哺农业、城市支持农村，城乡协调发展的发展战略和建设方针，特别是要把中央关于农业税减免，关于改造农村基础设施建设，关于发展农村文化教育、医疗卫生、社会保障事业等支农惠农的方针政策落实到位。同时各地县以上人民政府，还应当根据中央的精神，结合自身实际，制定和出台一些有利于加快新农村建设的地方性支农惠农政策，用政策调动亿万农民建设社会主义新农村的积极性、主动性和创造性。

5.强化领导,严格工作责任。在政治路线确定之后,干部就是决定性的因素。建设社会主义新农村的目标能否实现,根本在于乡村党员干部的执政能力和执政水平的高低,关键在于农村党政组织和党员干部的核心作用、先锋模范作用和管理服务作用发挥得好坏。因此,必须坚持以增强乡村党政组织和党员干部执政能力的提高为重点,采取切实有效的对策措施。

第一,要建设一个能够充分发挥党组织核心作用的,能够发挥行政组织的组织、协调、管理及服务作用的,具有一定向心力、凝聚力、号召力、战斗力和创造力的乡村两级党政领导班子。

第二,要造就一支具有解放思想、推进改革开放的本领,善于决策、厘清发展思路的本领,发扬民主、集中民意的本领,总揽全局、协调各方利益的本领,求真务实、狠抓落实的本领,典型引路、推进全局的本领的乡村干部队伍。

第三,要培养一支具有较高的政治觉悟、坚定的理想信念、牢固的宗旨意识、积极的奉献精神、优良的工作作风、高尚的模范行为的党员队伍。

第四,要建立健全一套完整的、科学的、具有可操作性的,宣传动员、组织推动、指导服务、协调管理、民主监督等方面的管理体制、协调机制、服务体系和规章制度。

第五,要建立起科学合理的目标管理责任制。依据本地制订的新农村建设计划,分解目标、量化指标,明确重点、细化任务,严格责任、落实到人,跟踪考核、奖惩分明,以促进和保证新农村建设的各项任务切实得到落实。

总之,建设社会主义新农村目标宏伟、意义重大、任务艰巨、要求明确。面对新目标、新任务和新要求,建设社会主义新农村既具有通过新中国成立70多年来,特别是改革开放40多年来的物质积累所形成的比较坚实的经济基础,又具有中华民族五千年的传统文化精髓与以马克思主义为指导的民族的、科学的、大众的社会主义文化相结合所形成的先进文化基础;更具有马列主义、毛泽东思想、邓小平理论、"三个代表"重要思想和科学发展观的指导习近平新时代中国特色社会主义思想,以及"一个中心、两个基本点"的路线和乡村党员干部队伍共同组成的坚强的政治基础。尽管我国目前面临着农业发展缓慢、农民增收减低、农村发展滞后的问题和矛盾,但是,只要各级党委政府认真贯彻落实科学发展观和党的精神,重视农业、关心农民、关注农村,认真落实"多予、少取、放活",工业反哺农业、城市支持农村,城乡协调发展的方针,特别是乡村党政组织和党员干部,要认准建设社会主义新农村的宏伟目标,进一步解放思想,确立新理念;进一步明确任务,确立新思路;进一步狠抓落实,确立新举措,就一定能够团结和带领广大农民,实现建设社会主义新农村的宏伟目标。

第十三章　乡村旅游背景下农村生态化建设研究

生态文明是指人类在改造客观世界的同时改善和优化人与自然的关系，建设科学有序的生态运行机制，体现人类尊重自然、顺应自然、保护自然、与自然和谐相处的文明理念。在广大农村树立生态文明观念，促进农村生态文明建设，是推动农村科学发展、促进农村社会和谐的必然要求。它有助于唤醒广大农民乃至全民族的生态忧患意识，使人们认清生态环境问题的复杂性、长期性和艰巨性，从而持之以恒地重视农村生态环境保护工作，尽最大可能地节约能源资源、保护生态环境。

第一节　农村生态建设的内涵与意义

建设生态文明，是关系人民福祉、关乎民族未来的长远大计。面对资源约束趋紧、环境污染严重、生态系统退化的严峻形势，我们必须树立尊重自然、顺应自然、保护自然的生态文明理念，把生态文明建设放在突出地位，将其融入经济建设、政治建设、文化建设、社会建设各方面和全过程，努力建设美丽中国，实现中华民族的永续发展。

但是，建设生态文明必须首先要了解生态文明，弄懂生态文明的概念、内涵与意义，这对于建设生态文明具有重要作用，否则，生态文明建设就会无的放矢，不得要领。

一、生态文明的概念

广义的生态文明，是指人类文明发展的一个新阶段，即工业文明之后的人类文明形态。

狭义的生态文明，是相对于物质文明、精神文明和制度文明而言的，是人类基于生态危机、反思传统发展观念而进行的理性选择。它是人类在改造自然的过程中，不断克服负面效应，积极改善和优化人与自然、人与社会、人与人的关系，建立有序的生态运行机制和良好的生态环境所达到的文明程度。

所谓农村生态文明，就是以生态产业为主要特征的文明形态。它以人与自然、人与社会的和谐共生、良性循环、全面发展、持续繁荣为基本宗旨，以建立可持续的经济发展模式、健康合理的消费模式以及和睦和谐社会关系为主要内涵，倡导农村在遵循人、自然、社会和谐发展的客观规律的基础上，追求物质与精神财富的创造和积累。

二、生态文明的内涵

生态文明具有丰富的内涵，不仅包含普遍意义上的绿色生态文明，更包含政治、文化、道德伦理和制度的生态文明等。就其基本内容来说，主要包括生态观念文明、生态行为文明和生态制度文明等。

所谓生态观念文明，是指人们在对待生态问题时所表现的一种先进的价值观念的形态，如社会所体现出的有着人与自然平等、和谐的价值取向的生态意识、生态心理和生态道德等。

所谓生态行为文明，是指在先进的习近平生态文明思想和科学的生态价值观念指导下，人们在生产生活实践中推动生态文明进步发展的各种活动，及其对人们文明生态意识和行为能力的引导和培育。

所谓生态制度文明，是指人们正确对待生态问题而形成的一种科学进步的制度形态，如为生态文明建设所制定的法律、法规、政策、规章等。

在当今新技术革命和信息社会的背景下建设生态文明，不同于过去传统意义上的污染控制和生态恢复，而是克服工业文明弊端，探索资源节约型、环境友好型社会以及科学发展道路的过程。生态文明建设要求人类不仅要积极倡导习近平生态文明思想和观念，而且要推进生态文明意识在经济、社会、文化各个领域的延伸。

在经济领域，经济活动要走"绿色化"、无害化道路，积极推进生态环境保护产业的发展。要大力开发和推广节约、替代、循环利用资源和治理污染的先进适用技术，发展再生能源和清洁能源，提高能源资源的利用率。要形成有利于节约资源、减少污染的生产模式、产业结构和消费方式，并将这一发展战略具体落实到企业、单位、家庭和个人。

在社会领域，要树立科学的发展观和生态观，把建设生态文明作为贯彻落实科学发展观、构建社会主义和谐社会的重要内容，积极倡导以生态文明意识为主导的社会潮流，优化"人居"生活环境，形成有利于人类可持续发展的适度消费、绿色消费的生活方式，以及保护生态、美化家园、绿化祖国的社会文明新风尚。

在文化领域，要树立生态文化意识，摒弃人类自我中心思想，按照尊重自然、人与自然和谐相处的要求，提高人们对生态文化的认同，增强人们在自然生态环境行为上的自律。同时，注重生态道德教育，广泛动员群众参与多种形式的生态道德实践活动，使人们自觉地履行保护生态环境的责任和义务。

三、建设农村生态文明的意义

党的十八大以后，中央已经把生态文明建设与经济、政治、文化和社会建设放在了中国特色社会主义建设"五位一体"的总体布局之中，这充分说明了生态文明建设的极端重要性，因此，农村生态文明建设是社会主义新农村建设的本质要求和应有之义。

1. 建设农村生态文明，是遵循自然规律、实现人与自然和谐相处的客观要求。

早在西汉时期，与时俱进的思想家、儒学家、著名的唯心主义哲学家和经学大师董仲舒，就提出了"天人合一"的思想，倡导人与自然和谐相处。

人类的活动必须保持在一个良好的生态环境中，才能得以长久的生存与发展。

"大量事实表明，人与自然的关系不和谐，往往会影响人与人的关系、人与社会的关系。如果生态环境受到严重破坏、人们的生活环境恶化，如果资源能源供应紧张、经济发展与资源能源矛盾尖锐，人与人的和谐、人与社会的和谐是难以实现的。"人与自然是共存、共生、共荣的关系。随着经济的发展，人们愈来愈清醒地认识到以污染环境和破坏生态换取一时的经济繁荣的危害性，愈来愈希望深刻了解生态文明建设的内涵，以及经济活动对生态的影响及其变化规律，以增强保护生态环境、建设生态文明的自觉性。

自然界是人类赖以生存和发展的基础。人类为了自身的生存与发展，需要利用自然资源，改造自然环境，但我们不能无节制地开发和利用自然资源。

地球的面积和空间是有限的，它的资源也是有限的，它对人类活动的承载力更是有一定限度的。我们不能忽视自然规律去改变自然环境，更不能牺牲人与自然的和谐关系。

2. 建设农村生态文明，是落实科学发展观、实现农村可持续发展的迫切需要。

改革开放以来，我国经济发展取得了令人瞩目的伟大成就。我们要清醒地看到，我国经济增长方式粗放的问题十分突出，资源环境面临的压力越来越大。我国的资源总量和人均资源严重不足。

建设生态文明，能够为人们的生产生活提供必需的物质基础；生态文明观念作为一种基础的价值导向，是构建社会主义和谐社会不可或缺的精神力量。随着人们日益增长的物质文化需求，人们对生活质量提出了新的更高的要求，如希望喝上干净的水、吸上清新的空气、吃上放心的食品、住上舒适的房子等。

创造一个良好的生态环境，使自然生态保持动态平衡和良性循环并与人们和谐相处，比以往任何时候都显得更加迫切。如果没有一个良好的生态环境，便无法实现可持续发展，更无法为人民提供良好的生活环境。建设生态文明任重而道远。牢固树立生态文明观念，积极推进生态文明建设，是深入贯彻落实科学发展观、推进中国特色社会主义伟大事业的应有之义。

3. 建设农村生态文明，是优化资源配置、实现节约型社会建设目标的重要举措。我国已进入工业化中后期，这一时期的产业结构特点是"重化工业"加速发展、资源能源消费增加。先期实现工业化的国家，如英国、美国等，大都走的是一条大量消耗资源能源、先污染后治理的路子，能源和重要金属消费增长超过经济增长，出现严重的环境污染问题。当年日本的发展，也是走的这条道路。因此，我们国家提出，坚持走可持续发展道路，按照科学发展观的指导思想，探索建设资源节约型、环境友好型的新路，重视重化工业的层次提升和节能减排的结构调整与技术进步，避免一些地方盲目发展和引进重化工业项目造成的高能耗和高污染。

循环经济，源于生态经济系统的物流、能源流和信息流的循环、转化和传递的原理。它一改过去以消耗自然资源和环境为代价的传统的"资源—产品—污染排放"单向流动线性经济增长方式，成为把各自孤立的生产环节所排放的废物通过运用技术工艺措施，转化为再生资源和再生产品的"资源—生产—消费—资源（再生）"的反馈式循环经济模式。尤其是它强调循环经济系统是由人、自然资源和科学技术等要素构成的大系统。它要求人在考虑生产和消费时不应置身于该系统之外，而要将自己作为这个大系统的一部分来研究符合客观规律的经济原则，如将"退牧还草""退耕还林""退田还湖"等生态系统建设，作为维持大系统可持续发展的基础性工作来抓。

4. 建设农村生态文明，是建设新农村、实现全面小康社会目标的必由之路。"生态文明"理念，强调人类要珍惜自然、尊重自然、爱护自然，把自己当作自然中的一员，与自然界和谐相处，彻底改变那种认为自然界是可以任意索取和利用的对象，而没有把它作为人类发展的基础和生命源泉的错误态度。而生态文明建设则是社会主义新农村建设的重要方面。这一新的农村发展思想强调，发展是整体的、综合的、内生的，经济只是发展的手段。从目的上看，发展是为了满足农村广大人民群众的需要，但这种需要不仅是物质的需要，还包括各个民族的价值及社会、文化和精神的需要，以及发展不能损害当代人的生活条件和健康，更不能损害代际之间的资源能源的均衡等。这使我们彻底突破了过去那种单纯为经济增长而追求经济增长的传统发展模式，将发展指数放在全局战略的视角上，思考中国应实现什么样的发展、怎样发展等重大问题，以及怎样在经济与道德、效率与公平、工具与目的、眼前与长远、局部与全局、当代与现代的关系上协调发展。实践已充分证明，若没有一个可供持续利用的农业自然资源，没有一个良好的农村生态环境，就不会有持续发展的现代农业，就不会有持续发展的农村经济，也就没有广大农民真正的小康生活。

第二节　农村生态环境的现状与问题

随着农村经济的快速发展，农村的环境污染和生态破坏也日益严重，农民利益受到了严重损害，这有悖于社会主义新农村建设的根本目标。作为世界上著名的农业国，我国农村地域占国土面积的比例是较高的，由于农村地域辽阔广大，搞好农村的环境保护工作，对于广大农村乃至受其影响的城市的生态环境的改善，以及占总人口70%以上的广大农民的身体健康都具有重要的意义。

一、农村生态环境的现状

我国是一个农业大国，70%以上的人口集中在农村。要想在21世纪实现强国梦，首先必须实现农村经济的充分发展，同时这种发展又必须是可持续的。也就是说，环境保护应是农村发展进程中的一个必要组成部分，而不应与这一进程分离。

然而实际上，在农村经济发展的同时，由于人口多、经济活动量大而科技水平低等原因，我国农村生态环境保护相对来说，却是个十分薄弱的环节。在人口不断增加和经济大规模展开的双重压力下，我国农村生态环境的总体形势非常严峻。加入世贸组织后，我国农村更多地参与了国际分工，尤其是新技术革命改变了农民的生产方式，农村的经济发展与生态环境的矛盾进一步突出。在这种情况下，我国农村的生态环境保护就不可避免地被提上了议程。为此，我们必须研究我国农村生态环境保护的现状，分析其原因，并在此基础上，探索有中国特色的农村环境保护的可行性对策。

二、农村生态环境保护不力的原因

（一）农村经济行为短期化

由于理性有限和追求自我利益，很多农户在自然资源的开发利用上重用轻养、重眼前轻长远，他们在农业生产活动中，大量使用化肥、农药来提高单位面积产量和抵御病虫害，以至于造成水体和土壤污染、湖泊富营养化、土地板结、农产品污染及质量下降等问题。

其主要表现为：以人类为中心的自然观，把生产力看成是掠夺自然、征服自然的能力；传统的经济增长方式，把发展等同于经济增长；以产量产值为主的价值评价体系，把利润等同于效益；先污染后治理的老路子，把环保等同于污染治理。

（二）科学防治水平低

部分乡镇企业乱占耕地，采富弃贫，设备简陋，工艺落后，"三废"处理率和资源利用率低。另外，有的乡镇企业布局不合理，投资分散，导致污染源分布广，类型复杂，规模小，变化大，难以治理。由于环境管理薄弱，环保资金投入不足，污染治理措施少，低水平重复建设等，近年来乡镇企业所造污染占全国污染总量的份额出现了令人担忧的增长势头。

（三）环保法制不健全

相对于城市来说，农村环保工作起步较晚，基础较为薄弱，尚未建立起符合农村环保实际需要的法律法规体系，有关环境保护条文过于抽象，难以执行。在许多地方出现了"三不管"地带，再加上农村环境法规不配套，摩擦成本大，使得现行的环境保护制度在实际中难以有效推行。

（四）宏观决策与管理不当

我国现存的农村环境保护制度缺乏激励机制或激励制度，兑现率低，且缺乏稳定性，过于强调外部利益和长期效益，损伤了公众参与环境保护的积极性，以致环保主要依赖国家补贴和行政监督。某些农村环保制度的设计不甚周密，约束无力，本身就是低效率的，如农村个别环保部门的行政经费来源于其所收取的排污费中，导致环保部门的个别职员不履行职责，对环境污染姑息迁就，甚至坐视不管，出现"养黑吃黑"的局面。

（五）环保措施贯彻不力

我国农村环境保护机构到目前来说，还不健全。县级以下的政府基本上没有专门的环保机构和专职工作人员，农村环境监测工作基本上处于空白状态，执法监管能力严重不足，环保秩序相当混乱。

第三节　农村生态建设的目标与任务

党的十八大报告指出："坚持节约资源和保护环境的基本国策，坚持节约优先、保护优先、自然恢复为主的方针，着力推进绿色发展、循环发展、低碳发展，形成节约资源和保护环境的空间格局、产业结构、生产方式、生活方式，从源头上扭转生态环境恶化趋势，为人民创造良好的生产生活环境，为全球生态安全作出贡献。"这为农村生态文明建设指明了正确的方向。然而，农村生态建设是一个新课题、大课题，事关社会主义新农村建设全局，事关农村全面小康社会目标的实现，必须确立目标，明确要求，落实任务，下最大的决心抓出成效。

一、农村生态文明建设的目标

目标是理想的境界，目标是努力的方向。社会主义新农村的生态文明建设目标，应当是广大农村干部群众通过努力，到 2025 年的时候，使整个农村的生态文明达到以下标准。

（一）经济发展创新转型

产业发展追求绿色、生态、循环，走可持续道路；生产资源得到优化配置，实现节约化、集约化；经济效益产出主要依靠知识、技术和管理投入。

（二）人际关系团结友好

人与人之间相互信任、相互关心、相互帮助；家庭与家庭之间互不猜忌，和睦相处，关系融洽；人与社会组织之间沟通有序，交流正常，关系适当，全体社会成员亲如一家。

（三）思想道德健康向上

社会主义核心价值观和荣辱观得到贯彻落实，农村社会成员爱党、爱国家、爱集体、爱劳动、爱科学；讲道德、讲诚信、讲团结、讲文明、讲礼貌；遵法规、守纪律、兴正风、树形象。

（四）村容村貌整洁卫生

村庄房屋建设整齐集中，村内外道路平整、硬化、通达；村里村外、房前屋后无杂草、无垃圾、无蚊蝇，清洁卫生；房屋外墙只有文明标语，没有乱贴乱画。

（五）田园山庄自然和谐

空中蓝天白云、风和气清，地上山青草绿、稻谷飘香，水体清澈透明、没有污染，村落绿树成荫、四季繁花，整个农村呈现出一派人与自然和谐相处的美丽景象。

二、农村生态文明建设的要求

建设生态文明乡村的总体要求是：坚持以中国特色社会主义理论为指导，深入贯彻落实科学发展观和党的十八大精神，按照"生产发展、生活宽裕、乡风文明、村容整洁、管理民主"的社会主义新农村建设总体要求，坚持以人为本、生态优先、全面协调、绿色发展的理念，进一步加大城乡生态文明一体化建设力度，持之以恒地加大城乡环境综合整治力度，加强村容村貌基础建设，加强农村生态建设的恢复和优化提升，发展生态产业，培育生态文化，弘扬生态文明，努力把广大农村建设成为产业生态高效、环境优美宜居、生活文明健康的美好家园。

三、农村生态文明建设的任务

（一）科学制定规划

农村基层党政组织要坚持以科学发展观为指导，针对农村生态环境的可持续发展，综合考虑各方面环境因素，立足高起点，坚持高标准，严把质量关，认真制定生态环境建设规划。以高标准规划设计小城镇和新型农村社区，对路、水、电、垃圾污水处理、供气供暖、停车场等基础设施、公共服务设施和文体活动场所，以及防洪、抗震、消防等内容作出明确安排。规划要高点定位，建设可以分步实施，一时办不到的，应预留下建设空间。尤其是要加强对农民新建住房的规划审批和指导，加大新材料、新能源、新技术在农房建设中的推广和应用力度，帮助农民把好设计关、质量关、施工关，建设生态节能住宅和百年住宅。注意保持和体现好田园风光、乡土风情、民俗风韵、传统风貌的特点，保护好古村落、古民居、古建筑、古树名木，充分体现传统乡村风貌和地域文化特色。

（二）改善农村生态环境

县乡党委政府要认真组织实施"山水林田路"的综合治理，大力开展造林绿化、湿地保护与修复、水土保持、水污染防治等生态建设工程，完善落实重点区域生态补偿机制，强化农村生态基础。分期分批开展村庄"五化"建设，积极推进村级绿化美化，加快改善村容村貌。深入开展农村环境综合治理，积极推进"三清四改一建"（清理粪堆、垃圾堆、柴草堆，改水、改厕、改圈、改灶，建沼气池），大力推广天然气、沼气、太阳能、风能等清洁能源。抓好农村规模化养殖场、养殖小区污染防治设施建设，深入实施秸秆禁烧及其综合利用。推行"户集、村收、镇运、集中处理"的农村垃圾处理机制。推动农村工业企业向园区集中，严格控制高耗能、高污染的项目向农村转移。

（三）发展农村生态经济

加快农业和农村经济转方式、调结构的步伐，始终把发展经济、富裕农民摆在工作首位，实行生态与富民的有机结合，积极创建现代农业示范区，走产业生态化、品牌高端化的发展路子。突出绿色、生态主题，积极鼓励和扶持发展循环经济，大力发展有机农业、都市农业，深化农业产业化经营，促进农业专业化、标准化、规模化、集约化。加快发展县域经济、镇域经济，繁荣发展农村第二、三产业，推动城乡产业融合，促进农村劳动力转移。乡村工业要坚持清洁生产、绿色发展和园区化发展，实行集中治污，强化节能减排和环境保护。

（四）培育农村生态文化

加强对农村干部群众的生态文明素质教育，形成农村经济的绿色发展模式，倡导农民群众的绿色消费模式。开展生态文明县区、生态文明乡镇（街道）、生态文明村居、生态文明机关、生态文明学校、生态文明企业、生态文明社区、生态文明家庭等系列创建工作。积极开展生态文化公益活动，设置农村生态文化墙、宣传栏、公益广告牌，制定生态文明公约，创作生态文化艺术作品，开发生态文化产品，营造浓厚的农村生态文化氛围。

（五）完善农村基础设施

高度重视"广播电视村村通"扫尾工作；加强农村道路砂石化、黑色化建设，实现农村道路由"村村通"向网络化、"村内通"延伸；所有村庄要基本实现"四通五化"（通水、通电、通路、通宽带网，实现硬化、净化、亮化、绿化、美化），加快实施以"同源同网"为主体的城乡供水一体化建设，确保农村饮水安全；抓好农村电网改造和三网融合。

（六）优化农村公共服务

使所有农村社区办公服务场所的面积均达到500平方米以上，有"两委"办公室、综合服务中心、卫生室、警务室、便民超市、服务业发展小区、专业合作组织和志愿者服务队伍，村庄达到基本公共服务便利化；大力普及学前教育，巩固义务教育，实现新型农村合作医疗、新型农村社会养老保险全覆盖；积极建设农村多种文化休闲娱乐活动场所。

（七）建设和谐文明乡村

农村基层各级党委、政府要坚持一手抓环境整治、抓各种设施和服务的完善、抓宜居家园建设，一手抓农民素质提高、生态文明理念强化和良好生活习惯的养成，努力做到用文化知识、典型示范、文明创建和乡规民约引导人、感染人、激励人。积极开展"乡村文明行动"，加强社会主义核心价值体系建设，不断提高农民的社会公德、职业道德、家庭美德、个人品德。加强农民教育培训，普及科学文化知识，养成科学、健康、文明的生活方式。繁荣活跃群众的精神文化生活，培育地方文化品牌，广泛开展庙会歌会、花会灯会、文艺演出、体育健身、书画摄影等活动。抓好移风易俗，破除封建迷信，落实丧葬规定，形成健康向上的村风民俗。在乡规民约中增加生态文明建设方面的内容，制约破坏生态、不文明的行为。加强农村基层组织建设，选优配强农村党组织带头人，健全农村治保、调解组织和制度，创新社会管理体制机制，维护社会和谐稳定。

第四节 农村生态建设的路径与措施

发展农村经济，保护农村环境，是我国农村发展的客观要求，是我国国情和农村的环境形势决定的。过去的一些教训告诫我们，在农村经济发展中，如果不注意环境的保护，不及时采取有效措施，经济的发展就只是暂时的，若干年以后农村经济发展的速度将会减缓，制约农村经济的持续发展。因此，必须切实寻求农村生态环境保护的新途径，大力实施农村生态环境保护的新举措。

一、确立正确的工作思路

1. 坚持以科学发展观为指导，统筹谋划农村经济、政治、文化、社会各方面的生态建设，实现农村经济社会可持续发展；

2. 坚持以经济建设为中心，突出发展为第一要务，着力于农村产业转型升级，大力发展绿色、生态、节能、循环的经济产业；

3. 坚持以人为本，紧紧围绕广大农民群众生产、生活环境的改善和提升，制定科学规划，主攻项目实施，务求实际效果；

4. 坚持民生至上，积极而又始终不渝地解决农民群众教育、医疗、文化、居住、出行、养老等最直接、最迫切的生态民生问题；

5. 坚持加强领导，不断创新制度，实行政府主导、农民主体、社会参与的运行机制，调动全社会各方面的积极性因素，合力共建农村生态文明。

二、坚持科学的建设原则

1. 解放思想、更新理念的原则。将生态文明理念贯穿新农村建设的全过程，建设绿色乡村、美好家园。

2. 以人为本、改善民生的原则。把改善农村生产生活条件作为工作重点。

3. 因地制宜、分类指导的原则。突出地域特色和人文风貌，不搞一刀切、齐步走。

4. 统筹规划、协调推进的原则。持续抓好农村生态环境综合治理、村庄"五化"建设、农房改造、新型农村社区建设和农业农村基础设施建设，统筹推进产业发展、文明创建、公共服务和社会管理。

5. 政府主导、农民主体的原则。充分尊重农民群众意愿，尊重农民群众首创精神，做好群众工作，严防强拆强建，保障农民群众的知情权、参与权、表达权、监督权。

6.实事求是、务求实效的原则。严格依法按政策办事，不搞形式主义，不做表面文章，实现动机与效果的有机统一。

三、落实有效的组织措施

（一）广泛开展宣传，不断提高广大农民的生态环境意识

农村基层和县乡党委、政府应高度重视生态文明建设的宣传，每年应在党校开设乡镇（街道）领导干部生态环保培训班，提高基层领导干部的环保意识。由宣教部门牵头，以各乡镇、村为主体，利用广播、电视、报刊等新闻媒体，广泛开展多种形式的宣传教育，提高农村群众的环境意识，培养良好的生活和卫生习惯。把农村生态环境保护作为一项长期的、重要的基本国策，开展环境法制教育，通过新闻媒体采访报道，树立先进典型，揭露违法行为，推行绿色消费方式，提高农民的环保意识，提高乡镇领导干部和基层生态环境部门对农村环保工作重要性的认识，改革地方干部的考核制度，把环境可持续发展目标加入考核指标中去，改变以经济增长论政绩的旧观念；开发项目时，要把环境水平列上议程，对于不符合可持续发展要求的项目，银行应不予贷款，工商管理部门应不予颁发营业证件，通过各种环保宣传和教育，逐步使农民确立全方位的环保战略观。

（二）加大资金投入，不断完善农村环境基础设施建设

要加强县乡各部门之间的交流协作，整合资源，努力破解资金难题，进一步加大农村生态环境建设的投入力度，从而形成有效的推进机制。每年的市级生态专项资金和生态补偿资金要尽可能向农村地区倾斜。政府在安排国民经济预算时，要加大对农村环境保护的投资力度，并采取一定的倾斜政策和灵活措施，在资金上支持农村生态环境保护有关的管理、监测、科研机构建设；通过对污染大户收缴税金、罚款，社会捐助，民间集资，企业投资等方式进行多元化筹资，并且要确保这些环保资金专款专用，确保环保资金足额到位。同时，疏通渠道，提高农村环保资金的利用效率。

（三）积极探索创新模式，生活垃圾处置倡导资源化、减量化

近些年来，许多地方在垃圾处置方面，已建立了市、县（市、区）、乡（镇）、村（居）四级投入的垃圾收集处置投资机制，确保了农村垃圾的收集处置。今后，在建设以"户集—村收—乡（镇）中转—县处理"为主体的农村垃圾收集处置体系的同时，要因地制宜地发展多种形式的生活垃圾减量化、资源化收集处置及再利用系统。推广成熟的农用技术，如"畜禽粪便和秸秆综合利用技术、土壤污染控制技术、农药残留速测技术"等，引导农民科学施肥用药，减少农用化学品对农业生态环境的污染，从源头上削减污染物；同时推广污染处理技术，如"防治乡村工业废水、废气新技术，污灌区

污染控制的治理技术，生物监测技术"等，进行废物资源的再生利用，同时降低治理成本。要发挥市场的力量，通过财政、税收、信贷等经济杠杆进行引导和调节；通过补贴、排污收费、开征可再生资源利用补偿费等市场手段进行鼓励和惩罚；利用价格机制促使环境污染的外部性问题内部化；通过一系列措施，使乡镇企业排放污染所受惩罚高于控制污染的成本代价，从而使减少污染成为企业的自觉行动。同时要确保这些环保政策有相对的稳定性，提高激励机制的兑现率，最大限度地调动环保主体的积极性。

（四）进一步完善工作机制，加强各类污染治理设施的维护管理

按照因地制宜、集中处置的要求，全面推进农村生活垃圾的收集处理。在农村集中收集工程建设上下功夫，科学合理地建设村民的垃圾收集点，并按照"户投、村收（运）、镇运（中转）、县处理"的方式，进一步完善农村垃圾收集处理的日常运行机制。各级环保部门要加强对乡镇企业的环保指导，促进资源开发的有序性，加大对关、停、并、转的乡镇企业的监督检查，防止死灰复燃，并加强农村环保队伍建设，有计划地组织人员培训，提高他们的业务素质。同时，逐步建立与健全农村环境质量的初级动态监测体系，切实做到农村环保有人管、环境问题有人抓，要设有负责环境保护的各级乡镇干部，并配备有专业水平的环保专职人员，实行环境保护责任制。

（五）以法制完善和制度创新为保障，建立生态建设的长效机制

政府在其中的作用主要是捍卫产权，如通过环境资源的产权登记制度、严格的损害赔偿责任制度和对产权纠纷的解决，使市场有效地发挥资源配置的功能。完善环境立法，按照农业环境标准，制定一些地方性的农业环境保护法律法规和行政规章、小城镇环境保护规划、有机食品技术规范、畜禽养殖污染物排放标准、农药污染防治与环境管理法规标准等，为农村环境保护工作提供完善的法律支持。同时，加强环境执法，严格监督管理，重点要抓好秸秆禁烧、畜禽养殖以及资源开发的执法监督工作。

（六）切实加强领导，为农村生态文明建设提供坚强的组织保证

应明确各级党委、政府的责任。实行市抓到乡镇、区县抓到村（居）、乡镇具体组织实施的工作机制。各级党委、政府要把生态文明新农村建设列入重要议事日程，纳入各级经济社会发展规划，纳入领导班子、领导干部工作实绩考核的重要内容，层层分解任务，明确部门责任，加强调研和指导，及时发现和解决问题，确保生态文明新农村建设工作有序、健康、深入开展。二要充分调动农民群众和社会力量参与生态文明新农村建设的积极性。在不增加农民负担的前提下，组织发动农民群众利用"一事一议"政策，自觉筹资筹劳，主动参与生态文明新农村建设。鼓励企业通过产业转移、项目拓展等形式，互利互惠，参与生态文明新农村建设和发展农村第二、三产业。

鼓励各级党政机关、群团组织和各类企事业单位与村居开展多种形式的共建联建、结对帮扶活动。三要加强督导和考核。建立生态文明新农村建设监督考核机制，研究制定可行的考核奖励办法。通过考核确定一批生态文明乡村作为示范乡村，以点带面促进整体推进，并大张旗鼓地进行表彰奖励，促进和推动整个农村生态文明建设不断向纵深发展，不断提高建设水平，不断创造新的局面。

第十四章 新农村生态建设与环境保护

建设生态文明是中华民族永续发展的千年大计，要把坚持人与自然和谐共生作为新时代坚持和发展中国特色社会主义基本方略的重要内容，把建设美丽中国作为全面建成社会主义现代化强国的重大目标，把生态文明建设和生态环境保护提升到前所未有的战略高度。

第一节 新农村生态建设与环境保护理念

新农村生态建设和环境保护是乡村生态旅游可持续发展的必要前提，在乡村生态旅游开发过程中，不合理的开发建设往往会对乡村的生态环境质量以及景观资源造成难以弥补的损失和不可修复的破坏。因此，根据不同地域乡村的实际情况，树立科学合理的环境保护理念并以此为指导，正确处理资源开发和环境保护之间的关系，谋求经济、社会、文化和环境的协调发展，是新农村生态资源永续利用和乡村生态旅游可持续发展的重要保证。

在我国农村体制改革的大背景下，结合当前进行的社会主义新农村建设和加强农村环境整治的契机，明确建设与保护的创新理念成为指导乡村生态旅游理性开发的前提和确保乡村生态旅游持续、快速、健康发展的保障。乡村生态建设和环境保护理念的确立既要符合乡村生态旅游发展的一般规律，又要兼顾乡村生态旅游发展的地域性、差异性、动态性等特色，同时还要保证理念确立的前瞻性和与其他产业的兼容性。

一、新农村生态环境的内涵

新农村生态环境是乡村生态旅游发展的重要依托，保护与优化乡村生态环境是乡村生态旅游可持续发展的坚实基础。新农村生态环境建设必须以发展的眼光，以新农村建设的理念，以乡村的自然风光、生态环境、景观特色保护为前提。因此，优化乡村生态环境，增强生态环境的旅游吸引力，强化乡村生态旅游的活力和生命力，是实现乡村生态旅游可持续发展的必要条件。从我国目前乡村生态旅游发展的阶段性特征来看，乡村生态环境的核心是乡村地域生态旅游环境，尤其是指乡村生态旅游环境的内涵。

（一）新农村生态旅游环境

1. 新农村生态旅游环境的外延

新农村生态旅游环境的外延是指乡村生态旅游赖以生存和发展的环境，包括乡村生态旅游的经济环境、产业背景和旅游环境三个部分。无论从供给还是需求方面来讲，良好的经济环境都是乡村生态旅游生存、发展的基础条件。同样，乡村生态旅游在很大程度上是嫁接在一定的产业，尤其是发展成熟的产业之上的，产业背景和产业特色是乡村生态旅游发展的无穷动力和源泉。此外，乡村生态旅游是旅游产业的类型之一，是旅游者选购旅游产品时的备选项目之一。因此，当旅游成为区域支柱产业、成为城乡居民生活方式的一部分的时候，旅游时代便全面到来了。此时，旅游产品的消费才能成为人们的习惯消费，新农村生态旅游产品的发展也才能赢得广阔而稳定的市场。

2. 新农村生态旅游环境的内涵

新农村生态旅游环境的内涵是指乡村生态旅游活动赖以开展的乡村自然生态环境和乡村人文生态环境，包括整合各种乡村旅游资源而成的乡村景观。乡村自然生态环境是由旅游乡村地域的大气、水系、地貌、土壤、生物等要素组成的自然综合体。而乡村人文生态环境是由旅游乡村的建筑、聚落、服饰、语言、精神风貌、社会治安、卫生健康状况、当地居民对旅游者的态度、旅游服务等要素组成的人文综合体。乡村生态旅游的自然和人文生态环境是乡村生态旅游发展的直接基础，它们共同构成了乡村生态旅游资源系统，也是旅游发展过程中规划者、经营者和旅游者可以直接或间接施加影响的环境。

乡村自然生态景观是指在空间上处于乡村的外围区域的，功能上以发挥生态作用为主的，乡村宏观的地形地貌、水文及生物所形成的景观。乡村村落景观是在空间上以乡村村落为中心，反映乡村建筑风貌、当地居民生活居住状况和民风民俗的景观，由建筑设施、民俗等组成。乡村生产景观是由农业生产景观和工业生产景观在空间上汇聚形成的、反映乡村生产内涵的景观。这三大类景观在空间上将乡村划分为三部分，在物质上都有明显的载体。而乡村文化景观突破了乡村的空间环境，无明显的物质载体，是将乡村居民的生活、生产、娱乐等上升到文化层次的景观，是乡村在长期历史发展过程中继承的文化遗产。

3. 新农村生态旅游环境的层次

在新农村生态旅游发展过程中，根据不同的环境"尺度"，新农村生态旅游环境可以划分为社区旅游环境和农舍旅游环境两个层次。社区旅游环境是指反映乡村特色的大尺度的景观以及这些景观在乡村地域的空间结构和格局，包括社区房屋聚落、周边农田和周围森林三个大的用地类型，还包括乡村自然环境和乡村文化环境两个部分。

而农舍旅游环境是指以农舍为单位的乡村生态旅游接待设施、服务设施的卫生状况、建筑材料与风格、旅游标志系统、旅游服务态度等要素构成的"微观"旅游环境。

事实上，除了上述分析之外，新农村生态环境中还包含一种乡村自然与人文相结合的生态环境综合体，如田园生态等。但由于自然与人文相结合的生态环境综合体更强调生态系统的大概念、大空间，而且又与乡村自然生态环境、乡村人文生态环境互有交叉，难以进行非常明确的界限区分。因此，乡村生态环境包括乡村自然生态环境和乡村人文生态环境两部分。

（二）新农村生态旅游环境要素

1. 新农村生态旅游的自然环境要素

（1）水系

水系包括景观用水和游憩用水两部分。水是乡村生态旅游中的点睛要素，清洁、明亮的水不仅能够吸引旅游者的目光，还能引得他们嬉戏其中，而且好的水质也能佐证当地良好的生态环境。乡间的小溪、沟渠、塘坝、湖泊等都可以作为吸引乡村生态旅游者的旅游水资源。

（2）地貌

地貌景观可分为观光性质和体验性质两类地貌旅游资源。大地自然起伏形成的岭谷，不仅让视觉形象相互映衬，也为登山、采蘑菇、采野果等活动提供了场地。

（3）土壤

不同的土壤类型也能吸引乡村生态旅游者的视线，如昆明市东川区红土地景区就以其广袤的红土高原而成为摄影爱好者的天堂，当然人们既可以观赏又可以品尝的是土地上生长的各种作物。

（4）生物

生物可用于观赏，也可用于体验，如采摘体验、品尝体验等。另外，利用各种乡土植物、动物展开生态教育、科普教育又是近年来国际、国内乡村生态旅游发展的趋势。

2. 新农村生态旅游的人文环境要素

（1）建筑

既可观其形，又可用其体，具有让人全面体验乡村建筑的功效。

（2）聚落

由众多单体构成，形成对乡村生态旅游者视觉上的冲击和了解乡土文化的深厚背景。试想，如果丽江大研古城不存在，那么那些"披星戴月"（对纳西族妇女传统服饰的简称）的当地人不就成了演员了吗？

（3）服饰

包括观赏性服饰和实用性服饰两种。前者往往陈列于乡村博物馆，后者常见于当地人的穿着和购物点中，由于较强的实用性，它们往往成为销路较好的旅游商品。

（4）语言

语言是乡村文化得以延续的关键，也是乡村气息体现的亮点。我国少数民族的语言，特别是美好的祝词，往往是乡村生态旅游者学习的热点，较浓的乡音也是区别于城市的文化符号。

（5）精神风貌、社会治安、卫生健康状况

三者是吸引、留住旅游者的重要因素，也是旅游活动得以顺利开展的基础。

（6）当地居民对旅游者的态度

当地居民是活的旅游资源，他们的精神状态和好客程度，决定着旅游者的旅游体验。尽管社区中直接参与当地旅游发展的群体，间接参与旅游发展的当地人群体，以及未参与旅游发展的当地人群体，在乡村生态旅游发展过程中所起的作用各不相同，但每一类群体都与乡村生态旅游的发展息息相关。

（7）新农村生态系统

生态系统是在一定的空间中共同栖居着的所有生物（即生物群落）与其环境因不断进行物质循环和能量流动而形成的统一整体。乡村生态系统是一个相对闭合的功能性整体，是乡村生态环境的抽象化理解，乡村生态环境即乡村生态系统的具象。也就是说，乡村生态环境是乡村生态系统的地理空间反映。

二、乡村生态建设与环境保护举措

中国乡村聚落的生态现状，自 20 世纪 80 年代以来，由于乡村人口的绝对增长和家庭人口结构的分化，引发了宅院建筑数量的膨胀，而工业化的建造技术又破坏了自然地貌和生态环境。多年的无序发展与无限度开发导致了生态环境的恶化。在乡村生态旅游发展过程中，必须正视生态环境恶化的现状，并通过旅游活动、生态教育等提高旅游产业各方面的生态保护意识，并在确定合理的旅游容量的同时因地制宜、因时制宜地制定乡村生态旅游环境保护的各项举措。

（一）新农村生态旅游开发可能造成的乡村生态环境问题

一般来说，旅游资源的开发都会或大或小地对当地生态和环境带来不利的影响和破坏，旅游产业的发展甚至会在一定程度上改变旅游目的地的环境氛围，乡村生态旅游的发展亦是如此。而且，新农村生态资源是乡村生态旅游发展的主体，乡村生态环境是新农村生态旅游发展的依托，乡村生态旅游的所有活动都是结合乡村生态资源在乡村生态环境里展开的。因此，要特别注重对乡村生态的保护。

陆仁艳等人指出，在当前新农村旅游业中，生态环境问题主要包括以下几个方面：一是固体废弃物污染，主要是指生活垃圾；二是水体污染；三是噪声污染，如机动车船的马达声、游客们的嘈杂声、娱乐场所的噪声、居住场所各种设备运作发出的噪声等;四是土壤破坏,超载、拥挤的人群,会对土壤和植被不断重复地踩压,使土壤板结,植物无法生存。具体说来,新农村生态旅游的开发建设,有可能会对环境造成以下几个方面的不利影响。

1. 乡村自然生态方面

(1)对地质地貌景观带来某种程度的破坏。其中包括基础设施建设对地质地貌的破坏。乡村探险、登山、生存能力教育等旅游活动,会引起景观的直接破坏或景观的基础破坏。旅游者呼出的大量二氧化碳气体也会对岩溶地貌的色泽产生影响,致使其景观质量下降。

(2)对水体质量的影响。水是地球上所有有机体的内部介质,是生命物质的组成成分,没有水任何生命都会终止,水平衡是维持生态平衡的重要因素。而旅游业是淡水资源的消费大户,不合理的水域开发、水资源利用等都会导致水源供给等多方面的问题。目前,主要表现在海洋污染、江河污染、湖泊污染和地下水污染等方面。而且,旅游交通设施、化肥农药、垃圾处理不当(随意倾倒和化学污染)等也对乡村旅游区的水体造成了污染。

(3)引起大气环境质量下降。大气主要是指从地球表面到高空1100公里范围内的空气层,包含了人类活动的大气空间。乡村地区旅游者的大量增加和旅游活动的频繁会带来大气中颗粒物的增加,而且汽车排放物的排放、化工能源的使用都会加快温室效应。另外,植被破坏带来的空气污染加剧、游客不文明的卫生习惯以及餐饮接待业的不规范经营,都会引起大气环境质量的下降。

(4)对土壤的破坏。首先,旅游基础设施和接待设施建设会造成对土壤表层的破坏。其次,旅游者的旅游活动会改变土壤的质地与结构、土壤水分含量、土壤空气含量、土壤的酸碱度以及土壤中的矿物质元素含量等,进而恶化土壤对植物提供的生长条件。最后,农药的喷洒也会对土壤造成污染,建设过程中天然植被的破坏和人工采石有可能会引起土地沙化、水土流失和泥石流等现象。

(5)对植被的破坏。主要表现在游客的踩踏行为上,旅游者不慎引起的火灾对植被的潜在威胁、野营基地砍伐树木作为燃料的行为、旅游者采集植物标本等行为也会给乡村旅游区的植被安全带来不利影响,其最直接的结果就是天然植被的数量、生态多样性、郁闭度和层次性等遭到破坏。

(6)对野生动物尤其是禽类、鸟类的负面影响。主要有两种方式:一种是消费性利用,即对野生动物的直接消费,如游憩性狩猎、捕食、收集野生动物作为纪念品或标本等;另一种是非消费性利用,如对野生动物的直接干扰,人类旅游活动导致的野生动物生存环境的退化甚至消失等。

2. 乡村人文生态方面

（1）对古文化遗址、遗迹的毁坏。我国很多乡村都拥有悠久的历史，在传统的沉淀和时间的洗涤之下，保留了很多具有很高价值的古文化遗址、遗迹。它们被列为国家级、省市级重点文物保护单位，但由于经营管理问题，还存在很多文物被盗、古树名木被伐被划等现象。

（2）建筑与设施类资源的损坏。建筑与设施是人类文化的重要组成部分，在很大程度上成为人类文明进步的标志，它们不仅能够反映建筑师本身的艺术和水平，还代表社会的政治、经济发展历程。但是随着旅游活动的开展，很多坐落在乡村地区的建筑与设施逐渐进入旅游者的视线，尤其是在旅游旺季，大量游客的涌入及其带进的尘土、呼出的气体，以及脚踩、手摸、闪光灯的使用等行为都会给这类资源造成严重的损坏。例如，很多古建筑内壁画颜色的保持与湿度和二氧化碳有直接的关系，旅游者在其内部的停留会使洞内的二氧化碳含量明显上升，甚至游客进出带来的光线变化都会使这些壁画受到威胁。

（3）对传统文化的冲击。主要表现在旅游地文化商品化、少数民族风情民俗旅游资源及环境的破坏上。一些具有民族特色的艺术品、烹调方式、建筑形式、风俗活动等会由于刻意迎合旅游业发展的需要，被夸大歪曲，质量降低。很多本来应该在特定时间、特定地点，按照特定内容和程序来举办的民间习俗、节庆活动、宗教仪式等，为了旅游业的发展而逐渐被商品化，不仅程序简化，内容变化，表演的节奏也加快，在很大程度上已经失去了传统意义和价值。旅游业的发展和大批游客的到来，导致了假冒伪劣旅游工艺品和纪念品的出现。很多游客希望买到既有当地特色而又价廉的旅游商品，为满足这种心理需要，生产者往往不断改变传统工艺美术品的风格和形式，改变其原有的内涵和意义，也改变了制作技术、使用材料和应有的质量。例如，南美洲危地马拉妇女的编织物原本是玛雅人的装饰品，具有色彩斑斓的特点，而现在为了迎合部分外国游客的口味，该编织物原本的花样图案被越来越多地改变了。

（4）对乡村氛围的破坏。新农村生态旅游的发展一方面能够推动当地的现代化，实现和城市在设施、信息和技术上的接轨，但另一方面也会带来某些不良的示范效应，干扰旅游目的地居民的正常生活。例如，如果乡村旅游目的地接待的游客数量超出了旅游容量的限制范围，就会缩小乡村居民有限的生活空间，并导致乡村空间、交通、服务场所等公共设施拥挤不堪，降低当地居民的生活质量。

（二）新农村生态旅游环境容量

1. 旅游环境容量

旅游环境容量是指在不使自然环境发生改变、不使旅游者获得的体验质量下降的情况下，某一旅游区能够容纳的最大人数。旅游容量的设定有利于旅游区的保护和可持续发展。对重点的旅游区，特别是稀缺的旅游资源地段应进行环境容量预测，并提出控制客流量的措施。确定合理的旅游环境容量应遵循以下原则：合理的环境容量必须符合在旅游活动中、在保证旅游资源质量不下降和生态环境不退化的条件下，取得最佳经济效益的要求，还应该满足游客的舒适、安全、卫生、便捷等旅游需要。

旅游环境容量主要包含三个方面：自然生态环境容量、社会环境容量、游客心理和生理容量。自然生态环境容量指的是旅游目的地的土地、森林、植被等的面积，大气质量、温度、湿度、负离子含量等空气因素，以及珍稀动植物等生物因素，在单位时间内最多应容纳多少游客，才不会破坏自然生态环境的质量。社会环境容量是指旅游目的地的经济实力、基础设施规模、生活资料供给能力以及当地居民对外来文化的接受或包容程度。游客心理和生理容量则是指游客所能接受和满意的最佳游客数量。

例如，一处总面积为 2000 亩，水域面积为 500 亩，林地和其他面积约有 1500 亩的乡村生态旅游景区，其环境容量估算如下：

瞬时最佳容人量为 400 人；

旅游区容时量为 2 小时；

旅游区每天开放 8 小时；

旅游区每年可游天数为 240 天。

则：旅游区日最佳容量为 1600 人次左右；

旅游区年最佳容量为 40 万人次左右。

这种估算方法一般是针对一日游游客进行的，不包括过夜和度假游客。

2. 新农村生态旅游环境容量

生态旅游环境容量即某一生态旅游目的地在特定时期内，在保证该生态旅游目的地资源与生产的连续性、生态的完整性、文化的延续性以及发展质量的前提下，所能承受的旅游者人数或者说旅游活动的强度，包含自然生态旅游环境容量、社会文化生态旅游环境容量、生态经济旅游环境容量、生态旅游气氛环境容量等。事实上，生态旅游环境容量就是自然生态环境容量，在乡村生态旅游发展过程中，乡村生态旅游环境容量是维持乡村自然、文化、氛围本真性的重要依据。

3. 旅游环境容量的控制

当旅游区接待量达到或接近饱和量时，为维持乡村地区的可持续发展，必须采取适当的措施进行控制和疏导，这既是对旅游目的地的永续开发负责，也是对旅游者的旅游消费质量负责，主要措施包括以下几点。

（1）限制进入。限制汽车数量或禁止汽车进入，规定入口处售票数量，建议进入者预定进入时间。

（2）充分运用价格杠杆。实行差别定价，用季节差价、时日差价、年龄差价等调节游客容量。

（3）限制设施。禁止在乡村目的地规划以外的道路、场所进行餐饮、客房等接待设施的建设。

（4）加快周转。乡村旅游目的地内部的各个旅游区、旅游点要进行联合开发，实现资源互补，同时要加强各个景区之间的有机联系，加快游客的流动。

（5）景区调控。划定各种活动区域，并实行分流策略。将休息区与娱乐区分离开来，将保护区与活动区分离开来，将与资源中最有价值和最敏感部分相联系的安静活动区，同那些运动速度较快的多噪声的活动区隔离开来。

（6）实行外部调控。开发有特色、有吸引力的替代产品，延缓、滞留阶段性旅游者的进入人数。合理的替代产品可以在很大程度上减轻部分资源的环境压力，延长其生存和休养的时间。

（三）新农村生态建设与环境保护举措

新农村生态旅游地的生态资源是一种有限资源，具有不可逆性，所以生态比较脆弱，生态环境敏感性强且破坏后难以恢复。因此，在乡村生态旅游发展中，垃圾、粪便、污水、废水等的处理都应合理运用循环经济技术，以提高能源利用率，宾馆的生产应实施清洁生产，采用水利技术，设计环境友好型乡村生态旅游产品，实现乡村生态旅游资源的循环利用和可持续利用。目前，我国关于新农村生态建设和环境保护的举措主要集中在以下几个方面。

1. "三废"的综合处理

（1）"废物"处理。在乡村游览区内，尤其是景点附近、旅游线两侧，依据游人聚散状况设置垃圾箱，并派专人负责及时清扫游客随地扔掉的杂物，对住宿环境内的生活垃圾，要设置垃圾处理点，不得随意堆积。

（2）"废水"处理。严格遵守排水规划，不得将废水污水随意排放，特别是村庄内要改变传统的乡村排水方式。乡村作为一个整体的综合性旅游区，其生活污水要经过处理后方能排放。生活污水可以采用目前效果较好的粪污水分流的处理方式。山上公厕采用生态型厕所，将污染物进行内部自动厌氧处理后排出，山下或乡村内则采用水冲厕所。

（3）"废气"处理。禁止在开展乡村生态旅游的乡村内部或一定范围内的周边地区兴建污染型工业，旅游区内的餐饮设施产生的厨房油烟不能直接排入空气中，应先采用油烟过滤装置进行分散处理后排出。

2. 清洁能源以及自然能源的使用

能源是指自然界中能为人类提供某种形式的能量的物质资源，是人类活动的物质基础，人类社会的发展离不开优质能源的出现和先进能源技术的使用。目前，建设资源节约型、环境友好型社会已经居于工业化、现代化发展战略的突出位置，应节约能源资源，保护生态环境，开发和推广节约、替代、循环利用的先进技术，发展清洁能源和可再生能源。建设低投入、高产出、低消耗、少排放、能循环、可持续的国民经济体系已经成为当前发展的重点。鉴于常规能源供给的有限性和环保压力的增加，可再生清洁能源的研究和利用成为今后能源利用的主要趋势。

随着新农村建设的推进，在广大乡村地区，清洁能源的使用已经逐渐得到普及。目前，其主要的使用形式包括发挥农村资源优势，推广秸秆养畜、秸秆生产沼气、秸秆发电等综合利用技术，以及开发太阳能、风能等农村清洁能源。应加快实施乡村清洁工程，促进田园清洁、水源清洁、家园清洁，探索建立以村为基本单位、以户为基本服务对象的乡村物业化服务体系。引导农民科学施用化肥、农药、农膜等生产资料，实现农业生产的安全、节本增效和可持续发展。

另外，对自然能源的利用包含两个方面，一是能够代替石油等不可再生能源的未来新能源的开发、利用及节能对策，二是阻止对地球环境的破坏，将化石燃料的使用量减少到最低。因此，除了核能以外，太阳能、风能、地热、生物能等能够从自然界中获得的、可再生和重复利用的、洁净的自然能源是未来乡村生态旅游开发的主导。目前，在乡村地区使用比较广泛的就是太阳能和生物质能。

相对于人类发展历史的有限年代而言，太阳能可以说是"取之不尽，用之不竭"的能源。太阳能是各种可再生能源中最重要的基本能源，生物质能、风能、海洋能、水能等都来自太阳能。太阳能作为可再生能源的一种，是指对太阳能的直接转化和利用。在很多乡村地区，对太阳能的利用一是体现在绿色、生态建筑上，二是体现在公共空间的照明上。例如，"太阳能建筑"——太阳房，可以节约75%~90%的能耗。这种建筑不需要安装复杂的太阳能集热器，更不需要循环动力设备，完全依靠建筑结构造成的吸热、隔热、保温、通风等特性，外墙采用新型隔热板提高保温隔热效果，降低室内温控能耗，实现冬暖夏凉的目的。利用光伏效应太阳能电池可以将太阳能转换成电能。通过住宅底层设备层的专门设备，将屋顶太阳能装置收集的热能转换成电能，向整座建筑提供照明、热水、采暖等用电。或者可以将半导体太阳能电池直接嵌入墙壁和屋顶内，将白天高峰时间内产生的过剩电能，形成电能储备，以供随时使用。太阳房在推广使用洁净能源的同时，也在推行节能。例如，白天由住宅自身的太阳能电池发电供给电力，在日照不足和电量不够的情况下，使用普通公共供电。如果白天的发电量没有用完的话，还可以以同样的电价卖给电力公司，促进节约用电，减少公共发电量。公共空间的太阳能照明已经成为很多生态村的主要节能措施。除建筑内部采用太阳能照明之外，某些旅游项目、旅游基础设施中的照明设备，如路灯，也是采用太阳能。通过安装太阳能电池板，利用其中的热能交换转化器将接收到的太阳能转化成电能，然后将电能储存到灯杆下的电瓶中。到了晚上，这些电瓶将持续给路灯供电，满足夜间道路照明的需要。一般来说，只要接收一天充足的太阳光照，电瓶里储存的电能就可以提供 7 个晚上的正常照明。所以即使碰到几天阴雨天气，太阳能路灯也能正常照明，这充分体现了太阳能的节能、科技、环保等特色。

生物质能一直是人类赖以生存的重要能源，它是仅次于煤炭、石油和天然气的居于世界能源消费总量第四位的能源，在整个能源系统中占有重要地位。生物质能是蕴藏在生物质中的能量，是绿色植物通过叶绿素将太阳能转化为化学能而储存在生物质内部的能量。其优点是容易燃烧，污染少，灰分较低。秸秆和薪柴等是农村的主要生活燃料，发展生物质能技术，既能为农村地区提供生活和生产用能，又能实现环保的目的。在发展乡村生态旅游、生态建设的过程中，开发利用生物质能对我国的乡村环保更具特殊意义。

在我国的广大乡村，能源节约和自然能源的使用还表现在与地域文化特点相适应的节水、绿化等技术方面。

3. 传统技术改进和"废弃"资源的循环利用

传统技术改进是乡村生态建设过程中的重点，随着新农村建设的区域性推进，目前在很多乡村地区已经逐步展开了传统技术改进的具体工作。例如，传统乡村建筑是经过长期适应特定气候条件和生态环境而形成的，所蕴含的地域性营造技术在建筑布局、空间、形式、材料和构造等方面可以改善建筑环境、实现微气候建构，具有积极的生态意义。因此，地域性营造技术是乡村生态化建设所依赖的主要技术手段。同时，雍蒋蕾还提出了先进技术的改造、调整以及传统技术与先进技术相结合等适宜性技术策略。这不仅适宜于村民的经济承受力和当地的建造水平，使村民的居住环境得到改善，还使生态环境和地域传统文化得到了有效保护和传承。

再循环是循环经济的第三大原则，是输出端控制原则，能使"废弃物"资源化。乡村生态旅游的发展依托乡村生态环境，乡村农事活动既是乡村景观的重要组成部分，也是吸引游客参与的重要项目。在"废弃物"的资源化方面，农业专家对乡村生态链的研究是发展乡村生态旅游可资借鉴的范本。例如，著名的"桑基鱼塘"模型。与此相类似的还有当前在很多温泉旅游区被采用的"生态链"循环发展模式。例如，经旅游者温泉洗浴、疗养之后排出的水，水温仍然在 30℃ 以上，正好可以用于养殖罗非鱼。而经过再次排出后，水温低于 30℃ 的水可用于养殖淡水鱼虾、甲鱼、大闸蟹等。养鱼池排出的水引入大型池塘后，可用于种植莲藕、菱角，并放养鸭、鹅。最后，池塘里的水可用来浇地，排入蔬菜大棚以及水稻田等能成为很好的种植肥料。温泉水一经多级利用，一条长长的产业链就串接出温泉农业和温泉养殖业，而温泉水中对人体健康有益的许多微量元素也富含于下游产业的产品中，这同时提高了旅游产业生态链条上各个环节的附加值和品牌价值。

在新农村生态旅游发展过程中，对生态旅游建筑的选择和建设是一种重要的发展趋势，也是对生态文明和可持续发展理念的直接践行。

目前，在国内外的乡村旅游区，以绿色、科技、生态、环保为主题的很多生态建筑类型已经被广泛采用，有的甚至已经成为环保的典范，如生态旅馆、生态小屋和生态住宅等。

生态旅馆是生态旅游的一个高度概括的象征，但是在绝大多数国家中它仅占了生态旅游者夜晚逗留设施中很小的比例。1995年，罗塞尔、博特里尔和梅里迪斯将其定义为："自然旅游者的寄宿设施，它符合生态旅游的思想与原则。"另外，根据他们在1995年对28个生态旅馆所做的一次国际调查，除了提供住宿设施以外，生态旅馆还提供其他的生态旅游产品，主要包括山径远足、自然解译、野生动物游、观鸟游和河流旅行。生态旅馆的一个基本特点是它需要完善其周围的自然与文化环境。它在一定程度上代表了生态旅游发展的阶段性特征，代表了旅游经营者超前的生态意识和先进的环保理念。随着旅游者群体生态意识的提高，旅游者对生态旅馆的认可度和使用率会不断提高，而且随着生态旅馆软硬件设施的增多和改进，生态旅馆将成为今后乡村生态旅游发展的主流。

在国内，浙江金华近年所建的生态住宅不仅在全国声名鹊起，在全球亦是声名远播，其生态住宅有三个特点：一是地下建沼气净化池；二是屋顶覆土种植或蓄水养鱼，设太阳能装置；三是庭院种植瓜菜，墙体垂直绿化。这种以生态住宅为代表的住宿设施的生态性目标包含了环境微影响、物质低消耗和产品求健康。这种生态住宅的建设是结合我国很多乡村地区的生产生活环境的实际设计的，其特点恰恰符合了乡村生态建设的环保、绿化、节约和美观的主题。

由此可见，传统技术的改进和"废弃"资源的循环利用既节约了新农村的建设性资源，加快了新农村建设的生态化进程，又从细节和手段上为乡村生态文明提供了可资借鉴的经验。

4.加强生态意识，加强环境教育和环保宣传

目前，很多旅游区都有自己专业的环境宣传方法和途径，尤其是很多自然资源占主导地位的生态旅游区。例如，利用多媒体循环播放关于环保的公益短片，设置以环境保护为主题的景观小品，设计教育意义明显的旅游线路，就地取材制作影响深远的标识牌以及生态特征突出的旅游纪念品等。广西古东瀑布景区集桂林山水原始风光、独特的壮乡文化、互动体验式旅游概念、奇特地质地貌观测点和壮族自治区生态环保基地于一体，处处都体现着生态环保意识，如原石、原木材料的卫生设施，以爱护地球、保护家园为主题的生态小品，刻在游览线路上的民俗方言，甚至连生态垃圾箱上都会

写着非常有教育意义的环保词句。这无形中便拉近了旅游者和自然的距离，潜移默化地增强了旅游者的环保意识，成为环保宣传和生态教育一个非常典型的案例。

同时，旅游区除了进行基本的卫生环保工作，深入宣传和开展爱国卫生运动，建立健全卫生清扫活动制度和门前"五包"制度，划定垃圾场地，搞好生产、生活垃圾的统一堆放清理，关注治理卫生死角，消灭蚊蝇滋生之地之外，在旅游区的各项建设中也都注意贯彻环境思想、生态思想以及整体景观构建思想，以加强相关部门人员和居民的环境生态意识。如规定环境保护的管理和服务责任，建立景区环境保护专业队伍，注意对游客行为的生态引导，提倡文明旅游行为，减少游人胡乱扔弃垃圾的行为。

在进行乡村生态旅游开发的过程中，应确定合理的旅游环境容量，正视并及时、合理解决开发中遇到的各种问题。采取适当的改进措施，是强化旅游对生态环境的影响、完善乡村生态环境建设、加速乡村生态旅游持续健康发展的重要保证。

三、新农村生态建设与环境保护理念

工业化、城市化进程的加快带来了整个社会的飞速前进，但同时也给我们生存的空间环境造成了很大压力，环境恶化、生态危机、空间拥挤现象不断加剧，在新农村地区主要表现在污染严重、植被破坏、生态失衡、旅游容量超载等方面，这在很大程度上影响了我国农村体制改革的进程和乡村全面发展的脚步。因此，抓住社会主义新农村建设和乡村生态旅游发展的契机，以认真负责的历史责任感对待乡村环境与发展问题，建设生态文明，在乡村形成节约能源和保护生态环境的产业结构、增长方式和消费模式等，成为我国建设资源节约型和环境友好型社会的重要内容。这也是与国际上科学发展、绿色发展和可持续发展的观念相一致的。适应全球化发展的新形势，在发展中求转变，在转变中谋发展，成为保卫人类赖以生存的地球家园，实现生产发展、生活富裕、生态良好的发展目标的重要指导思想。在进行新农村生态建设和环境保护的过程中，树立科学理性、与时俱进的发展理念并充分发挥创新理念的指导作用，既是新农村生态旅游发展的客观要求，也是实现乡村和谐发展和城乡一体化发展的重要保障。

1. "3N"指导下的生态文明与科学发展理念

随着 21 世纪休闲时代的到来，旅游已经成为人类文明的标志和高质量生活的重要组成部分。而沉重的工作压力、日益加快的生活节奏以及生存环境的恶化，使生活在钢筋水泥森林中的都市人逃出"现代围城"的欲望更加强烈，人们更加向往与大自然亲密接触，追寻历史的印迹，享受自由的生活。于是，以"自然、怀旧、涅槃"为主题的"3N"模式成为旅游发展的新趋向。"3N"旅游是对城市人渴望回归自然、到原生态自然环境中怀旧的心理需求的满足，体现了现代旅游的新追求，归根结底是通过旅游行为让旅游者的心灵沐浴在真正的大自然中，沉浸在人与自然、人与人的和谐完美关系的怀恋中，从而使自己的精神融入人间天堂，即让旅游者的身心在一种宁静、和谐的环境中得到放松和净化，实现精神愉悦，让都市生活带来的紧张情绪和压力得到缓解和释放，从而以健康的心态重返都市生活。

"3N"是一种注重保护旅游对象与自然景物的精神消费，代表了以精神追求为核心的现代生态旅游的取向。与此相适应，乡村生态旅游的发展以及乡村生态建设必须时刻遵循生态文明和科学发展理念，也只有在这一理念的指导下，才能真正实现"3N"的追求。

在发展乡村生态旅游、进行乡村生态建设和环境保护的过程中，生态文明和科学发展理念的内涵主要应包括以下几个方面。

（1）循环发展。循环发展是新农村生态旅游的第一要旨，对于建设社会主义新农村、加快农村体制改革、推进社会主义现代化建设具有重要意义。在不断发展农村生产力的同时，把握规律，创新理念，转变方式，解决发展难题，提高发展的质量和效益，是乡村生态旅游的核心目标。循环发展是根据"循环经济"的概念提出的。"循环经济"一词，是由美国经济学家 K·波尔丁在 20 世纪 60 年代提出的，是指在资源投入、企业生产、产品消费及其废弃的全过程中，把传统的依赖资源消耗的线性增长的经济转变为依靠生态型资源循环来发展的经济。国家发改委资源节约和环境保护司在研究中提出，循环经济应当是指通过资源的循环利用和节约，实现以最小的资源消耗、最小的污染获取最大的发展效益。其核心是资源的循环利用和节约，以最大限度地提高资源的使用效益。其结果是节约资源、提高效益、减少环境污染。乡村生态旅游的循环发展，主要是指在产业融合的基础上，转变旅游增长方式，通过资源的循环利用和节约，实现效益最大化，以创新为主发展旅游之路，实现旅游资源的有效"循环"。

（2）实现以人为本。新农村生态旅游的一个很重要的目的就是实现人与人、人与自然、人与社会的和谐。同时，乡村生态旅游是自我价值实现的重要途径。因此，要始终把最广大人民的根本利益作为乡村生态旅游的出发点和落脚点，发挥经营者的创新精神，发挥生态旅游者的主观能动性，保障多方权益，促进生态旅游的全面发展。在乡村生态旅游发展的过程中，必须全面推进经济效益、社会效益、文化效益和环境效益的和谐统一，促进各个环节、各个主体的协调发展，坚持生产发展、生活富裕、生态良好的文明发展道路，充分发挥乡村生态建设在建设资源节约型、环境友好型社会中的作用，使人们在良好的生态环境中生产生活，实现经济社会永续发展。其中，全面是要求，协调是标准，可持续发展是核心。可持续发展理论是 1980 年《世界自然保护大纲》首次提出来的，阐明了生物资源的保护对于人类生存和可持续发展的作用，是解决环境问题的积极途径。可持续发展就是人口、经济、社会、资源和环境的协调发展，既要达到发展经济的目的，又要保护人类赖以生存的自然资源和环境，使我们的子孙后代能够永久发展和安居乐业。

（3）统筹兼顾各方关系和存在的问题。要正确认识和妥善处理新农村生态旅游发展过程中的多方关系和存在的问题，统筹城乡发展、区域发展、人与自然和谐发展，甚至国内国外联合发展，统筹个人利益和集体利益、局部利益和整体利益、当前利益和长远利益，充分调动各方面的积极性，把握发展机遇，正视威胁和挑战，营造良好的乡村生态旅游发展环境，既要总揽全局、统筹规划，又要着力推进、重点突破。

2. "政府主导、企业支撑、社区参与、利益共享"的和谐共进理念

新农村生态建设是一项长期而复杂的系统工程，离不开全社会的共同努力，在乡村生态旅游发展的过程中，必须充分发挥政府的引导作用，通过运用政府的号召力，吸引规模大、实力强的企业的进驻，实现对乡村生态建设的支撑作用。同时，农民是乡村生态旅游发展的主体，不仅要参与旅游决策和规划，还要参与旅游地环境保护、旅游地社会文化维护等多个方面。例如，维持并保护村容村貌。从地理学的角度看，景色优美的村容村貌是具有特定景观行为、形态和内涵的景观类型。从生态学角度讲，村容村貌是由村庄建筑、森林草地、农田、水源、历史遗迹等组成的自然—经济—社会复合型生态系统。从历史学角度看，传统乡土特色的村容村貌是长期历史发展留下的痕迹，它的形成是人类与自然环境协调共生的结果，是农耕文明的文化遗址，同时也承载着历史的变迁。从建筑学角度看，村貌的背景——民居建筑，无论是其选址、布局的构成，还是单栋建筑的空间、结构和材料等，都体现着因地制宜、就地取材的建筑思想，体现出人与自然的和谐。因此，在乡村生态旅游发展中，社区群众要参与到乡村生态建设和环境保护中。通过改善和提高生产生活环境和村容村貌展现乡村特色，通过恢复或重建乡村历史文化遗迹和乡村文化传统突出历史特色和文化特色，通过塑造社区居民的整体形象发挥社区文化的凝聚作用，是政府主导和企业支撑作用下实现利益共享的工作重心。而政府、企业和社区和谐共进的理念是新农村生态建设和环境保护实践的指导思想。

3. "生态宣传、环保教育、绿色革命"的持久支撑理念

当今世界，凡是生态旅游发展比较成功的国家，都较好地遵循了绿色、生态、环保的发展理念。如在生态旅游开发中避免大兴土木，旅游交通以步行为主，旅游设施小巧并掩映在树丛中，住宿多为帐篷露营，将旅游者对环境的影响降到最低，真正让旅游者在精神愉悦中与自然融合，使旅行成为探寻大自然之神奇、感受大自然之幽静、观赏大自然之奇特的心灵度假。除了实际开发中的绿色革命之外，还应特别注重生态宣传和环保教育，并将之贯穿于生态旅游发展的始终。通过发挥宣传的作用，以及运用教育的力量，可以迅速提高旅游者的生态意识，实现乡村生态旅游的可持续发

展。而且，从长远来看，这也是乡村生态旅游资源优化、公平配置、永续利用的重要支撑。目前，我国生态宣传、环保教育的重点主要集中在维持生物物种的多样性、环境保护、景观结构动态保存、传统文化的传承以及在全社会形成环境保护的氛围等方面。

4."明确主题、塑造形象、提升品牌、创新营销"的与时俱进理念

新农村生态旅游是一个动态发展的过程，生态建设和环境保护是其永恒不变的主题。因此，明确生态发展主题，树立鲜明的生态形象，与时俱进地塑造特色乡村生态旅游品牌并进行创新营销是乡村生态旅游可持续发展的关键，在乡村生态旅游的发展过程中，独特的生态品牌和旅游形象不仅能够提高旅游吸引力，还能延长旅游产业链，提高旅游附加值，为旅游目的地带来超额的收益和无穷的发展动力。例如，在"中国冬枣第一村"山东省沾化东平村，旅游者亲自采摘的冬枣价格要比市场上的高四至五倍。在第六届沾化冬枣节，农民仅冬枣采摘这一项的收入就达 500 多万元，提升了品牌的价值和品牌的溢价效应。在市场经济占主导地位的经济体制下，在生态文明对工业文明的反思过程中，生态品牌的影响力越来越大，独特、稳定、有号召力的生态旅游品牌是促使旅游潜在市场向现实市场转化的助推器。同时，创新营销方式、突出环保主题、提升文化内涵将加速新农村生态建设的进程。

理念决定发展方向，理念决定前进道路，理念甚至能够决定旅游竞争力和吸引力的大小，对于乡村生态旅游来讲，树立创新、科学、动态的发展理念，并围绕这一理念确定生态建设工作的重点，是吸引游客到访、提升生态品牌价值、达到生态良性循环的必要前提。关注乡村生态建设和环境保护，实质上是要求建立一种高效节能、健康舒适、生态平衡的环境，这不仅符合乡村自然生态规律的要求，也是旅游可持续发展的基本条件。倡导人与自然、人与社会的和谐发展，既是生态和文化延续的必要，也是发展乡村生态旅游的核心思想。而且，良好的基础环境对于乡村旅游区将来的后续开发和持续拓展都有重要意义。

四、新农村生态建设与环境保护的政策保障

加强能源资源节约和生态环境保护，增强可持续发展能力，关系到新农村生态旅游的提升，关系到人民群众的切身利益和中华民族的生存发展。因此，必须把建设资源节约型、环境友好型社会放在工业化、现代化发展战略的突出位置，完善有利于节约能源资源和保护生态环境的法律和政策，加快形成可持续发展体制机制，开发和推广节约、替代、循环利用和治理污染的先进适用技术，发展清洁能源和可再生能源，建设科学合理的能源资源利用体系，促进生态修复，改善城乡人居环境。政府制定的各类政策，是旅游业繁荣的前提，也是加速旅游业全面协调发展的保障。要根据乡村

生态旅游发展的阶段性特征，按照乡村生态旅游发展的总体目标和要求，确定新农村生态建设和环境保护的政策保障体系，包括经济扶持政策、社会促进政策、科技支撑政策和监督保障政策。

（一）经济扶持政策

经济扶持政策的重点是增加乡村污染治理、节约型新能源开发以及乡村人居环境建设的经费投入，形成投资保障的良性循环。同时，专门设置生态保护基金，加大对生态性旅游设施的投入，提高乡村生态旅游的质量和档次，做到专款专用。

要完善金融信贷政策和税收优惠政策，鼓励生态效应明显的经营企业进行生态建设。例如，对"农家乐""渔家乐"等乡村生态旅游接待设施和服务设施实行旅游项目贴息贷款，提供投资融资方面的便利。运用价格和税收等易实施、见效快的经济手段，给予生态旅游商品等政策优惠，放开税收优惠的范围。做好乡村生态旅游的财政预算，对生态特征明显的旅游经营企业和个人实行补贴和奖励制度。

（二）社会促进政策

鼓励个人和企业投资乡村生态旅游的发展，形成社会投资的良好氛围，牢固其发展的社会基础。例如，对投资乡村生态旅游发展的个人和企业实行各种优惠政策，给予规划支持、减免营业税等优惠。

鼓励公益设施、环保设施、生态物品等的社会捐赠，充分发挥舆论的宣传导向力量，运用媒体等手段鼓励社会各界捐赠捐建乡村生态设施，营造乡村生态旅游发展的生活氛围和社会认知。

大力发展生态知识的专业教育和专门教育，培养生态旅游领域不同层次的专业人才。例如，在中小学开展第二课堂，在大学开设为此领域培养人才的专业等。运用教育的力量，发挥人的能动性，加速乡村生态旅游发展的进程。

（三）科技支撑政策

新农村生态旅游是一种时尚、高端、绿色的旅游产品，旅游者对旅游环境和旅游设施的生态性要求较高，而科技进步不但起着加速领域发展的作用，而且在沟通各领域，简化、优化产业发展过程以及引领产业方向等方面有着不可比拟的优势。科学技术不仅能够促进清洁能源的开发和利用，而且能够拓宽生态旅游资源的发掘与利用范围，给旅游者带来新鲜的旅游体验。今后，科技支撑政策的重点应主要放在资源的节约、环境的保护以及生态旅游设施的建设等方面。例如，运用高科技实现"废弃"资源的循环利用，采用高科技展示、宣传环境保护理念以及实现生态科技在建筑中的使用等。

（四）监督保障政策

在搞好生态设施建设的同时，要重视社区生态保护氛围的营造，建立完善的软硬环境保护措施和改善监督保障机制。这些政策应主要体现在整治环境污染、关注生态文明、加速生态恢复等方面，以保护和优化新农村生态旅游的自然环境。例如，对于以生态恢复为目的的旅游开发给予土地租赁政策的优惠，加快地上旅游项目及其配套设施的审批速度，并对为环境保护做出突出贡献的旅游企业和个人给予奖励。

除制定并落实乡村生态旅游政策保障体系之外，随着乡村旅游和生态旅游的发展，还应该针对涌现出来的新情况、新问题进行及时的政策修改，完善政策内容。同时，还要明确大政策下的小细节，维持政策的连续性，拓宽政策实施的渠道，保障政策的顺畅推行，最终确保乡村生态旅游的持续、快速、健康发展。

以百慕大群岛的丹尼尔赫德生态旅馆为例。

在丹尼尔赫德建立一个生态旅馆是不寻常的行为，原因是它坐落于一个高度剥蚀的前军事基地，位于百慕大群岛一个人口高度密集的岛屿上，而且该岛屿并不以生态旅游而闻名。它的设计者尝试确保顾客的舒适及隐私权，同时还要坚持环境与文化可持续性的原则。住宿设施由单个的帐篷小屋组成，这些帐篷被放在预先建造好的铝制框架上，并配上阳台以及一个内置的布制衬里，这一布衬能掩盖小屋的框架结构。布衬隔离了不同的帐篷，而且便于拆除清洗。这些帐篷继承了百慕大群岛独一无二的本地建筑风格，设计利用了自然通风装置。除了保证阳光与空气充足之外，它们还能抵御飓风。这一生态旅馆的建设所利用到的标准软技术包括太阳能光电照明、太阳能热水器、可做堆肥的卫生间、屋顶雨水的收集装置及景区内的天然蓄水池。每一个帐篷都极具特色，反映了它们所处的直接环境。13英亩的土地由于几十年的农耕与军事活动而受到了侵蚀，现在被重新种植上当地的树种，这些植物将帐篷小屋掩盖了。景区内的绝大部分领土是仅限于步行的，而帐篷小屋通过被升高的走道而相互连接，有覆盖物的小径穿过正在开发的"绿化带"，到达一个经过更新及修复的军事建筑物，该建筑含有景区内主要的服务与便利设施，顾客既可以参加普通的33项旅游活动，又可以参与增强可持续性的旅游活动，这些活动包括参加景区的修复活动及一些观察项目。观察项目包括观察鸟类筑巢、蜥蜴蜕皮及海洋生物。丹尼尔赫德的生态旅馆向人们解答了，在风景度假区里如何成功地在一个被侵蚀的地区建设一家生态旅馆。

第二节　以旅游业发展为核心的新农村文化建设

乡村新鲜的空气和宜人的风景对于城镇工业人口有着潜在的吸引力，因为乡村可以使他们暂时摆脱拥挤、嘈杂、污染的城市；公众的时尚品位对早期乡村的旅游模式产生了影响，同时对人们广泛参与乡村休闲消遣娱乐产生了影响；交通对乡村休闲消遣娱乐的发展也有着重要的影响，因为交通的发展使得城镇人口到乡村休闲成为可能。目前，在我国乡村生态旅游发展的过程中，很多乡村的文化建设刚刚起步，乡村文化建设的相关理念正处于探索阶段，农民在乡村文化建设中的主导作用和积极作用逐渐受到重视。政府通过政策引导、倡导各种精神文化活动、加强公共文化设施投资等具体行动促进了乡村特色文化的发展。但是，很多乡村距社会主义新农村建设的"文明示范村"尚有一定差距。因此，如何在旅游业的带动下，把握乡村生态旅游发展的契机，进行乡村文化建设仍是社会主义新农村建设的重要问题。

一、乡村文化氛围的营造

乡村文化氛围既是开展乡村生态旅游的重要吸引物，又是维系乡村文化建设的重要纽带。它主要包括：乡村传统文化资源（既有物质文化资源，又有非物质文化遗产），乡村的村容村貌以及公共文化设施，乡民的精神风貌和田园般的生活方式（包括地方典型文化活动）等。

乡村的村容村貌是乡村文化建设的重要因素。随着我国城乡经济一体化发展的加快，城乡二元结构逐渐被打破，城乡差别逐渐缩小，乡村生活城市化成为富裕后的乡村的一个发展趋势。建设现代乡村社区，塑造乡土特色突出的乡村风貌不仅成为乡村文化建设的中心，也是乡村生态旅游发展不可或缺的内容。现代乡村社区的主要功能包括：彻底改善乡村居住环境、提供便捷完备的服务功能、现代社会文明和都市文明传播的承接地以及传统文化的传承地、乡村产业经济活动的中心、乡村区域景观与形象的标志。因此，在村容村貌建设过程中，应秉承可持续发展原则，继承乡村区域景观特点，融自然、社会、文化传统于一体；同时坚持城镇建筑景观的历史性与现代性的统一，坚持农村主题房产与当地建筑景观风格的统一，坚持乡村景观的生态化与实用性的统一，坚持建筑景观内部现代性与外部乡村化的统一，坚持传承与创新、创造和创意的统一，坚持局部文化风格和整体文化氛围的统一。具体包含乡村农业（渔业）文化景观塑造、乡村文化小品塑造以及乡村人居环境建设等。

另外，随着"三农"工作各项优惠政策的落实，农村经济社会发展呈现出群众收入逐年增加、生活逐步改善、精神文明活动日益丰富的良好局面，但城乡之间在享受公共服务方面的差距依然很大。尤其是在很多乡村，公共文化设施的建设还相对落后和单一。被誉为"中国生态第一村"的滕头村就非常重视文化设施建设，先后投资6300多万元兴建了滕头小学、村史展览室、多功能文化中心、图书馆等科教文化设施。同时，滕头村成立了体育协会、老年协会等群众组织，经常开展活动，群众参与率达到85%。1989年，村里设立了"育才教育基金"，每年对"好学生、好老师、好家长"进行表彰，并对考入大学、考上研究生的村民子女给予不同程度的奖励。由于村民普遍受到良好教育，生活方式健康，品行良好，有致富本领，邻里和谐，全村形成了文明、进步的新风尚。2005 年，滕头村荣获了"全国首批文明村"称号。

乡村旅游是乡村传统产业（农业、渔业）和旅游业融合的产物，从旅游流向上看，呈现出"城市客源—乡村资源"单向度流动特征，这也是与我国的现代化与城市化运动相对应的，因此该旅游活动主要是以城市人口到乡村的旅游为主。

乡村的旅游消费模式主要是"住农家院、吃农家饭、干农家活、学农家艺、享农家乐"。积极引导和吸引农民参与旅游接待服务，使其成为市场经营主体，既可以增加农民就业岗位，为转化农村富余劳动力找到新途径，又能够增加当地农民收入，逐步缩小城乡差距，实现城乡统筹发展。而且，乡村旅游将沿着与生态旅游、文化旅游紧密结合的方向发展，乡村旅游的生态内涵和文化内涵必然得到进一步发掘。本土化是实现乡村旅游可持续发展的关键因素。乡村旅游与乡土民俗文化、乡土地域特征强烈的依附关系，决定了其发展最终离不开当地居民的积极参与，这就需要淳朴的民风创造一个对旅游者具有亲和力和吸引力的氛围，这样才能使乡村旅游具有生命力。

二、以旅游六要素为核心的乡村文化体系建设

林秩从"吃、住、行、游、购、娱"六要素的角度提出了在乡村旅游可持续发展中将生态和文化结合的思路，即吃——讲求绿色、环保，突出乡野特色，大力挖掘乡村饮食文化；住——建设有地域特色的农家旅馆，体现乡村住宿文化；行——在交通工具和交通道路上尽量体现乡村特色；游——无论在旅游资源的开发还是旅游线路的组织上，都要讲求与生态和文化相融合，实现对传统文化的保护和继承；购——在旅游商品的开发方面，更应与文化相结合，做到土香土色，富有特色；娱——开展丰富多彩的娱乐活动，走出游览观光的狭窄道路，多举办具有乡土风情的参与性娱乐节目，使这些娱乐节目既能展现乡村特色，又能使众多的传统乡村娱乐项目得到继承和发展。

三、以旅游空间为核心的乡村文化体系建设

乡村旅游目的地是供旅游者感受乡村文化以及游览、娱乐的地方，随着乡村中那些过分依赖自然资源的"传统"农村产业的逐渐衰退，乡村地区的经济、环境和社会等各方面都在发生着变化，发展以"田园风情""乡土特色""绿色生态"为内容的乡村生态旅游成为众多农村地区经济可持续发展的重要手段。乡村旅游业通过"就地销售农产品、就地解决农民就业和就地增加农民收入"，在一定程度上解决了农村的困难，而且"保存了农村传统风貌、改变了农村落后面貌"，而农村中原有的传统文化和现有的现代文明又恰恰成为乡村旅游业发展的文化精髓，保证了乡村旅游业的可持续发展。

　　享受田园风光、感受乡村乐趣、领略乡村质朴的文化魅力成为乡村旅游业发展的主要着眼点。在进行旅游开发的过程中，必须将乡村旅游业发展与乡村文化建设结合起来，并将其整合到整个乡村发展规划中去，这样才能维持乡村的全面发展。

　　人文资源的可持续发展要在充分保护人类文化遗产完整性的前提下，对人文资源进行合理的开发利用，并使当地的优秀传统和文化得到恢复和发扬。城乡文化的差别，在一定程度上阻碍了乡村文化的发展。乡村文化如果一味地向城市文化看齐、效仿城市文化，丧失了自己特有的乡村特色，也就丧失了对城市游客的吸引力。一些具有浓郁乡村风格的建筑被现代化的建筑代替，一些独特的民族风情和民俗活动被淡化，就会使乡村文化失去了它的民族性、艺术性、神秘性、特殊性、传统性和地方性，成为千篇一律的大众化的文化，这样的文化不可能吸引来自四面八方的游客。要想实现乡村旅游中文化资源的可持续发展，一方面各地在进行旅游开发时要进行有效的宣传，使游客了解当地的风土人情、民风民俗，并充分尊重其风俗习惯；另一方面，乡村旅游接待地的居民也要对自己独特的地方文化有认同感和自豪感，不能因为它与城市文化反差太大而极力地去摒弃它。所以，无论是接待地的居民还是游客，在乡村旅游中都要以自然资源、人文资源的和谐统一为原则，以市场为导向，充分尊重当地人文资源的独特性，不断挖掘当地独具特色的人文资源，让更多的人了解和享受丰富多彩的乡村民族文化，这样才能使人文资源在乡村旅游活动中达到可持续发展。

　　结合我国目前乡村文化建设的现状、乡村地区旅游业发展的特征和社会主义新农村建设的要求，以旅游业发展为核心的乡村文化建设共包含三级体系。

（一）社区绿化体系建设

　　乡村社会学家杨懋春指出：乡村社区是以家庭为单位，以村为中坚，以集镇为范围的开放空间。乡村社区能够代表一个地理范围内的文化特征（包括传统、风尚、特色等），也能够体现乡村的群体合作，而群体合作是文化精神的重要表现。乡村社区文化建设的发展离不开整个社区的参与。乡村旅游的社区参与是指在开展乡村旅游的地区，社区群众全面而有效地参与到旅游开发中来，不仅参与旅游决策和规划，还参与旅游地环境保护、社会文化维护等多个方面。在这个过程中，主要是通过恢复或重建乡村历史文化遗迹和乡村文化传统突出其历史特色和文化特色，通过生活环境和村容村貌的改善展现乡村特色，通过塑造社区居民的整体形象和举办社区文化活动形成社区核心价值体系，并最终发挥社区文化的凝聚作用。

　　村落中的交往空间往往是村民自发形成的，如河岸井旁、村口树下、巷道宅前等。自发形成的交往空间的分布有其合理性，河岸和水井边的交往行为是因共用设施产生的；而村口是村落对外的出入口，是村民和外来人员经过的地方，人气较旺，且往往种植大树，具有乘凉的条件；巷道、宅前的交往行为常常是因日常生活行为而随机发生的。而且，村落的标志物常常能唤起村民灵魂深处的某种情感，是维系文化认同感的载体，往往在村落布局上有统领全局的作用。村落的标志物可以是人工标志物，也可以是自然标志物；可以有实际使用功能，如寺庙、鼓楼等，也可以是纯象征性标志物，如古树、牌坊、图腾柱等，其精神寄托的功能常大于其使用功能。

村落文化景观也是乡村社区的重要组成部分。乡村聚落的文化景观是指凝结于聚落建筑、经济空间和社会空间的有形和无形的文化形式，包括文化、艺术、语言、服饰、民俗、民情、思想、价值观等，是一种生态文化。

此外，乡村旅游发展中的"游"包括两个方面：一方面是指在乡村内的游览，乡村内有一些可供旅游者游览的地方，如博物馆、民俗车间、各种农艺园等；另一方面是指在乡村周围景区的游览。这两者都包含在社区文化的氛围之中，旅游者在游览过程中，时时处处都能感受到社区的文化建设。因此，在进行旅游项目的设计、安排的时候，应特别注重以下几点：村庄规划和人居环境治理要体现"人本"理念，生活环境和村容村貌要突出乡村特色、地方特色和民族特色；要与旅游活动结合起来，定期举办合理的乡村社区性民俗活动，包括各种地方风俗、民间礼仪、民间节庆、民间演艺、宗教、民间健身活动、赛事活动、庙会等；既要让村民在家门口感受到地方文化的凝聚作用，又要让旅游者感受到地方文化的吸引力和当地村民对本村文化的自豪感和荣誉感。

（二）庭院文化体系建设

中国传统文化是乡村文化，乡村文化就是家园文化。乡村文化庭院，是指在乡村旅游开发过程中根据乡镇自然村庄的布局结构选择的、能够代表乡村典型文化的农户及其庭院，目的在于通过其示范辐射作用带动整个村庄的精神文明建设。这既有利于对具有特殊价值的特定区域进行动态性保护，又能够逐步建立科学有效的民族民间文化传承机制。庭院文化建设要求充分挖掘乡村价值观、特色产业及生产生活民俗等，并与其结合营造旅游文化氛围，在保护乡村传统的同时加快旅游发展，主要模式有主题院落、寄宿农庄和家庭旅馆等。

主题院落的设计，可采用寄宿农庄的方式，对农家小院的环境进行改造，并赋予一定的主题，如结合乡村特色，突出吉祥文化、喜庆文化等。家庭旅馆是农户将自己家中闲置的房屋出租给旅游者，恢复农村的真实生活状态以及场景，并提供特色农家菜，使其能更好地了解乡村生活和风俗民情，感受乡村居民的淳朴好客。同时，乡村地区的民俗博物馆是旅游发展中结合乡村特有的生活民俗、生产民俗等开展乡村旅游文化建设的重要展示形式。另外，娱乐对于乡村旅游来讲尤其重要，因为它不同于一般的观光旅游，更多的是一种体验，体验乡村的生活、乡村的文化、乡村的悠闲，所以文化庭院是旅游者进行体验的最佳之地。

（三）特色个体文化体系建设

乡村特色个体，即存在于广大农村之中并拥有特色、特殊专长的文化个体（人）。通过突出个体的独特性，可以有效传承特有文化（包括特有手工艺、特有专长等），加强对农村优秀民族民间文化资源的系统发掘、整理和保护，丰富旅游活动内容，增强旅游吸引力。农民是乡村文化的真正代言人，当地村民是传统文化和现代文明的见证者，因此要制定优惠政策，提高民间艺人的积极性，强化民间艺人的稳定性，实现民间艺术的丰富性，并通过乡村旅游的发展拓宽传播渠道，最终完善乡村文化体系的建设。

因此，在进行特色个体文化建设时，可以采用多种方式，如授予秉承传统、技艺精湛的民间艺人"民间艺术大师""民间工艺大师"等称号，开展"民间艺术之乡""特色艺术之乡"等命名活动；积极开发具有民族传统和地域特色的剪纸、绘画、陶瓷、泥塑、雕刻、编织等民间工艺项目，以及戏曲、杂技、花灯、龙舟、舞狮舞龙等民间艺术和民俗表演项目；实施特色文化品牌战略，培育一批文化名镇、名村、名园、名人、名品。另外，购物在乡村旅游中占有比较突出的地位，而乡村旅游者的主要购物对象是农副产品、土特产品和农村手工艺品等。因此，富含当地文化特色、乡土特色的旅游商品的开发必不可少。

以文化建设为核心的新农村建设，意在通过多种形式的文化交往和文化活动来提高农民的主观福利感，从而使村庄生活富有意义。也就是说，农民对自己生活的满足不仅是在消费过程中实现的，也是在人与人的交往和文化娱乐过程中实现的。乡村旅游业的合理发展能大力促进社会主义新农村建设，乡村旅游文化作为乡村旅游的灵魂，是乡村旅游可持续发展的原动力。正确认识乡村文化在旅游发展中的特点和作用，并规划乡村旅游文化发展的策略，也是社会主义新农村建设的关键。因此，在乡村旅游业发展和乡村文化建设的过程中，必须强化对乡村文化的保护与传承：保护与继承乡村文化，建立健全乡村文化保护与传承机制，保证其真实性、完整性、延续性与稳定性；防止乡村旅游的过度商业化，规避乡村旅游产品的庸俗化、舞台化，保持"乡村性"和"本地化"；加强乡村旅游质量控制，保证和提高乡村旅游者的满意度，避免对社会文化造成负面影响。

我国大部分国土都属于农村地区，农村中的传统文化、乡土文化和民俗文化等文化资源都是新农村建设的依据，而这些文化资源可以以低成本、小开支、高速度的转化成为经济收益，成为新农村建设的软实力。乡村旅游是实现这些转化的有效手段，也是乡村文化建设的重要内容，对加快农村经济发展、缩小城乡差距和建设社会主义新农村具有重大的战略意义。文化是旅游的灵魂，旅游是文化的载体，乡村文化的可持续发展是乡村旅游可持续发展的前沿保障。

第十五章 生态旅游对新农村建设的作用机制研究

从历史维度来看，新农村建设具有对传统文化的继承性和对外来文化的吸收性，后者在20世纪以来主要表现为现代化和城市化特征，工业文明带来的乡村变化的强度远远超出了延续几千年的农耕文明时代。特别是随着全球化进程的加快，新农村建设更加现代化、城市化的特征越来越明显。另外，对于主要是城市居民的现代大众游客而言，旅游的本质是求新求异，乡村旅游也是如此。城市居民到乡村旅游，目的是通过一种怀旧的乡村休闲意象来安抚工业文明带来的精神和文化焦虑，本质上是一种对前工业文明时期的怀旧。乡村旅游本身就是旅游的怀旧性和新农村建设的现代性的天然结合，具有弱观光性、强体验性和强休闲性的特点，这些特征使其成为解决中国人乡愁的最佳途径。在当今全球化的背景下，乡村旅游的可持续发展取决于其传统性和现代性的有机融合程度，即生态文明建设的水平。

第一节 新农村建设的本土性与现代性

乡村主要指非城市的广大乡间区域，由于非城市的乡间人类活动区域主要以农耕业为主，也被称为农村。乡村不仅包括作为居住聚落的村庄，还包括居住聚落以外的更为广阔的非城镇地区，包括农田、森林、水面、草原等空间。由于交通、通信及生产方式等原因，乡村居民与村落形成了长期而稳定的依附关系，相对较慢的变迁速度，使乡村保留了大量的地方传统文化，并与当地的自然禀赋紧密结合。同时，随着经济社会的不断发展与开放，交通、通信、传媒等现代科技的影响，以及村庄教育水平的提高与人员流动的增加，在村庄文化与城市文化、本地文化与外来文化、农业文明与工业文明的不断交流碰撞中，乡村文化正在逐渐开放与活跃，在吸收外部文化的同时进行着自我传承和变革。

一、新农村建设的沿革

"新农村建设"是一个诞生于中国本土并在全世界范围内产生深远和积极影响的

实践。作为一个历史概念，"新农村建设"诞生于 20 世纪二三十年代危机深重的中国社会，由当时一批知识分子倡导并参加的，以建设和复兴中国农村并解决中国农民问题为主旨的社会改良运动。作为一个现实概念，"新农村建设"以农村为入手点探索富有本地和乡土特点的社会改良方案，其发生与近现代知识界对中国社会的各种思考和认识有着密切的关联，在当今社会中仍然具有旺盛的生命力。

旧中国的新农村建设运动主要就是农民教育运动，也可视为"教育救国论"在农村中的实践。据调查，20 世纪 20 年代末至 30 年代初，全国从事新农村建设工作的团体和机构有 600 多个，先后设立的各种实（试）验区有 1000 多处，各种乡建团体的出发点各不相同，有的以实业救国、以工补农、城乡工农协调发展的综合治理方式入手，如卢作孚进行的北碚新农村建设；有的从扫盲出发，如晏阳初领导的中华平民教育促进会；有的有感于中国传统文化有形的根（乡村）和无形的根（"做人的老道理"）在近代以来遭受重创，欲以乡村为出发点创造新文化，如梁漱溟领导的邹平新农村建设运动；有的从推广工商职业教育起始，如黄炎培领导的中华职业教育；有的则以社会调查和学术研究为出发点，如金陵大学、燕京大学的相关团体等。

中华人民共和国成立后，中国共产党领导广大农民围绕土地所有制等问题进行了一系列改革探索，走过了一条曲折发展的新农村建设道路。若以农村社会生产关系变革为主线，20 世纪下半叶新中国新农村建设的历程大致可划分为土地改革、互助合作、人民公社和家庭经营四个阶段。进入 21 世纪，统筹城乡发展战略和一系列"三农"新政策的实施，事实上推动了多种形式的新农村建设。当代中国的新农村建设以促进城乡和谐为目标，以知识分子和青年学生为先导，以"组织创新、制度创新"为基本手段，广泛动员社会各阶层自觉参与，与国家在 21 世纪所提出的"全面小康"和"和谐社会"可持续发展目标相辅相成。21 世纪初的新农村建设，和 20 世纪二三十年代的新农村建设实践，是贯穿于百年中国现代史的前后两场重大的新农村建设实践，不仅由农村的现实促成，也是知识界对农村重要性自觉体认的产物。正是两者的结合，导致了领域广阔、面貌多样、时间持久、影响深远的新农村建设运动。

二、新农村建设的本土性

正如费孝通教授所言，从基层上看，中国社会是乡土性的。由于受到社会经济条件和科技水平的限制，无论是道路建设、民居改造、环境治理等硬件方面的建设，还是乡土文化方面的软件建设，传统的新农村建设对乡村现状具有极高的继承性，大多是幅度不大的渐进式改良，很少有完全超越现实的质变式创新——新农村建设本身具有本土性特征。

首先是乡村硬件建设的本土性。乡村的硬件基础设施，包括道路交通、民居建筑、环境治理等，都是当地民众为了适应所在地气候、地理、经济和文化而长期发展出来的产物。这种对本土环境的适应，决定了乡村的硬件设施对本土环境的依赖性，即本土性。一方面，乡村硬件建设的本土性使乡村的硬件建设如同从乡土里长出来一般，具有很强的区域特色；另一方面，乡村硬件建设的本土性特征也使乡村的硬件设施具有时间上的继承性，不容易发生急剧变迁。

其次是乡村文化建设的本土性。随着现代性的全球化扩张，与之相对应的地方知识的本土性意识也越来越明显和突出。地方性知识的本土性意识和自觉是随着现代性的侵入而逐渐生成并得以加强的。因此，如果说现代性侵入之前的本土性处于一种自在状态的话，现代性介入之后的本土性就是一种自为式存在了。本土性的这种自为式存在，使新农村建设中的文化传承与发展具有主动针对现代性的本土意识。这种本土意识，反映在中国的乡村传统文化上，就是一种以农耕文明为主线的农业文化，是附着于土地的一种具有"内卷化"特征的文化体系。

新农村建设的本土性要求集中体现在对于具有较高的历史、文化、科学、艺术、社会、经济价值的传统村落的保护与传承方面。按照住房和城乡建设部等三部委《关于加强传统村落保护发展工作的指导意见》，传统村落保护应保持文化遗产的真实性、完整性和可持续性；尊重传统建筑风貌，不改变传统建筑形式，对确定保护的濒危建筑物、构筑物应及时抢救修缮，对于影响传统村落整体风貌的建筑应予以整治；尊重传统选址格局及其与周边景观环境的依存关系，注重整体保护，禁止各类破坏活动和行为，对已构成破坏的，应予以恢复；尊重村民作为文化遗产所有者的主体地位，鼓励村民按照传统习惯开展乡社文化活动，并保护与之相关的空间场所、物质载体及生产生活资料。

三、新农村建设的现代性

安东尼·吉登斯认为，现代性是指社会生活或组织模式的现代化，其大约 17 世纪出现在欧洲。历史学家汤因比把人类历史划分为四个阶段：黑暗时代（675—1075 年），中世纪（1075—1475 年），现代时代（1475—1875 年），后现代时期（1875 年至今）。哈贝马斯指出："与古人相比，人的现代观随着信念的不同而发生了变化。此信念由科学促成，它相信知识无限进步、社会和改良无限发展。"到目前为止，学术界对现代性的界定在很多方面还存在分歧，基本一致的看法是：现代性是对中世纪神学观念的批判和对人的主体性的弘扬，崇尚科学和理性，主导精神在于确立秩序、边界和分类，追求准确和清晰。时至今日，追求现代化已经成为全世界特别是广大发展中国家社会发展的首要目标，成为一种不可逆的全球性潮流。尽管在全球化的现代性面前，本土性试图反抗被同化，以彰显自己的特色，但现代性本身是一种超越地域性局限的开放体系，具有本土性所不具有的普世性特征，因此在强大的现代性面前，本土性只能选择适应和调适。从这个意义上说，新农村建设的现代性，就是指新农村建设过程中对现代性的一种选择性适应，包括硬件基础设施建设和文化的建设与发展两个方面。

首先是硬件基础设施建设的现代化倾向。从20世纪80年代初温铁军等学者提出"三农"问题，到2005年10月中央一号文件正式提出建设社会主义新农村，新农村建设从认识到实践乃至在政策方面都有了长足的发展。不过，具体到新农村建设实践，多数是将新农村建设成城市，本质是本土性主动接受现代性的同化。这种乡村硬件基础设施建设的现代化倾向，反映了当代乡村"向城求生"的现代化诉求，是进城民工对城市生活的体验与描摹。由于现代性在改善人类物质生存条件方面具有天然的优势，从社会发展的趋势来看，乡村硬件建设的现代化是不可阻挡的发展趋势。

其次是文化建设与发展的现代化适应。文化作为一个模式化的、秩序化的符号系统，在人格系统中是被内化的规范，在社会系统中是制度化的行为模式。文化具有其他社会要素无法取代的作用，具有凝聚、整合、同化、规范社会群体行为和心理的功能。马克斯·韦伯认为："尽管经济合理主义的发展部分地依赖合理的技术和法律，但它同时也取决于人类适应某些实际合理行为的能力和气质。如果这类合理行为受到精神上的阻碍，则合理经济行为的发生也会遇到严重的内部阻力。"从这个角度来看，近百年来中华民族的衰落以及"三农"问题的困境，就是整个国家不能适应世界的现代化趋势而造成的文化上的失败。因此，中国的新农村建设，本质上是一个文化的现代化适应问题。

对乡村而言，现代化的主要目标是实现由传统农业社会向现代工业社会的转变。现代化理论认为，随着国家现代化进程的加速进行，必然会出现农村地区相对衰退的现象，因此建设社会主义新农村必然成为我国现代化进程中的重大历史任务。从21世纪开始，中国进入了建设全面小康社会的崭新时期，工业反哺农业、城市支持农村，我国"三农"现代化迎来了一个重要战略机遇期，中国新型农村建设悄然兴起。

现代化不是城市消灭乡村的过程，而是城市发展与乡村再造的有机统一。乡村会随着城市化的发展而缩小，但不会因此而消失。乡村依然存在，不过其结构会随着现代化而发生深刻变化，进行自我再造。如何有效实现乡村的再造与新农村建设，成为现代化过程中国家建设面临的重要问题。新农村建设是一项系统工程，在未来的发展中，应因地制宜、制定科学的发展规划，建立公共财政供给与私人、村社自愿供给相结合的农村公共品供给机制，重构农村土地制度创新及其利益格局，培育和造就新型农民，整合乡村经济、政治、文化组织资源等，这些问题最具紧迫性。

第二节　乡村生态文明建设

建设生态文明，是党的十八大最显著的亮点，也是新农村建设和乡村旅游融合发展之义。党的十八大确立了生态文明建设的突出地位，把生态文明建设纳入了"五位一体"的总布局；明确了建设生态文明要构建资源节约型、环境友好型社会，努力走向社会主义生态文明新时代；指明了建设生态文明的现实路径。乡村的先天优势决定了生态文明建设的希望就在广大的乡村地区。与城市相比，乡村地区的生态基础更好，地域更广阔，治理调整的空间更大。中国乡村地区的土地面积占据国土面积的一半以上，乡村人口也占到了全国总人口的半数左右，如果能够在乡村地区树立生态文明的理念，改善农业农民的生产生活方式，对于中国这样一个人口大国走向低成本的生态文明，促进新农村建设和乡村旅游融合发展具有重要意义。

一、生态文明建设的内涵

从时间尺度来看，人类文明经历了采集狩猎时代、农业文明时代、工业文明时代和生态文明时代。从人类诞生之日到农业文明兴起，在有数百万年之久的采集、狩猎时代，人类以极其简单的石制、木制工具，以采集、狩猎、捕鱼等劳动方式，去直接获得自然界赐给的现成产品；通过采集和狩猎活动，人类既对其用以为生的动植物种群施加影响，又受到自然界中植物、果实的生长季节、动物繁殖、迁移规律的制约。可以说，人类在这一时期基本上还只是自然生态系统食物网上的一个环节，人类对自然的影响只是通过直接作用于食物网而反馈到生态系统中去。由于采集、狩猎技术进步缓慢，当时的人口增长和社会规模主要受到植物资源再生能力的限制。在这一漫长的时期里，人和自然相互作用的历史形式，是生态规律占支配地位的原始人和自然共同进化的方式。原始人对人和自然关系的认识，还处于一种混沌不分、主客体同一的神秘状态中。

在采集、狩猎文明的末期，人类的生物进化基本完成，技术进步加快，发生了旧石器晚期的技术革命。狩猎技术的巨大进步带来了人口的快速增长和大量哺乳动物的灭绝。食物危机迫使人类寻求新的生存资源和劳动方式，在大约一万年前的新石器时代，人类开始驯养动物、种植庄稼，于是产生了伟大的农业革命并开创了农业文明时代。在农业文明时代，人类已经从自然生态系统直接的食物网制约关系中解放出来，开始建造适合自己生存的人工自然环境。在农业文明的条件下，人类通过与自然的密切交往，通过在农业生产活动中对自然规律经验的把握和利用，在一定程度上认识到了自己和自然的区别，同时人们还深深体会到了自己的生存对整个自然的依赖，认识到了人类必须和自然建立和谐一体的融洽关系。这种自然人文主义在西方文化中也有所体现，但并不典型，而它在东方文化中，尤其是在中国传统文化中表现得十分突出。人在同自然的密切交往中获得了维持生活必不可少的东西，也享受到了和平与安宁。自然也变得和谐美好，使人的生活充满了泥土的芳香和田园牧歌的诗情画意。从保持生物圈长期存在的意义上讲，农业文明时代有许多值得我们今天继承的合理传统，但从自然进化的角度来看，人类还没有充分发挥自己的本质力量，使自然本身所包含的潜力通过人的作用完全得到实现，人类还不能成为自然进化的帮手。总的来说，在农业文明时代，人与自然相互作用的历史类型基本上还是一种动态平衡、相互协调的发展类型。

以蒸汽机、纺织机的发明和使用为标志的工业革命，使人类进入了工业文明时代。工业文明时代是人与自然关系的又一次重大历史转折。人类利用不断发展的工业技术，把对自然界的改造作用从农业文明中的生态系统扩展到地球上一切的自然系统，直到整个生物圈。同时，人类还以工业的原则支配传统的农业生产，使农业本身也工业化了。在工业文明的条件下，人口迅速增长，技术突飞猛进，人类进入了地球的所有陆地和水域，使地球的整个表面成为人的活动场所，甚至还越过地球进入宇宙太空。人类对自然的改造和利用形式也更加深广和复杂，涉及了一切物理的、化学的、生物的、地质的运动形式。人类大量开采各种金属和非金属矿物资源，利用了地球上自然存在的 90 多种物质元素，合成了数百万种人工材料与化学产品，人类活动影响了动物、植物、微生物的生态系统结构和生物的地球化循环。由人类生产过程造成的物质移动在数量上是地表每年自然移动的几倍。这样，人类利用工业技术的强大物质力量，创造了一个巨大的、无生命的、冷冰冰的人工物质体系，人们把它称为技术圈或地球的工业壳。

21 世纪将是一个生态文明的世纪。随着经济的发展，人们将越来越清醒地认识到，以污染环境和破坏生态来换取一时经济繁荣的做法不可取。正是这种清醒，推动着人类文明进行一场深刻的变革。人们把追求人与自然和谐相处的研究和实践活动推上当今社会发展主旋律的位置，进而是它成为全球性的时代潮流。它预示着人类即将进入一个崭新的文明时代，即生态文明建设时代。在生态文明时代，占主导地位的价值观是生态人文主义。生态人文主义是自觉地用生态规律来指导人类发展和个人发展的人文主义，是按照生态世界观及其科学方法论来积极发挥人类维护和促进自然进化的作用的人文主义。生态人文主义要求当代人类重新返回到自然的怀抱之中，返回到生物圈的有机联系之中。这种返回需要继承农业文明时代所形成的自然人文主义传统。这种自然人文主义传统正确地认识到了人与自然亲如母子的和谐关系，意识到了自然是人类的根源和归宿，是人类健康存在的保障。因此，人类需要创造性地复兴东方自然人文主义的伟大传统。不过，生态人文主义在继承自然人文主义的合理传统时，对人和自然的关系有了更加全面、更加深刻的理解，它是生态规律（真）、生态伦理（善）和生态美（美）相统一的价值观。生态人文主义根据生物圈的安全优先的原则，根据人类既要维护生态环境，又要促进自然进化的原则，来建立人与自然协同进化的生态文明。它是人类在全球性生态危机局势下解决人和自然关系问题的指路灯塔，它将引导人类安全度过当代历史的重大转折关头，进入生态文明。生态文明是继农业文明和工业文明之后的更高形式的文明形态，走向生态文明，就是走向一个大有希望的未来。

二、生态文明视角下的区域分工合作

"两型"区域经济的发展依赖分工协作的程度，尤其是在经济全球化的条件下，区域分工与合作是区域经济利益增长要求在空间的具体体现，是"两型"区域经济发展中克服资源环境"瓶颈"制约、抢占发展制高点的有效途径。区域差异是区域分工与合作的前提条件，对整体综合效益的追求是区域分工合作的动力基础。城市和农村拥有不同的资源条件，各有优势，发挥各自优势有利于"两型"区域经济格局的形成。目前，我国正处于工业化、城镇化快速发展过程中，"两型"区域经济协作面临的最大障碍为"两型"区域经济协作化管理体制没有建立、涉农产业与城市产业的协作机制没有形成，以及城乡分治等各种制度的制约。

首先，"两型"区域经济协作化管理体制没有建立。目前，传统的城乡产业、农业与非农产业分离的管理体制严重制约着"两型"区域经济的发展。新型工业化、农业产业化是纵向或横向的一体化过程，是一项系统工程，需要各部门的密切配合、相互协作，需要与之相适应的管理体制，然而现实情况是：区域第一、第二、第三产业，以及产供销各环节分别由政府的不同部门管理，相互之间不协调，管理目标不一致，致使区域产业链条被人为分解。

其次，涉农产业与城市产业的协作机制没有形成。当前，我国县域经济实力排在全国前100名的地区，可以说都是很好地利用了城市产业对农村产业的带动和辐射作用。江阴市就是充分利用城市产业对农村产业的改造，实现了城乡产业的一体化；长沙县就是利用其地理上的优势，充分发挥了长沙市产业的带动辐射作用，等等。但是我国绝大部分区域的农村产业过于强调自身产业发展的独立性，而忽视与城市产业的协调性和统筹发展，在区域农村产业与城市产业间没有相应的组织协调机构和关联机制，导致农村产业素质低下，缺乏规模竞争力。我国很多区域产业集群的发展之所以缓慢，一个主要原因是企业布局分散，聚集性比较差。现在各区域都在强调发展园区，但由于缺乏产业协作机制，没有从区域整体性高度进行产业资源的整合、强化区域内中心工业园区的建设，而是各自为政，园区建设布局高度分散，产业集群性发展不够，没有发挥企业集群发展的聚集效应。

最后，城乡分治各种制度的制约。当前"两型"区域经济的发展面临严重的城乡二元制度壁垒的制约，城乡的就业、教育、社会保障、基础设施建设的二元化还相当严重。这种城乡二元制度对统筹城乡发展的制约，主要表现在城乡要素结构不协调和城乡收入分配结构不合理两个方面。城乡要素结构不协调主要表现为：农村劳动力的数量结构和素质结构不适应城乡一体化的要求；城乡投资结构及公共部门人均占用财政资金比例不协调；城乡科技资源的空间及人员分布不协调；农民与城镇居民占有的信息资源不对等，农村的信息资源不能满足生产、生活需求，等等。城乡收入分配结构不合理的主要表现是：城乡之间财政投入结构不合理；农民与城镇居民对基础教育资源、社会福利资源的占有量不对等；城市化中土地增值的分配比例不合理等。因此，改革城乡分治的户籍、教育、就业、社会保障、公共产品供给、土地管理等各种制度，打破现有的城乡分割的流通体制，形成城乡一体化的大市场、大流通、大管理体制，进一步完善土地流转机制，化解城市建设用地制约，创新投融资机制，是构建"两型"区域经济、发展新体制的根本任务。

在生态文明视角下，"两型"区域经济发展的本质要求，就是实现资源节约型、环境友好型发展，而区域经济协作是实现"两型"目标的主要途径。针对当前我国"两型"区域经济发展面临的资源环境压力及体制机制的制约，应着重创新"两型"区域经济协作的体制机制，包括建立支撑"两型"区域经济协作的组织机制、建立"两型"经济区协作发展机制，以及建立完善多维的绩效评估体系。一方面，农村有约 18 亿亩耕地和大量可以开发的荒山、荒坡、盐碱地等边际土地，通过合理挖掘土地潜力，大力发展高效农业、生态农业，可以在发展经济、促进农民增收的同时，进一步增强农业资源和环境的承载能力，发挥农业的环保功能；农村在新能源的使用开发上有得天独厚的优势，农村在节能减排方面提升的空间也很大。另一方面，从产业特征上说，旅游是典型的环境友好型、资源节约型产业，旅游开发相对于其他资源利用方式，表现得更为节省、环保和可持续；充分利用乡村地区优良的自然环境资源和文化资源，大力发展乡村旅游，是建设可持续发展的"两型"区域经济结构的有效途径。

三、生态文明建设中的乡土文化保护

乡土文化起源于农业社会，其本质是农业文化，是中国传统文化的重要组成部分。费孝通曾在《乡土本色》一文中写道："从基层上看去，中国社会是乡土性的。"在中国，"乡土"概念的产生和"乡村"有着天然的联系。"乡土"的根在于一个"土"字。著名社会学家费孝通先生形象地描绘了乡村社会的"乡土本色"："靠种地谋生的人才明白泥土的可贵。城里人可以用土气来藐视乡下人，但是在乡下，'土'是他们的命根。""农业和游牧或工业不同，它是直接取自于土地的。游牧的人可以逐水草而居，飘忽无定；作工业的人可以择地而居，迁移无碍；而种地的人却搬不动地，长在土里的庄稼行动不得，伺候庄稼的老农也因之像是半身插入了土里，土气是因为不流动而发生的。""直接靠农业谋生的人是黏着在土地上的……大体上说，这是乡土社会的特性之一。"植根于土地的自给自足的小农经济生产方式、生产关系，孕育出相应的宗族制度，并由此孕育出相应的"乡土意识"，形成了"安土重迁"的民族心理特征。随着工业化的发展，现代化的生产方式割断了人与土地的紧密联系，然而，绵延数千年的农业经济，使"乡土"情结积淀至深。一方面，乡土事实上不断被城市占据，"乡土"的空间外延随之发生变化，而"乡土意识"却以变化了的形式仍然影响着中国人的心理和行为。

作为一个日常生活用语，"乡土"通常指一个人长期居住和生活（特别是幼年时期长期居住和生活）并与之有密切联系的地方。在其空间范围上，则因人而异，乡土文化也因此失去了严格的空间界限，具有很大的弹性。在社会学领域，"乡土"一词通常指乡村，与城市相对应。在这一意义上，"乡土文化"和"城市文化"相对应，并不特指某一地域的文化特征，而是泛指和"城市"相区别的"乡村"文化特征，即乡土文化是在一个特定的地域内发端、流行并长期积淀，带有浓厚的地方性色彩的文化，包括物质性文化和非物质性文化两个层面，是物质文明、精神文明以及生态文明的总和。因此，各个不同地区的乡土文化具有一些共性特点，都包含了诸如语言、习俗、价值观、宗教信仰、社会组织形式等农民群体祖辈形成的文化因子，是特定区域的共性文化的积淀，具有鲜明的地域特色，既涵盖了中华传统文化中的一些共性因素，又涵盖了具有地方特色的民风、民俗、价值观和社会意识。它是乡土社区基于生产生活和智力活动总结和创造出的关于自然与社会的实践经验和认知体系，包括农业知识、技术知识、医学知识、民间文学与艺术知识，以及信仰、亲属与社会组织、人际关系等神圣与世俗的生活知识等。乡土文化因其一系列特质而与现代科学知识相区别，成为人类知识体系中难以被割舍的重要组成部分。

无论是历史地看还是现实地看，乡土文化都是中华民族得以繁衍发展的精神寄托和智慧结晶，是中华文明区别于其他文明的唯一特征，是民族凝聚力和进取心的真正动因。乡土文化可以说是中国文化的源头，广大农村则是滋生培育乡土文化的根源和基因。传统村落凝聚着中华民族精神，保留着民族文化的多样性，是繁荣发展民族文化的根基。在全国村落之中，散落着丰富多彩的乡土民俗和大量尚未开发的文化资源，保护传承好这些生态文化，是生态文明建设不可或缺的主题，也是中华五千年文明薪火相传和实现伟大复兴中国梦不容推卸的使命。有学者认为，乡土教育的失范、重商趋利式的价值观对乡土文化的冲击，以及乡土文化氛围和保护制度的缺失是乡土文化传承与保护缺失的深层次原因，应该对乡土文化保护进行长远、科学的规划，构建立体化的保护机制，强化乡土文化教育，以及对乡土文化进行创新性发展。

　　传统村落是中国乡土文化的发源地和载体，对于培养中华民族的文化格调、文化品位发挥了润物细无声的作用，保护开发传统村落不仅是乡村生态文明建设的重要内容，同时也是统筹城乡的新亮点。传统村落的消逝和不良变迁，会造成地方文化传承的断裂，导致中华传统文化寻根无着。冯骥才先生说："传统村落中蕴藏着丰富的历史信息和文化景观，是中国农耕文明留下的最大遗产。"对传统村落的抢救与保护，实际上是对民族文化之根的固本和养护。中央城镇化工作会议提出，城镇化建设"要保护和弘扬传统优秀文化，延续城市历史文脉""要让居民记得住乡愁、保护古村落"，而生态文明旅游的开展是延续城市历史文脉的重要方式，是记住"乡愁"的重要手段。

第十六章 生态旅游与新农村建设的融合模式研究

党和政府高度重视"三农"问题，乡村旅游作为农村地区经济发展和经济多样化的动力，日渐受到重视。以"新农村、新旅游、新体验、新风尚"为主旋律的乡村旅游在全国蓬勃发展，显示出极强的生命力和越来越大的发展潜力。事实证明，旅游产业是新农村建设的支撑产业，旅游产业开发是新农村建设的重要支撑力量，乡村旅游是新农村建设的重要模式。旅游开发对于乡村生产的发展、生活的改善、文明乡风的形成、村容村貌的改善等都具有直接的作用。乡村旅游是旅游与新农村建设相融合的根本模式，旅游与新农村建设融合的模式本质上就是乡村旅游的发展模式，包括项目开发模式、建设模式、管理经营模式和环城游憩带建设等多方面的内容。

第一节 项目开发模式

20 世纪 70 年代末 80 年代初，一些发达国家和地区就已出现了不同的乡村旅游发展方式，出现了以旅游活动为核心的农庄，其中欧洲的度假农庄发展得较为成熟，如芬兰、法国、奥地利、英国农村的很多农场主兼营旅游、餐厅、球场、赛马、钓鱼场、园林等。德国在城市郊区设有"市民农园"，出租给市民从事农事活动，让市民体验农业生产乐趣，回归自然，享用安全食品等。在以色列，农户为旅游者提供食宿条件，使其在乡村环境中从事各种休闲活动。通过乡村旅游项目的开发，可以将乡村的硬件建设、文化传承创新和乡村旅游开发有机结合起来，合而为一，形成一股强大的融合发展力量，实现美丽乡村、和谐城乡的最终发展目标。一般来说，乡村旅游的项目开发，可以根据乡村生态旅游资源和目标市场的特点，因地制宜地采取观光项目开发模式、体验项目开发模式、养生养老项目开发模式或事件旅游开发模式。

一、观光项目开发模式

乡村观光旅游是将农业生产主体及其环境与休闲观光游憩活动相结合的一种新的旅游业态。乡村观光旅游项目的开发不仅为城镇居民提供了走进自然、体验自然的机会，还促进了农村就业，提高了农民收入，促进农村经济的发展，为旅游目的地带来了良好的社会效益和经济效益，主要有传统型观光和科技型观光两种模式。前者主要以不为都市人所熟悉的乡村生活为卖点，向城市居民展现农业生产、农民生活和农村生态，特别是特色农产品的生产过程和生长状态。游客来到远离城市的偏远村庄，住进条件简陋的农舍，参观养殖园、种植园和农产品生产等，还可以参加劳作、健身、美食、购物等一系列娱乐活动。如玉溪市新平县大槟榔园基于独特的花腰傣民居、服饰、美食、工艺品及传统文化，开发出包括民居参观、歌舞欣赏、民族工艺品购买等活动的一系列观光项目，走出了一条具有自己特色的乡村旅游发展道路。

科技型观光主要是利用现代高科技手段建立小型的农、林、牧生产基地，既可以生产农副产品，又可以给游客提供游览的场所。科技型观光项目将高科技农业与旅游相结合，通过应用最新科学技术进行管理，各种设施造型艺术化，合理安排作物种植，精心布局娱乐场所，在发展农业的同时向游客普及农业科技科学知识。如位于昆明市嵩明现代农业科技示范园的晨农农博园，就是一个集农业科普、农业观光、农游体验、休闲度假、会议拓展于一体的农业综合体景区。

观光项目开发模式是最基本的项目开发模式，它迎合了人们最基本的旅游需求——游览，适合于那些具有较高观光资源禀赋的乡村旅游目的地。对于那些不具备较好的观光旅游资源的乡村地区，就需要从环境营造、景观设计、项目策划等方面进行创新，靠创意知识、资本的介入使乡村的旅游价值增值。

二、体验项目开发模式

1999 年 4 月，美国人约瑟夫·派恩二世和詹姆斯·吉尔摩合著的《体验经济》的出版，标志着体验经济时代的到来。在体验经济时代，随着旅游者旅游经历的日益丰富，以及旅游消费观念的日益成熟，旅游者对体验的需求日益高涨，他们已不再满足于大众化的旅游产品，更渴望追求个性化、体验化、情感化、休闲化及审美化的旅游经历。体验式旅游是体验经济时代旅游消费的必然趋势，它强调游客的参与性、互动性与融入性，强调游客对文化的、历史的、生活的、习俗的体验。基于这种体验的美好、唯一、独特、不可复制和值得回忆，提供体验服务的企业可以向消费者收取更高的费用。

体验项目主要以形式多样的参与性旅游活动为主要内容，满足游客休闲娱乐、身心健康、自我发展等需求。体验型乡村旅游与观光型乡村旅游的最大区别在于前者主要满足旅游者的健康、娱乐、放松、享受等高层次需求，因此在产品特色上更加突出休闲度假的主题，服务内容以康体、休闲、娱乐为主，产品表现形式更加强调创新性、互动性及知识性。乡村旅游的体验项目大体上可分为以休养和交流为主的民俗项目和以学习和体验为主的体验项目。乡村旅游体验项目开发模式的成功运用，离不开农事体验、乡村休养、乡村文化体验、土特产销售、乡村民宿的有机整合。

三、养生养老项目模式

随着人口结构的老龄化与亚健康现象的日渐普遍，以及全球整体健康理念的革命性影响，人们对健康养生的需求成为继温饱需求之后的又一市场主流趋势和时代发展热点。养生旅游将养生资源与旅游活动交叉渗透，互相融合，以一种新型业态形式出现，满足了人们对身心健康的全方位需求，开始受到全球性关注。一般来说，人们消费养生养老的旅游产品主要有以下几大诉求——延年益寿、强身健体、修身养性、身体医疗、康复保健、生活体验或养生文化体验。如今的国际养生旅游业已初具规模，在很多国家都形成了具有核心竞争力和独特卖点的产品，可谓异彩纷呈、各有特色。如中国文化养生、泰国美体养生、法国庄园养生、瑞士抗老养生、美国养老养生、阿尔卑斯高山养生等，同时也发展出不同的养生旅游开发模式。

乡村旅游发展的养生养老项目是依托乡村地区优良的自然生态环境，结合城市老年人的养生养老需求而逐渐发展起来的一种乡村旅游发展模式。乡村地区开发养生养老旅游项目，既保护了乡村环境资源，又利用了城乡间的级差地租，为新农村建设提供了资金，同时为都市居民的异地养老提供了廉价的住房。目前，我国的经济总量已达到国际第二位，但城乡发展的巨大差距已成为经济和社会可持续发展的障碍。由于城市老龄化的速度加快，众多的城市老年人口对自然环境优美、空气清新、食物绿色安全的乡村生活有着巨大的现实需求。通过在乡村地区特别是城郊开发旅游养老地产，能够迅速释放一线城市人口的生活压力，降低老年群体的晚年生活成本，同时拉动城乡统筹发展，促进乡村地区的经济发展。

四、事件旅游开发模式

事件旅游指的是以各种事件的举办、发生为核心吸引力的一种特殊旅游形式，这类事件包括会展博览、文体赛事、商务会议、节庆活动等。以事件为旅游吸引物已经成为世界各地政府提升地方形象、振兴地方经济的重要方式，也是一种提升旅游竞争力的有效途径。在乡村旅游的发展初期，节庆活动的开发对于树立目的地的旅游形象起着不可估量的作用；在其发展中后期，节庆活动的深入发展对于构建文化乡村和体验式、和谐式乡村将起到助推器的作用。在众多事件旅游类型中，利用乡村田园原生态的环境以及所形成的农业产业规模效应，或者通过深入挖掘民间民俗文化、民族文化而开发的乡村节庆事件，是比较常见的乡村事件旅游开发方式，通常包括两种类型。①以乡村原生态和农业产业规模为基础的乡村生态节庆活动。云南省罗平县借助

80万亩油菜花海、县境内独特的生态农业及独特自然景观,在1999—2023年已成功举办了18届"中国·云南·罗平国际油菜花文化旅游节",成为面向全国、走向世界的农业观光旅游大型节日活动,成为云南旅游的一大亮点。②乡村民俗或乡村民族节庆活动。每年的阴历三月十五日至二十一日,在大理城西、洱海之滨、苍山之麓,大理市都要举办具有上千年历史的白族传统节庆活动"三月街民族节"。节日期间,滇西各民族,乃至全国各地商贾云集,中外游客纷沓而至,在这里进行牲畜、药材、茶叶、铜器等名特产品物资的交易;各族服饰争奇斗艳,各地歌舞好戏连台;各位骑手角逐竞技,舞姿千般,歌声如海,令人目不暇接、情随景移、乐而忘返。从1983年起,以政府为主导的、全民参与的火把节成了楚雄州最隆重、最盛大和最富有民族特征的传统节日。2004年以来,每年的5月1日至4日,临沧市沧源县委、县政府着力打造的一个大型旅游文化节庆活动"摸你黑狂欢节",已经成为沧源县对外宣传的一张名片。

第二节 建设模式

乡村旅游与新农村建设的融合发展意义重大,一方面,乡村旅游的发展可以推动新农村建设;另一方面,新农村建设,特别是美丽新农村建设可以推进乡村旅游发展,并通过设施建设、景观建设、文化建设和生态农业建设四种方式与旅游业充分融合,实现乡村旅游与新农村建设共同繁荣进步。

一、设施建设模式

完善乡村交通设施、水电设备、通信设施等生产生活中的基础设施建设,是乡村旅游开发与新农村建设的共同目标和使命。农村基础设施的加强对提高乡村旅游的接待功能至关重要,而新农村建设为乡村旅游开发提供了难得的机会,在新农村建设进程中,旅游活动中食、住、行、游、购、娱等各方面的配套能力的有效增强,是提高乡村旅游可进入性的重要一环,而村容整洁、村貌文明、村民友善等乡村旅游环境的营造也正与新农村建设的基本宗旨相符。

尽管近年来农村在基础设施、社会事业和公共服务方面有很大改善,但离城乡经济社会一体化发展的要求还有较大差距。因此我国在乡村规划的基础上,应加强乡村景观风貌建设,促进农村基本公共服务设施完善,逐步提高农村公共服务水平,尽快达到城乡基本公共服务均等化目标,以步入城乡统筹和谐发展的轨道。

（一）现代化

随着世界工业化、城市化进程的不断加快，对现代化生活的厌倦使人们产生了对乡村生态化生活的向往。乡村旅游地食宿设施的生态化与现代化是对立的，但两者又是相互联系的。首先，食宿设施生态化需要现代化技术的支持。实现生态食宿设施清洁化生产，离不开现代化技术的支持。例如，清洁化生产的废弃物处理技术、节约能源的太阳能技术和废弃物循环利用技术等。其次，乡村旅游设施生态化与现代化的统一是旅游者的内在需求。旅游者要求和期望乡村旅游的旅游设施是生态与现代、新奇与熟悉的统一。他们希望乡村旅游地既能为其提供贴近自然、生态的设施条件，又能提供现代、卫生、便捷的服务。因此，乡村旅游设施的建设在强调设施生态化的同时，也要不断提高设施的卫生标准、服务水平和现代化程度，以满足游客的需求。

（二）规范化

乡村旅游设施作为满足游客饮食、住宿需求的旅游供给产品，在市场经济条件下，其开发工作始终围绕着客源市场的需求展开，一切以满足市场需求为目标，市场需要什么就开发什么，实质上是市场导向开发模式思想的体现。过分强调市场化，忽视规范化，会使乡村旅游设施建设变得盲目，失去方向；过分强调规范化，忽视市场化，又会使乡村旅游设施失去特色，丧失竞争力。两者此消彼长，是对立关系，但又统一于乡村旅游内在特征中，缺一不可。为了使旅游市场的需求和乡村旅游设施的规范化实现有效对接，应依据旅游规划建设规范，针对市场需求，开发出满足不同旅游者需要的、具有地方特色的设施，实现经济效益的最大化和区域旅游的可持续发展。

（三）便利化

乡村旅游对农村基础设施的要求相对要高，这就必然会要求加大对交通、通信、住宿、餐饮等基础设施的建设力度。发展乡村旅游不仅有利于改善村容村貌，还可以促进生活用水、房屋修缮、室内现代化的改善和基础设施的完善，使乡村生活便利程度得到有效提高。发展乡村旅游的农村乡镇普遍实施了"三清三改"措施：清垃圾、清淤泥、清路障，改水、改路、改厕，装修住房。同时，为适应乡村旅游发展的需要，旅游村落获得收益后还应不断地改进物质条件，增加新的设施，以适应新的发展需要。

（四）特色化

农业生产过程、农家生活和乡土文化是农业观光园的主体。因此，乡村设施建设要充分挖掘文化内涵，尽可能向游客展示当地的民俗节目、工艺美术、民间建筑、音乐舞蹈、婚俗禁忌、趣事传说等。并通过精心设计，形成旅游精品，充分体现民族历史性和地域性，追求高文化品位和高艺术格调，使观光农业与生态旅游、文化旅游结合起来。

乡村旅游已不是传统意义上的游山玩水。人们在旅游的同时，已融进了深厚的文化底蕴。在乡村旅游开发过程中，应大力突出农耕文化、民俗文化、民居文化，使旅游的人们在尽情欣赏田园风光、乡村野趣的同时，更能够从根植于本土的浓厚乡村文化特色和农村人文景观中获得精神营养。观光农业园区的开发建设，主题要鲜明，内容要独特。对自然景观的开发要做到既赏心悦目，又奇异独特，力避雷同。对地域文化的内涵要通过深度发掘使之活化起来，赋予其新的生命力，并通过最有创意的策划，展示最独具特色的农业历史文化和地域风情，达到文化品位新颖和艺术格调高雅的目的。具体可从"新""旧""特"几方面着手培育特色。

"新"就是展示农业新技术和新成果，如优良品种、奇花异草、珍稀动物和高科技农业技术手段等，来满足游客开阔眼界、学习参观之需求。

"旧"就是展示传统的农业生产过程（如采茶、制茶的整个过程）、传统的农业设备与设施（如石磨、水车、牛车）、传统的农村手工艺制作（如编织、印染、陶瓷、剪纸）和民俗风情（如对山歌、坐花轿）等，来展示观光农业的乡土气息、原始风貌，满足游客的好奇、怀旧心理。

"特"就是展示地方或区域性民族的农耕文化、特殊农具、特殊农事、农业丰收庆典方式，突出农村生活风貌和丰富的乡土文化内涵。

（五）产业化

旅游业自身正从人文自然景观型旅游、人造景观型旅游迈入科技参与型旅游。在乡村旅游开发中，应当突出农业高科技，实现传统农业文化与现代农业高科技、户外农业生态风景与室内农业博览园、农业生产与深加工、农业生态文明与城市工业文明的有机融合。新农村建设，首先是产业建设，其次是社会建设，最后才是环境建设。

随着乡村旅游的进一步发展，乡村旅游产业化经营趋势日益凸显，产业化改造取代了农户一家一户分散经营的体制，通过建立公司制或股份制经营模式，将千千万万独立分散经营的农户联系起来，以市场为导向，进行专业化、一体化、规模化生产，可实现产品的低成本、大规模生产。产业化经营在实现产品一体化、规模化经营的同时，也可以实现将地域特色转化为特色经济，有力促进了乡村旅游特色化发展，而特色化又反过来促进了产业化发展。只有具有地域特色的乡村旅游产业才是有竞争力、有广阔发展前途的产业。

二、景观建设模式

乡村景观是指能够充分适应特定地域的自然与人文环境，在特殊人地关系的长期作用下形成的乡村复合生态系统。在乡土景观形成过程中，人的主体性体现为高效利用地域资源方面的经验与智慧，这些经验和智慧深刻地反映在生活、生产等活动和生态环境等物质空间中，体现在不同尺度的乡村聚落景观系统、农田景观系统和整体人文生态系统中，呈现出不同的物质空间形态和组合特征，具有典型性和模式化特点。

乡村景观建设的重点不单纯在于保护传统的乡村景观，还在于寻求乡村景观建设的规律和特点，尝试探索未来乡村景观的发展模式，以便能切实有效地指导与乡村旅游融合发展的乡村景观规划建设。

在城市化快速发展过程中出现了城市快速蔓延和扩张的想象，这就形成了城市边缘区乡村景观演变的一种不确定的空间限制条件，为了顺应城乡一体化发展和对土地资源重新分配的需求，农业土地和空间景观都相应向功能化、专门化调整，从而成为乡村旅游空间，这个空间应保留"乡村田野"的价值，保持农田景观特有的规模和乡村风光的特色。特别是在中国这样一个具有几千年农耕文明的国度里，乡村景观所附着的风土色彩和蕴含的文化氛围，是无法被更换和替代的。

随着新农村建设的不断发展，乡村景观也正经历从传统向现代演变的过程。在城市化快速发展的背景下，如何在农村经济高增长的条件下，保证乡村固有的乡土风貌和文化景观得以延续和发展，使城乡协调并向可持续的方向发展，最终实现社会的全面和谐发展，是个值得研究的课题。乡村景观正在面临极大的压力，有些乡村旅游直接把西方建筑形式原封不动地搬来，来体现对美的追求，不仅使地方特色随着乡村的更新改造而逐渐褪色，还会破坏原有乡村景观的和谐，造成乡土特色丧失；不仅会限制乡村功能的发挥，还会对乡村传统文化景观的保护产生消极和无法挽救的影响。

在乡村旅游景观规划建设中，一些地方为迎合市场，单纯追求规划风格的纯正与完美，于是在乡村中划出一定空间，将原始居民外迁，力图通过景区化的建设来浓缩与体现乡村性，这虽然能为游客带来一种精致的景区化的空间，却造成景区乡村文化空心化的问题。因为乡村居民是传统乡村文化传承的载体，他们的存在串联起了乡村性的各个要素，并与各要素充分交融在一起，形成了区别于城市的乡村景观与文化。景区化的乡村旅游开发模式大多是在政府的主导下，对资源禀赋优异的乡村旅游目的地进行规划，是吸引外来资本进行景区化开发、管理与经营的一种模式。但在具体规划与开发中，往往会出现景区乡村文化的空心化及居民旅游利益边缘化等现象。这种空心化的封闭景区正在成为乡村旅游中的孤堡，与乡村的联系越来越少，最终重新走上我国传统的大众观光旅游发展模式，而丧失了乡村旅游的真正内涵。

对乡村旅游景观核心吸引力的保护与重塑是指让乡村旅游重回它的本质，即维持中国传统乡村的乡村性，这不仅是乡村旅游需要考虑的问题，还是我国乡村可持续发展的一个重要议题。乡村景观规划的最终目标应与乡村可持续发展相一致。乡村景观规划应以"与自然和谐发展"为主题，在自然景观的保护和自然资源的高效合理利用的前提下，注重景观多样性和美景度的开发，谋求人居环境的改善和生活质量的提高，同时也要协调乡村景观资源开发与环境保护间的关系，实现生产、生活、生态三位一体的可持续发展目标。

乡村景观的规划与设计应做到合理开发，以资源的高效利用为目的，以经济增长为出发点，在保护生态环境、维护农村景观文化和遗产的前提下，对农村景观进行合理的规划和设计，以适合农村居民生活的新要求，即要符合居民的物质与精神生活要求：不仅要求安全和健康，还要求居住环境比较舒适、优美，为农村景观营造可持续发展的良好系统。

三、文化建设模式

乡村旅游文化是在农业生产出一定物质资料的基础上，为不断满足文化创造、文化欣赏、文化建构等多种乡村旅游的需要而创造出的物质财富和精神财富的总和，其内涵丰富、种类多样，包括乡村物质文化、乡村智能文化、乡村景观三种基本类型。乡村旅游文化具有季节性、祭祀性、传承性、民俗性、集体性、竞技性、娱乐性等特点。

文化的魅力在于它能够陶冶人们的情操，能够抚慰人们内心的哀伤，能够洗涤人们的心灵，能够打破时空的界限，实现灵犀相通，能够使人在激荡和震撼里实现精神的升华，在自省和顿悟中赢得归属和认同，最终臻至天地人三界合一、精气神三位一体的境界，道法自然，逍遥自由。因此，文化产品需要有感观上的吸引力，能够激发起人的好奇与探究的本能；文化产品需要有心灵的穿透力，能够打破人的抗拒与自卫的本能；文化产品需要有精神的震撼力，能够在当头棒喝中开启人的心智、回归人的本我。如果说过去人们注重的是文化产品的生产和供给，追求的是消费时与作品间的互动，通过动眼、动耳、动嘴，最后实现与创作精神的交流——领会创作者的追求，达到心灵的共鸣；那么现在，由于社会进入了一个网络化、信息化时代，这个时代也是一个文化多元、价值多元的时代，一个文化产品可以在同一时间、不同空间里同时生产，一个文化产品也可以在同一空间、不同的时间内被消费，从一定意义上来说，人人都是文化的一部分，人人都是文化产品的生产者。在这样的时代，提供一个共同参与创造文化产品的条件，远远比保障一个文化产品的供应更为重要、更能满足人们的需求。当然，在乡村地区，既要立足实际，解决文化产品供给的问题，又要把握文化的特性和当代人们对文化产品的需求特点，注重文化的参与性和共创性，这个问题对于乡村文化产业的发展尤为重要。

乡村文化景观是在特定的农村地域上，基于对自然景观的认知，由人类创造的固定于地表的景观类型；是为了满足生产生活需要，对自然环境加以改造或完全由人类创造出来的具有自身特色的景观类型。乡村文化景观主要包括乡村宗教景观、乡村水文化景观、乡村民俗风情景观等，具有地域性、时代性、滞后性和传承性的特征。乡村文化的主要特质通过乡村文化景观展现。第一，农业文化历史和传说。我国有着悠久的农耕文化，自人类进入原始社会以来，农业文明的曙光便开始出现在神州大地上，以土地整治、田间管理、集约经营和农牧结合为核心的技术经验和知识体系，成为传统农业社会人们从事农业生产经营活动的行动指南，也构成了农耕文化的优良传统，以其为基础发展现代农业旅游，将显示农耕文化的特性，彰显农村旅游的优势。第二，农业自然景观和人文景观的文化性。如 2013 年 6 月 22 日在柬埔寨首都金边举行的第 37 届世界遗产大会通过审议，将中国云南红河哈尼梯田文化景观列入联合国教科文组织世界遗产名录。哈尼梯田有"中华风度，世界奇迹"的美称。经过数千年农耕文化的不断积聚、沉淀，以及受到不同地域和民俗的影响，哈尼人形成了独特的历法、制度、宗教信仰、风俗、艺术、口传知识等文化系统，和坚韧、乐观、深沉的民族性格。梯田是哈尼社会结构的基础，是物质生活的依托，是哈尼人自然人生观的桥梁，是人际关系的纽带，是人神交流的纽带，是生命情调的源泉。哈尼梯田的核心价值与哈尼族所特有的文化传统密切相关，是哈尼族文化身份最重要的特征。第三，提炼现代农业文化的发展成就，如通过与新农村建设充分融合发展乡村文化，不仅要解决农业、农村、农民"三农"的问题，而且要建设和培育现代农业文明和农业文化。

乡村文化建设，应向丰富农村文化生活、发展乡村文化的方向迈进，从单纯的文化产品供应向城乡文化融合发展，文化应当融入村庄规划建设，融入农业产业的发展，融入农村社区的管理服务，融入农民综合素质的提升和生活方式的改变。文化应成为提高品牌附加值、提高市场吸引力、增加市场竞争力的重要手段和方法。应当将乡村文化产业延伸到文化产品设计、文化旅游和观光农业中，通过乡村文化产业的建设与发展，催生出农业新型经济实体，增加农村经济产值来源，提升农产品的文化附加值，调整农村产业结构，改善农村生产基础设施，增强农村景观的整体实力。应当开展"民俗体验旅游""民俗文化村"等活动，向都市人群提供乡村的、包含民族和民间文化的素材。

四、生态农业建设模式

生态农业与乡村旅游的有机融合，成为乡村旅游发展的大趋势，能够为现代农业和旅游的融合发展创造更有价值的空间。产业融合促进了都市农业、生态旅游和文化创意产业的创新，进而推进了产业结构优化与升级，延长了产业链，拓展了产业功能，实现了产业增值，促进了旅游与新农村建设的和谐发展。

乡村旅游本身是一个产业融合的概念，被认为是我国较早的旅游业与其他产业融合的典范。乡村旅游以乡村为载体，农业资源要素是其重要组成部分，但其范畴较之农业旅游更宽泛。传统农业是在自然经济条件下采用以人力、畜力、手工工具、铁器等为主的手工劳动方式，采用历史上沿袭下来的耕作方法、世代积累下来的传统经验和农业技术而发展的农业。而生态农业在发挥生态效益与社会效益的同时，能提升农业经济效益，实现传统农业与现代农业的平衡发展，具有地域先进性、系统平衡性、生态循环性、环境适应性、文化共生性等特征。

从我国实际发展水平来看，要在生态农业建设中对各个农村新兴产业特别是旅游业的发展做好空间布局规划，重视农村农舍的翻新整理，重视农村剩余劳动力岗位的有效解决。乡村旅游要从以往比较封闭和单一的模式中跳出来，依托乡村特有资源，大力搞种植、养殖，开展设施农业和观光农业，以及旅游、度假等服务业；同时，要把品牌做大做强，有意识地培养规模观念和品牌观念，以建设旅游示范名镇、生态村镇等为契机，充分挖掘农业资源，建设生态农业资源景观，打造一村一品、一家一艺等独具特色的品牌。生态农业的发展，一方面有利于建设和挖掘农业资源与农业潜力，另一方面又能为乡村旅游所用。

目前，生态农业与旅游发展已具备了融合的基础和条件。

（一）生态农业与乡村旅游融合的基础

农业及其文化是乡村旅游的重要吸引物，乡村旅游是指以乡村空间环境为依托，以乡村独特的生产形态、民俗风情、生活形式、乡村风光、乡村居所和乡村文化等为对象，利用城乡差异来规划设计和组合产品，集观光、游览、娱乐、休闲、度假和购物等于一体的一种旅游形式。生态农业的生态思想塑造了村民的朴素生态观，以及尊重万物、平等共生的生态哲学思想，为乡村旅游的可持续发展提供了思想支持与方法借鉴。

通常，生态农业耕作区位于环境闭塞、交通不便的山区，生物多样性的山地生态系统是传统农业生产区的背景，传统耕作方式孕育的农业文化是地方文化的精髓，村民的生活方式是民族文化的灵魂。传统农业与民族文化耦合形成的区域建筑文化、饮食文化、服饰文化、节日文化、医药文化共同构成了重要的人文吸引物，传统农业的本体与产物正是乡村旅游的重要资源，是乡村旅游区别于其他旅游产品、对城市居民产生差异化吸引力的重要吸引物。

农业区多处于山区或少数民族聚居区，地处偏远，交通不便，环境闭塞，土地破碎，生态环境脆弱，本不适宜农业生产。世代在此居住的山民迫于生计，充分利用自身智慧，因地制宜，创造了许多合理利用山林土地、与环境和谐共生、生态可持续的种养模式，这种自给自足的本土传统农业经济所包含的先进种养理念与技术，所孕育的生态智慧与文化，共同构成了农业文化生态体系，并形成了具有观赏价值和科研价值的原生态乡村旅游景观。

（二）生态农业与乡村旅游融合的动力机制

一是市场需求拉动力。伴随环境污染与食品安全问题的不断加剧，在对现代农业的质疑与反思声中，健康与安全是百姓关注的焦点。不含转基因的种子，健康无污染的种植环境，无生长剂干扰的传统种植方法，所生产出的原生态、健康、安全的食品，获得了市场的青睐。

经济发展带来对农产品个性化、高端化的需求。伴随经济的发展，在国内中产阶层日益庞大的社会背景下，居民消费能力持续增强，恩格尔系数不断下降。生态农业产品地域性强，差异化明显，营养丰富，健康有特色，能够满足乡村旅游日益显现出的小众化、个性化、异质化的需求特征。

二是供给推动力，即乡村旅游转型升级的推动力。随着我国经济进入新的发展阶段，旅游业进入了重要的战略调整期，产业的转型升级成为旅游业发展面临的关键任务。乡村旅游经过较快的发展阶段后，遇到了进一步发展的"瓶颈"，存在产品单一、功能欠缺、缺乏整合、同质化竞争等问题，急需从低附加值向高附加值升级，由粗放型向集约型转变，由注重规模扩张向提升效益转变，由注重经济功能向注重综合功能转变，从观光型旅游产品向休闲型、度假型等多层次旅游产品转变，以实现乡村旅游经济的可持续发展。乡村旅游通过与传统农业的融合，能进一步保留乡村性，挖掘乡村文化，开发乡村特色产品，迎合市场需求，创新乡村旅游新业态，能够实现产业的转型升级。

（三）生态农业与乡村旅游融合的效益

农业因区位、地形、土壤等条件的限制，不能简单按常规方法增加产量、提升经济效益，但可以通过质量、品质及环境优势获得更高收益，发展旅游就是实现农业资源整合的最好路径。乡村旅游使农业生产的过程与结果均体现了价值，沟通了农产品消费的上下游，延长了农业产业链，增加了传统农产品的附加值。而农民作为乡村旅游的参与主体，最大限度地获得了经济效益。通过与乡村旅游的融合，生态农业可以最大限度地实现农产品的价值，提升整合经济效益，并获得长远发展。乡村旅游的发展还有利于农产品的就地消化。由于大量外地游客的到来，以及游客对农村自然淳朴生活的体验需求的增多，吃住在农家的现象越来越普遍，这有效解决了鲜活农副产品的就地消化，避免了外销运输等环节带来的收入降低，从而增加了农民的收入。

生态农业因地制宜，在人与环境的互动中以环境的承载力为基础，利用地方性知识，保留地方品种，采用传统种植方法，最小化破坏环境，最大化利用自然，并关注代际之间对土地的持续使用，更大限度地实现了人与自然的和谐，体现了天人合一的朴素生态思想。与现代农业相比，其具有低能耗、低污染的特点，维护了区域生态系统的平衡。旅游业的观赏性特性，以及其对空气、绿地、水体等环境的高要求，决定了发展旅游业能有效保护生态农业耕作区的自然生态环境，进而实现对人文生态的保护。

农民通过参与乡村旅游的服务、从事旅游产品的生产、参与乡村旅游的策划和经营，成为乡村旅游中的经营者、劳动者和投资者，成为乡村旅游最大的受益者。农民可以通过劳动、土地、资本等方式参与乡村旅游，从乡村旅游中直接受益，避免了传统旅游开发中因土地和资源被占用而出现的返贫和收益不均的问题。生态农业与乡村旅游的融合发展，可实现当地村民的本地就业，改善村民经济条件，维护乡村社区环境，保存民族文化生态，间接解决当地留守儿童、妇女、老人等一系列的社会问题。

由于旅游业自身具有极强的综合性，它的发展依赖其他部门和行业的配合，同时也与相关的交通运输业、商业、餐饮业、旅馆业、建筑业等产业具有很强的关联性和拉动性。充分利用特色农业、乡村风光、民俗风情的地方优势发展乡村旅游，还可以在满足旅游活动中旅游者吃、住、行、行、游、购、娱等多方面要求的同时，为交通运输业、商业、房地产业、农产品销售等相关产业创造有利的发展机会，有效拉动相关产业部门的发展，实现乡村经济的多元化发展。

第三节　管理经营模式

在乡村旅游与新农村建设融合发展的过程中，要想通过乡村旅游的食、住、行、游、购、娱各环节的管理经营活动，来实现推动新农村建设的目标，就要注重管理体制的建立健全和生产方式的适应性改变。

一、管理体制融合

（一）乡村治理

1. 西方思维下的乡村治理

有西方学者指出，在全球乡村治理模式的视野下，乡村治理的内涵应该包括三个相互联系的基本方面：其一，能够动员政治支持，获得民众的广泛信任；其二，能够提供良好的公共服务，满足村民的服务需要；其三，能够有效地管理冲突，具有良好的冲突协调机制。这种乡村治理的模式是以社区治理为蓝本的，把乡村视为一个社区，要发展这一社区，就要提高该社区内部民众的参与率，加强社区服务质量和协调社区冲突。

这种治理方式在总体框架上勾勒了整个乡村治理的发展趋势和走向：加强社区内部整合，通过各种方式加强内部个体间的沟通和合作，从而达到公民自发治理乡村的目的。它为全球性的乡村治理提供了重要的参考价值，值得学习和利用。

但是，它在一定程度上忽略了村民个体的能动性和创造性，而是较多地强调政治动员、提供公共服务和管理冲突等领导手段和管理手段。

2. 中国传统思想中的乡村治理

中国作为一个拥有众多农业人口的文明大国，乡村治理思想自古有之，并在 5000 多年的历史长河中不断发展变化。但这些乡村治理思想大多是以宗族、血缘关系为纽带的，并且是与中国古代传统道德观、法制观相协调而形成的。

在古代，人与人之间的关系主要受两个方面的制约，一是邻里之间的地缘，二是以家庭和宗族为主的血缘。传统的小农家庭抵御自然和社会风险的能力则依赖因血缘、地缘关系而形成的长期融合的村落共同体。加之农村地域广阔、偏远、交通不便等因素，国家政权不可能进行直接管理，而且在相当长的时期内，中国县级以下不设正式的官僚机构，国家与农村社会在一定程度上的离散状态是封建社会的控制特点，由此使国家对乡村的治理不得不依赖乡村宗族社会的自主治理。

在传统乡村治理思想中，最有名的应该是南宋思想家朱熹的乡村治理思想。有作者评论说，它是中国古代自秦汉以来乡村治理问题的历史延续。朱熹的乡村治理思想，既提倡孝敬、乡情、信睦、良善、仁厚等儒家的传统道德规范，又提倡具有强制约束力的法律规章制度，还提倡经济上的发展与救助。他的乡村治理理念的实质是为中央集权服务的，是为了维护封建统治的基层社会秩序。不可否认的是，在长期的社会实践中，其在实现社会稳定、加强邻里团结、消弭和化解乡村矛盾、改进乡村治安方面起了不可忽视的作用。

随着中国社会转型的加速发展，一些生活方式和治理方式发生了改变，这种传统的治理理念所起到的作用也越来越微弱，但是作为一种和中国农耕文明相伴随的治理模式，它或多或少还在影响广大农村人们的生活方式和社会结构。

3. 现代中国的乡村治理理念

对于乡村治理的含义，学者们归纳了几种观点，认为以往的定义可以分为三类。其一是"乡村治理"，即"村治"，如张厚安认为，村治是指乡镇以下的农村自治，是村民自治的治理结构，村委会的关系行为属于群众性自治行为。其二是村庄政治，如贺雪峰、肖唐镇认为，村治即村级治理，是指村庄公共权力对社区公共事务的组织、管理和调控。徐勇等人则认为，村级治理是指通过公共权力的配置与运作，对村域社会进行组织、管理和调控，从而达到一定目的的政治活动。其三是村民自治，如郭正林在分析乡村治理的影响因素时认为，乡村治理的概念主要指"村民自治"，而村治的概念难以反映村庄治理行为及其制度的复杂结构，可以用"村政"概念代之。在郭正林看来，"乡村治理"指的是在乡镇范围内进行公共事务管理的机构职能、组织关系和权力结构划分，它包括乡镇范围内、行政村范围内的关系及村庄（村民小组）范围内的关系三个层次间的纵向治理关系，以及相应的横向治理关系。治理的主体在不同层次上各有不同，分别是乡镇政府、村委会和村民。

1950 年，我国颁发了《乡（行政村）人民政府组织通则》和《乡（行政村）人民代表会议组织通则》，确认行政村与乡并存，均是一级地方政府机关。至 1954 年，《中华人民共和国宪法》及《中华人民共和国地方政权组织法》中撤销了行政村建制，并在随后发布的《关于健全乡政权组织的指示》中明确了由乡镇领导自然村、行政村的治理模式。

1978 年改革开放后，中国农村经济快速发展，家庭联产承包责任制极大地提高了农民生产经营的积极性。加上与之相关的立法的确立及农村经济关系、权利关系的变化，导致了村民自治社会条件的产生。此时，乡村治理模式也随之开始转型，国家撤销了人民公社体制，在乡镇建立基层政权，对农村实施总接管理，在乡镇以下设立村民委员会，实行村民自治。所谓村民自治，是指在农村社区的居民自己组织起来，实行以民主选举、民主决策、民主管理、民主监督为核心内容的自我管理、自我教育、自我服务的一种政治参与形式，它是实行直接民主的一种基本形式。从法律角度来说，村民自治应当是一元结构的村民自我管理，但从实践结果来看，中国的乡村治理是多元治理模式。在此治理模式下，村庄组织包括两大类，即村庄正式组织与非正式组织。其正式组织包括村党组织、村民委员会、村民小组及其他村民组织。非正式组织是农村社会发展实践中自发成立并以一定方式存在的组织，主要包括宗族组织、宗教组织、地缘组织和业缘组织等。

2000 年后，党中央决定在全国范围内进行农村税费制度的改革创新。农村"费"改"税"之后，村民自治由过去的行政化逐渐向自治化过渡，使村民自治真正地走向自治化道路，农民民主意识和参事议事能力得到提高，农村经济也得到快速发展。

（二）乡村旅游开发管理模式

乡村旅游起源于 19 世纪的欧洲，西方关于乡村旅游的理论已相对成熟。在我国，乡村旅游是一种新型的旅游方式，萌芽于 20 世纪 50 年代，兴起于 80 年代末 90 年代初。在对乡村旅游开发管理模式的研究中，社区参与式乡村旅游是开发中的重要形式。早在 1997 年世界旅游组织颁发的《关于旅游业 21 世纪议程》中，就明确提出了旅游可持续发展应将居民作为关怀对象，并把居民参与当作旅游发展过程中的一项重要内容和不可或缺的环节。关于社区参与的乡村旅游的开发管理模式，根据社区参与度不同，可分为以下几种模式。

1. 政府主导型开发模式：是指由当地政府主导，政府在旅游规划、产业定位、市场宣传、社区参与、人员培训等方面发挥积极的作用，并对乡村旅游开发管理给予积极引导和支持，有意识地发展乡村旅游，以带动农村经济发展的模式。这种模式具有较强的针对性和可操作性，尤其是对一些经济比较落后的乡村和在旅游开发的初始阶段，比较适用。这一模式通过政府的积极主导和支持，充分发挥旅游产业链中各环节的优势，在一定程度上也可避免乡村生态旅游资源的过度商业化，促进了乡村旅游的可持续发展。

2. "公司＋社区＋农户"共生模式：公司先与当地社区（村委会）合作，通过社区组织农户参与乡村旅游开发。公司一般不与农户直接合作，所接触的是社区，但农户开展接待服务、参与旅游开发则要经过公司的专业培训，公司还制定相关的规定，以规范农户的行为，保证接待服务水平，保障公司、农户和游客的利益。在这一模式中，公司要善于处理好与农户的关系，以农户和服务为基础，处理好利益分配的关系，逐步形成利益共享、风险共担的乡村旅游开发经营管理联合体和经济共同体。

3. 股份制合作模式：根据旅游资源的产权，可以界定为国家产权、乡村集体产权、村民小组产权和农户个人产权四种产权主体，在开发上可采取国家、集体和农户个体合作的方式进行，这样就把旅游资源、特殊技术、劳动力转化成了股本。收益一般是股份分红与按劳分红相结合。对于乡村旅游生态环境保护与恢复、旅游设施的建设与维护，以及乡村旅游扩大再生产等公益机制的运行，企业可通过公益金的形式投入完成。国家、集体和个人可在乡村旅游开发中按照自己的股份获得相应的收益，实现社区参与的深层次转变。

4. 个体农庄模式：是由规模农业个体户发展起来的，以"旅游个体户"的形式出现，通过对自己经营的农牧果场进行改造和旅游项目建设，使之成为一个完整意义的旅游景区，能完成旅游接待和服务工作。通过个体农庄的发展，吸纳附近闲散劳动力，通过手工艺、表演、服务、生产等形式加入服务业中，形成以点带面的发展模式。

5. "农户＋农户"模式：在远离市场的乡村，农民对企业介入乡村旅游开发普遍有一定的顾虑，通常是"开拓户"首先开发乡村旅游并获得了成功，在他们的示范带动下，农户们纷纷加入旅游接待的行列，并从中学习经验和技术，在短暂的磨合下，形成"农户＋农户"的乡村旅游开发模式。

不同的地域、经济状况、市场状况等，决定了不同社区参与程度的不同。不同的旅游开发管理模式，在其各自的发展过程中，都会出现各种问题。如不能很好地调节相关者的利益关系，就会使城镇旅游经营者占据乡村旅游业中经营者的地位，出现"飞地化"现象及管理混乱等诸多问题。要解决这些问题，不得不提及一个方面就是应强化分类特色管理，防止标准化、商业化和城市化对乡村性的侵蚀。重要的是，要注重发挥各相关者的积极性尤其是当地村民的积极性。在村民自治管理模式的宏观大环境下，乡村旅游的开发管理也要使村民深刻地体会到一种主人翁的地位，即不仅仅是规章制度的麻木执行者，还是规章制度的制定者，也就是共同管理者。

（三）融合发展

通过以上对乡村治理模式和旅游开发管理模式的分析，可以发现，两者的融合点在于当地村民：村民自治的主体是开发管理模式中极其重要的一个因素。为了更好地实现新农村建设和旅游开发管理的融合，首先要充分发挥当地村民参与旅游的积极性，使其在参与乡村治理的过程中融入发展旅游的因素。如当地镇政府、村委会及其他乡村治理正式组织在研究一些乡村基础设施的建设、公共服务的提供等问题的过程中，要考虑如何达到乡村治理和旅游开发的双赢，并对当地旅游的发展提供管理支持，认清正处于的旅游开发阶段，在不同的阶段运用不同的管理力度。如在旅游开发初期，政府应居于主导地位，成立多方组成的联合管理机构，这是旅游发展的关键环节和组织保证。随着旅游开发的深入，政府要适当放权，由管制转变为治理，治理更强调政府与非政府组织的共同合作，注重发挥社区参与的作用。在乡村治理的过程中还要注重对当地旅游资源的保护，所以前提就是政府、村委会、企业及村民要对所在村庄的旅游资源的类别、特色等有一个清醒的认识。

针对旅游发展过程中出现的管理混乱、权责不明及与乡村治理发生冲突等问题，可从以下几方面进行调整与改进。由于旅游是一个综合性产业，参与者众多，而当今旅游宏观管理体制仍未建立，各自为政、条块分割、过大的产业规模和结构等问题的出现不可避免；又由于旅游产品隶属各个部门，管理混乱，追求少投入、粗包装，企业、行业间摩擦不断。面对这些问题，可采取管理学上的集权手段，建立一个独立的部门，融监督、决策、组织等权利于一身，并且协调解决各利益主体之间的关系，规范社区、景区的责任与义务；或是建立一个上级监督协调机构，对乡村生态旅游资源进行统一的管理。

二、生产方式融合

（一）乡村生产方式

生产方式即马克思所说的"劳动方式"，即"谋生的方式"，它是指人们在生产中采用什么样的生产工具、生产工艺和采用什么样的生产组织，这种含义的生产方式是指生产力与生产关系的接合部和中介环节。其直接地表现为：①劳动者与生产资料、生产技术的结合形式；②直接生产过程中劳动者的互相结合，即特殊的劳动组织形式。

中国几千年的封建社会的发展趋势是封建制，其生产方式依照纯粹的自然规律，依靠土地所有权、小农经营方式，且缺乏专业分工，是自给自足、劳动者束缚于土地、剥夺剩余产品的方式。

在人类历史上，某种生产方式在它所依靠存在的物质生产力（首先是生产工具）尚未发生根本变化以前将继续存在，而不会因社会所有制形态的变化而变化。马克思说："劳动方式连同劳动组织和劳动工具在某种程度上是继承的。"新中国成立初始，经济发展落后，农村的生产还是以手工工具和手工劳动为基础，其生产方式还是传统的自给自足的小农经济模式，随着经济的复苏，这种模式被逐渐打破。随着农业合作化的推进，农业生产采用集体经营的形式，其种植结构及技术得到改善，同时集体试办各种经济合作组织（如茶叶社、商业合作社、林业社等）。随着商品经济的进一步发展，在农村实行了"家庭联产承包责任制"，极大地促进了农民的生产积极性，有效转变了其生产方式，科学种田、多种经营、适度规模生产、运输、加工等应运而生。在家庭联产承包责任制中，种植、养殖和工业加工等方面的基本的物质生产活动采取家庭生产的方式，某些农业生产活动如灌溉、发电、植保，某些农田基本建设如水利、道路等建设，以及产、供、销、储、运等个别活动，则是采取联合生产的方式。这样，既发挥了家庭生产的积极作用，又发挥了联合生产的积极作用。随着社会生产力水平的提高，现代化的生产要素不断融入农村生产方式中，农户生产方式中三个子系统（劳动生产方式、技术生产方式和耕作方式）的行为方式随之发生了变化，如劳动力生产的投入模式、生产过程的技术应用及耕作方式的现代化革新等均发生了变化。

（二）乡村旅游发展模式

现阶段，我国的乡村旅游主要有以下几种模式。

1. 农家乐模式

农家乐是一种农民利用现有的资源，如自家房屋、周围的田园风光、新鲜无公害的食材等，吸引旅游者前来吃、住、游、玩的旅游形式。农家乐主要的项目产品有民居旅舍、农家餐馆、景观园、山水酒吧、农家作坊等。"农家乐"的优势在于投资少、风险小、经营活、见效快，因此深受农民欢迎。

2. 度假村（区）模式

该模式是指在自然风景优美、气候舒适宜人、生态环境优良的景观地带建成的，以满足旅游者休闲、度假为主要目的的高档乡村旅游场所，该场所内一般设置了住所、参观区、景区、表演区、购物区等配套设施。

3. 民族民俗风情园模式

我国有很多乡村或民族地区拥有特殊的传统建筑、居民生活习俗、传统农事活动、传统文化和节庆、奇异风情等，如衣着、饮食、节庆、礼仪、婚恋、丧葬、喜好、禁忌、歌舞、戏剧、音乐、绘画、雕塑、工艺、寺庙、教堂、陵墓、园林等，这些都是重要的旅游资源，对城镇居民有着强烈的吸引力。在这些民俗文化旅游资源丰富的地方建设民俗风情园，开发形成有独特民族风情的乡村旅游项目，举行多种多样的民俗文化活动，可以招待游客观光、度假和休闲。

4. 观光购物农园模式

观光购物农园模式是以现代农业生产园区、田园风光、养殖业生产、实验和科技示范基地等为旅游产品，开发形成的度假休闲型乡村旅游区点。主要以现代农业体验、特色农业观赏、度假休闲、高科技与高附加值农业的示范与应用推广、科普教育、购买、品尝新奇特农产品等旅游过程为游客的消费核心。如开放成熟的果园、菜园、花圃、茶园等,让游客入内采果、收菜、赏花、享受田园乐趣。这也是国外农业旅游最普遍的一种开发模式。

5. 租赁农园模式

租赁农园模式是指农民将自己的耕地或家畜出租给旅游者,旅游者通过耕种或养殖动植物体验农村生活、放松身心,而农民则从中收取一定租金的一种体验旅游形式。旅游者租赁农园的主要目的是体验农业生产过程,享受耕作乐趣,而不是以生产经营为目标。通常情况下,这些旅游者即租赁者只能利用节假日到乡村进行耕种或养殖的作业,平时则由农民代为管理。

6. 休闲农场模式

休闲农场是一种供游客观光、度假、游憩、娱乐、采果、垂钓、烧烤、食宿、体验农民生活、了解乡土风情的综合性农业区,它与"农家乐"有点相似,但对环境的要求较高,对其他配套设施也要求具备较高的档次。现在,不少企业在员工聚会或开办头脑风暴会议时都选择这种方式。

7. 乡村俱乐部模式

利用天然的地理或环境优势成立相关俱乐部,提供旅游休闲服务。譬如在水库、湖泊、鱼塘、河段附近建造"垂钓俱乐部",选择适宜的地方建设乡村高尔夫球俱乐部。

(三)融合发展

乡村旅游虽然拥有众多发展模式,但是绝大多数模式都是建立在农村的基本生产方式之上的,乡村旅游的核心吸引物也多是乡村的基本生产方式,旅游者进行乡村旅游的途径也多是直接体验或观看乡村的生产方式,因此乡村旅游可以得到健康、可持续发展的一个重要条件,就是维持、保护传统的乡村生产方式,因为对于绝大多数旅游者而言,这是一种完全不同的体验或是对之前生活的一种回忆。

旅游丰富了乡村的生产方式,如若两者不能很好地协调,必将产生一些问题,如乡村资源的过度开发,土地的大量占用,空气、环境的污染、文化"空心化"现象,等等,进而会造成当地村民的反感、抵制,不利于乡村旅游的可持续发展。如果乡村的生产方式和旅游发展业态能很好地融合在一起,则有利于更好地解决诸如此类的问题。

参考文献

[1] 廖娜. 乡村振兴背景下乡村旅游可持续发展研究 [J]. 智慧农业导刊，2022，2（24）：3.

[2] 居鹏超. 我国乡村旅游的特点与未来发展 [J]. 中文科技期刊数据库（全文版）社会科学，2022(1)：4.

[3] 王军，宣雨萱. 近20年来中国乡村生态旅游研究进展 [J]. 河北旅游职业学院学报，2023，28(1)：7.

[4] 李广京. 发展乡村旅游助推乡村振兴 [J]. 南方农机，2023，54（1）：3.

[5] 周泽文，卢莹. 新农村建设下的岭南乡村民宿建筑设计研究——以广州红山村为例 [J]. 美与时代：城市，2022（004）.

[6] 徐田荣. 景观规划视角下休闲旅游度假村建设研究 [J]. 旅游纵览，2022（2）：3.

[7] 梁小艳. 生态公益林在生态建设中的作用研究 [J]. 花卉，2022（14）：169-171.

[8] 李明运. 乡村振兴战略与乡村生态旅游互动融合发展研究 [J]. 老字号品牌营销，2022（7）：3.

[9] 吴俐霓，华文. 乡村振兴背景下我国农村生态文明建设研究 [J]. 环境工程，2022，40（3）：1.

[10] 寿海浪. 美丽新农村建设与乡村生态旅游互动发展新模式探究 [J]. 中文科技期刊数据库（全文版）社会科学，2023(1)：4.

[11] 张艺柯. 乡村振兴背景下智慧乡村旅游建设的意义探究 [J]. 新丝路：中旬，2022（5）：3.

[12] 王微. 新媒体视角下丽水古堰画乡乡村旅游品牌推广策略研究 [J]. 旅游与摄影，2022（16）：3.

[13] 张玉宝. 如何让土地管理改革在新农村建设中发挥作用 [J]. 2022（4）.

[14] 马琪. 区域乡村旅游发展与农村生态文明建设协同研究 [J]. 佳木斯大学社会科学学报，2022，40（6）：4.

[15] 孙英. 区域乡村旅游管理与农村生态文明建设的协同 [J]. 旅游与摄影，2022（10）：3.

[16] 李永菊 . 新农村建设中乡村旅游特色发展的策略——以逊克县宝山乡"玛瑙小镇"旅游规划为例 [J]. 黑河学院学报，2022，13（1）：3.

[17] 郭婷婷，杨经梓 . 海南乡村旅游发展与社会主义新农村建设一体化模式研究 [J]. 现代商贸工业，2022，43（15）：2.

[18] 杨建昌 . 黔西南州新农村建设乡村旅游发展之布局研究 [J]. 花溪，2022（5）：3.

[19] 沈桑莎 . 浙江省乡村旅游建设探析 [J]. 美化生活，2022（7）：0169-0171.

[20] 邢艳华 . 区域乡村旅游管理与农村生态文明建设的协同 [J]. 核农学报，2022，36（3）：7.

[21] 王建龙 . 杏花村工业，生态旅游宜居特色小镇建设浅析 [J]. 中文科技期刊数据库（全文版）经济管理，2022（10）：4.

[22] 白竹雪，赵元正，夏千雯 . 新媒体语境下运用媒介传播赋能吉林省乡村文旅新发展——时代新吉村，乐享新文旅 [J]. 世纪之星—交流版，2022（25）：3.

[23] 谢军 . 基于精品线路促进乡村旅游可持续发展的研究 [J]. 山西农经，2023（3）：3.

[24] 张雅菲 . 美丽乡村之农业旅游发展现状分析 [J]. 中国稻米，2022，28（1）：1.

[25] 刘洋静，张华英 . 发展乡村旅游对助力新农村经济建设的影响探析 [J]. 中文科技期刊数据库（全文版）自然科学，2022（7）：3.